JEAN R

JEAN

*Jean Rivard, le défricheur,* e[...] ce que l'histoire littéraire a appelé le Mouvement littéraire de Québec. Publiés en feuilleton coup sur coup dans *Les Soirées canadiennes* (1862) et dans *Le Foyer canadien* (1864), les deux romans racontent « l'histoire simple et vraie d'un jeune homme sans fortune qui sut s'élever par son simple mérite à l'indépendance de fortune et aux premiers honneurs de son pays ». Dans le premier tome, le héros, Jean Rivard, à force de labeur et grâce à sa détermination et à son courage, réussit à ouvrir une nouvelle région, le canton de Bristol, à la colonisation. Viendront bientôt le rejoindre d'autres colons qui connaîtront le succès et le bonheur dans ce véritable paradis terrestre. Le second tome raconte l'histoire sociale du héros dans son nouveau coin de pays. Adulé par ses concitoyens, il est bientôt élu maire de Rivardville, la nouvelle municipalité qu'il a fondée, puis député du comté à l'Assemblée législative. Sa fulgurante ascension symbolise le salut de tout un peuple.

## ANTOINE GÉRIN-LAJOIE

Né le 4 août 1824 à Yamachiche, Antoine Gérin-Lajoie a fait ses études classiques au Séminaire de Nicolet. Il y compose, en 1842, « Un Canadien errant », une chanson en hommage aux Patriotes exilés. Il est l'auteur d'une tragédie en vers, *Le jeune Latour*, représentée au collège en juillet 1844, lors de la distribution des prix. Il entreprend des études de droit, qu'il interrompt à quelques reprises pour exercer le métier de journaliste et de fonctionnaire dans la fonction publique. Admis au Barreau, en 1848, il devient secrétaire de l'orateur de la Chambre. En 1851, il publie le *Catéchisme politique* et devient, l'année suivante, correspondant parlementaire de *La Minerve*, à Québec, tout en occupant un poste de traducteur à l'Assemblée législative. Adjoint au bibliothécaire à la Bibliothèque du Parlement à Ottawa, il revient à Québec en 1859 et participe, en 1861, à la création des *Soirées canadiennes*. En 1864, à la suite d'une dispute avec Joseph-Charles Taché, il lance *Le Foyer canadien*. La publication de ses deux romans le consacrent comme écrivain. Il se retire de la vie publique en 1879. Il meurt à Ottawa en 1882, le jour de son anniversaire.

# JEAN RIVARD, LE DÉFRICHEUR

*suivi de*

# JEAN RIVARD, ÉCONOMISTE

# Antoine Gérin-Lajoie

# Jean Rivard, le défricheur

*suivi de*

# Jean Rivard, économiste

*Préface de Jean-Pierre Issenhuth*

BIBLIOTHÈQUE QUÉBÉCOISE

**BQ** BIBLIOTHÈQUE QUÉBÉCOISE est une société d'édition administrée conjointement par les Éditions Hurtubise inc. et Leméac Éditeur. BQ reconnaît l'aide financière du gouvernement du Canada par l'entremise du Fonds du livre du Canada pour ses activités d'édition et remercie le Conseil des Arts du Canada, la Société de développement des entreprises culturelles du Québec (SODEC) et le Programme de crédit d'impôt pour l'édition de livres du Québec (Gestion SODEC) du soutien accordé à son programme de publication.

Conception graphique : Gianni Caccia

*Catalogage avant publication de Bibliothèque et Archives Canada*

Gérin-Lajoie, Antoine, 1824-1882
Jean Rivard, le défricheur ; suivi de, Jean Rivard, économiste
Réimpression des éd. de 1874 et 1876 publiées par J. B. Rolland, Montréal.

ISBN 978-2-89406-245-6

I. Titre   II. Titre : Jean Rivard, économiste

PS8413.E7J4 2004          C843'.3          C2004-941018-0
PS9413.E7J4 2004

Dépôt légal : 2ᵉ trimestre 2004
Bibliothèque et Archives nationales du Québec

IMPRIMÉ AU CANADA

# La poésie des actes

En 1115, à la recherche d'un lieu à l'écart de tout, Bernard de Fontaine et quelques compagnons dans la vingtaine s'enfoncèrent dans les forêts du nord de la Bourgogne. Après quelques tâtonnements, ils s'arrêtèrent aux confins de la Champagne, au lieu-dit « le val d'Absinthe ». C'est là qu'un peu plus tard allait s'élever la première abbaye de Clairvaux, bâtie de leurs mains. Guillaume de Saint-Thierry, qui observait le val, dit qu'on n'y entendait que des haches et des chants. On lit aujourd'hui son commentaire sur une plaque, près d'une source, sous des sapins très hauts qui font la nuit en tout temps, à l'endroit présumé où la petite bande avait commencé à défricher. La profondeur du silence y est telle qu'on imagine facilement les jeunes gens, de petite taille en ce temps-là, s'affairant tout le jour et chantant.

Changez maintenant de continent, avancez de sept siècles, enfoncez-vous dans la forêt du comté de Bristol, au moment de la corvée de construction de la maison de Jean Rivard, et écoutez : « Les bruits de l'égoïne et de la scie, les coups de la hache et du marteau, les cris et les chants des travailleurs, tout se faisait entendre en même temps. » À travers les siècles, c'est l'écho de la forêt de Clairvaux et du commentaire de Saint-Thierry qui vous parvient.

Comme Bernard et ses compagnons, qui cherchaient « le lieu et la formule », Jean Rivard, dans les choix qu'il doit faire après la mort prématurée de son père, cherche la meilleure réponse à la question « comment vivre ? ». Il aspire à une réponse complète, intéressée *et* désintéressée, traditionnelle *et* novatrice, prudente *et* risquée, téméraire *et* sensée, folle *et* raisonnable, indépendante *et* tournée vers le bien commun. Est-ce une entreprise idéale ? Certainement. Et parce qu'elle est idéale, elle n'a rien d'idyllique. Pour se maintenir sur la ligne de crête qu'elle propose, il faut payer en mélancolie. C'est le tribut que réclame par moments à Jean Rivard l'adversité qu'il ose braver : « La chute des feuilles, le départ des oiseaux, les vents sombres de la fin de novembre furent la cause de ses premières heures de mélancolie. [...] une tristesse insurmontable s'emparait parfois de son âme, sa solitude lui semblait un exil, sa cabane un tombeau. » Mais le découragement, dit Gérin-Lajoie, n'était pas dans son dictionnaire. Point n'est besoin d'avoir défriché une grande surface pour se rendre compte de la difficulté de l'entreprise. L'esprit de *Jean Rivard* est manifestement plus proche de celui des défricheurs de Clairvaux que de l'éthique indolore des nouveaux temps démocratiques. Si Gérin-Lajoie avait mené la vie de son héros, on pourrait donner à son livre une préface comparable à celle que Gide écrivit pour *Vol de nuit*.

Autant *Les anciens Canadiens* est un livre tourné vers le passé, autant, à la même époque, *Jean Rivard* s'intéresse au présent et à l'avenir. Gérin-Lajoie y préconise l'éducation la plus accomplie pour le plus grand nombre. Pour remédier à l'encombrement des professions, il propose l'occupation du territoire. Pour enrayer l'exode canadien-français vers les manufactures de Nouvelle-

Angleterre, il suggère d'implanter des PME à la campagne. Ses propos sur l'éducation ont gardé toute leur valeur. « Comment ne comprend-on pas que pour constituer un peuple fort et vigoureux, ayant toutes les conditions d'une puissante vitalité, il faut avant tout procurer à chaque individu le développement complet de ses facultés naturelles, et en particulier de son intelligence, cette intelligence qui gouverne le monde ? Comment ne comprend-on pas que les hommes éclairés dans tous les états de la vie, agriculteurs, négociants, industriels, administrateurs, sont ce qui constitue la force, la richesse et la gloire d'un pays ? » On reconnaît, dans ces questions, celui qui avait appelé à grands cris l'ouverture de bibliothèques publiques, et le ministre Paul Gérin-Lajoie, son arrière-petit-fils, s'est peut-être souvenu de ses propos au moment de la réforme de l'éducation des années soixante. Il avait semé en sachant qu'il ne verrait pas la récolte. Et nous, maintenant, que voyons-nous ? Si Gérin-Lajoie avait su qu'en 1993, la bibliothèque centrale de Montréal menacerait de s'effondrer et qu'on déciderait de la fermer pour un an, alors qu'on réparerait probablement une aréna en quelques semaines, je présume qu'il aurait éclaté.

En même temps qu'il imaginait des voies d'avenir, l'auteur de *Jean Rivard* mettait le doigt sur un obstacle. Il faisait dire au visiteur de Rivardville : « Mais ne pensez-vous pas [...] que notre peuple repose un peu trop sur le gouvernement pour le soin de ses intérêts matériels ? » À cette dépendance, *Jean Rivard* propose une alternative. Je dirais même que la fondation et le développement de Rivardville tendent à montrer que l'indépendance collective advient par l'association d'indépendances individuelles. Les deux parties du livre exposent ce mouvement : d'abord, « le défricheur » conquiert son indépendance personnelle ; ensuite, « l'économiste », avec d'autres défricheurs indépendants, établit les bases d'une indépendance collective. À travers *Jean Rivard*, il est difficile d'imaginer une autonomie pour laquelle on s'en remettrait à l'État ou à un parti politique. C'est une chose trop importante pour qu'on commence par la déléguer. Le livre évolue de l'individu vers la petite collectivité, et de la petite collectivité vers la grande. En passant, il pose les principes de l'initiative locale, dont on redécouvre aujourd'hui les mérites dans les zones défavorisées où l'État-providence n'a pas tenu ses promesses. Dans *Jean Rivard*, je ne trouve pas trace d'une mentalité d'assistés, et j'y songeais hier encore, en passant rue de Rouen et en regardant, sur un mur, le graffiti : « On devient plus bossu que riche en travaillant. » C'était, d'une certaine manière, une maxime d'assisté, et je me disais qu'elle aurait fait bouillir Gérin-Lajoie, tel que je le vois sur la couverture de *Jean Rivard* (édition de René Dionne, chez HMH) — cheveux noirs, moustache encore plus noire, yeux noirs et étincelants comme ceux de son héros.

Dans le même ordre d'idées, je ne peux pas me représenter Gérin-Lajoie entretenu, écrivant son livre à coups de subventions de l'État. Est-ce pour cela que j'aimerais tant l'avoir connu ? Je crois que je l'aurais admiré et aimé, ce copiste, secrétaire et bibliothécaire obscur, peut-être plus profondément soucieux de ses compatriotes que s'il avait eu du pouvoir, et qui, dans son livre, s'est donné la peine de leur dire tout ce qu'il imaginait de mieux pour eux. À tort ou à raison, je le situe loin de la prétention et de la vacuité qu'on voit souvent tenir lieu d'existence littéraire. Chose curieuse, Gérin-Lajoie s'est d'abord approché de moi à mon insu. C'était en 1976, à Caraquet, dans la maison d'une Acadienne. En manière d'accueil, elle s'était assise à l'harmonium, au salon. En s'accompagnant, elle avait chanté *Un Canadien errant*. La musique et la voix s'envolaient dans un courant d'air vertigineux, par toutes les fenêtres ouvertes à cause de l'énorme poêle qui ronflait dans la cuisine en plein mois d'août comme en décembre. C'était très beau. J'ignorais que la chanson était un cadeau de Gérin-Lajoie, qui l'avait composée à dix-huit ans, au collège de Nicolet. Je devais l'ignorer encore plusieurs années, jusqu'à ce qu'un ami, Robert Melançon, me dise : « *Jean Rivard* est un livre pour toi ».

Dès l'avant-propos, le livre m'a conquis. Que déclarait l'auteur ? « Ce n'est pas un roman que j'écris. Mon héros est quelconque, son histoire sera ordinaire. Amateurs de romanesque, tant pis pour vous, allez au diable ! » Ruse de froussard ou grognement authentique, son avertissement annonçait un roman/non-roman, qui tombait tout à fait dans mes cordes. En effet, j'allais lire, dans le même livre, une chronique de la vie réelle, un roman à thèse, une utopie, un roman d'apprentissage, un hymne au travail humain, un traité de philosophie du comportement, une épopée rustique et didactique, une autobiographie rêvée — et ce ne serait pas un fourre-tout, plutôt un legs ordonné et complet, le testament d'une pensée, d'une expérience et d'une imagination mises au service de tous.

Tout en déclarant son héros ordinaire, Gérin-Lajoie le dit « d'une nature éminemment poétique ». Si l'on en croit la description qui suit, cette nature tient au physique, au caractère, à un ensemble d'heureuses dispositions. Mais le livre lui-même, par la suite, me montre plutôt une poésie des actes. Je lance la formule à tout hasard, sans trop savoir quoi en dire, sinon qu'elle a quelque chose à voir, dans mon esprit, avec l'aventure qui consiste à chercher, jour après jour, ce qu'il faut faire, ce qui doit être fait. Jean Rivard s'y emploie avec les lumières dont il dispose et en prenant conseil, et les actes qui résultent de cette recherche, mis bout à bout, tendent à former un dessin harmonieux au milieu du chaos des choses. L'équation de cette figure d'actes, la formule à laquelle répondent ses points, c'est la recherche du bien. Elle a, dans *Jean Rivard*, des côtés un peu vieillots, marqués par la mentalité du temps ou qu'éloigne de nous le maniérisme d'un style fleuri et boursouflé par moments, mais peu importe. Cette petite couche de peinture écaillée ne demande qu'à tomber. En dessous, la quête de la réponse à la question « comment vivre ? » est la même, dans la forêt, que celle avec laquelle Rimbaud se colletait douloureusement au même moment, sur les routes et dans le désert.

*Jean-Pierre Issenhuth*

# JEAN RIVARD,
# LE DÉFRICHEUR

# Avant-propos

Jeunes et belles citadines qui ne rêvez que modes, bals et conquêtes amoureuses ; jeunes élégants qui parcourez, joyeux et sans soucis, le cercle des plaisirs mondains, il va sans dire que cette histoire n'est pas pour vous.

Le titre même, j'en suis sûr, vous fera bâiller d'ennui.

En effet, « Jean Rivard »... quel nom commun ! que pouvait-on imaginer de plus vulgaire ? Passe encore pour Rivard, si au lieu de Jean c'était Arthur, ou Alfred, ou Oscar, ou quelque petit nom tiré de la mythologie ou d'une langue étrangère.

Puis un défricheur... est-ce bien chez lui qu'on trouvera le type de la grâce et de la galanterie ?

Mais, que voulez-vous ? Ce n'est pas un roman que j'écris, et si quelqu'un est à la recherche d'aventures merveilleuses, duels, meurtres, suicides, ou d'intrigues d'amour tant soit peu compliquées, je lui conseille amicalement de s'adresser ailleurs. On ne trouvera dans ce récit que l'histoire simple et vraie d'un jeune homme sans fortune, né dans une condition modeste, qui sut s'élever par son mérite à l'indépendance de fortune et aux premiers honneurs de son pays.

Hâtons-nous toutefois de dire, mesdames, de peur de vous laisser dans l'erreur, que Jean Rivard était, en dépit de son nom de baptême, d'une nature éminemment poétique, et d'une tournure à plaire aux dédaigneuses de votre sexe.

À l'époque où se passent les faits qu'on va lire, il approchait de la vingtaine. C'était un beau jeune homme brun, de taille moyenne. Sa figure mâle et ferme, son épaisse chevelure, ses larges et fortes épaules, mais surtout des yeux noirs, étincelants, dans lesquels se lisait une indomptable force de volonté, tout cela, joint à une âme ardente, à un cœur chaud et à beaucoup d'intelligence, faisait de Jean Rivard un caractère remarquable et véritablement attachant. Trois mois passés au sein d'une grande cité, entre les mains d'un tailleur à la mode, d'un coiffeur, d'un bottier, d'un maître de danse, et un peu de fréquentation de ce qu'on est convenu d'appeler le grand monde, en eussent fait un élégant, un fashionable, un dandy, un cavalier dont les plus belles jeunes filles eussent raffolé.

Mais ces triomphes si recherchés dans certaines classes de la société n'avaient aucun attrait pour notre héros, et Jean Rivard préféra, comme on le verra bientôt, à la vie du lion de ville celle du lion de la forêt.

# I

Jean Rivard vint au monde vers l'an 1824, à Grandpré, une de ces belles paroisses canadiennes établies dans la vallée du lac Saint-Pierre, sur la rive nord du Saint-Laurent.

Son père, Jean-Baptiste Rivard, ou simplement Baptiste Rivard, comme on l'appelait dans sa paroisse, aurait passé pour un cultivateur à l'aise s'il n'eût été chargé d'une famille de douze enfants, dont deux filles et dix garçons.

Jean était l'aîné de ces dix garçons.

Comme il montra dès son bas âge une intelligence plus qu'ordinaire, son père se décida, après de longues consultations avec ses plus proches parents et le curé de Grandpré, à le mettre au collège pour l'y faire suivre un cours d'études classiques.

La mère Rivard nourrissait l'espoir secret que Jean prendrait un jour la soutane et deviendrait prêtre. Son plus grand bonheur à la pauvre mère eût été de voir son fils aîné chanter la messe et faire le prône à l'église de Grandpré.

Jean Rivard obtint d'assez bons succès dans ses classes. Ce n'était pas un élève des plus brillants, mais il était studieux, d'une conduite régulière, et, parmi ses nombreux condisciples, nul ne le surpassait dans les choses qui requièrent la constance et l'exercice du jugement.

Les années de collège s'écoulèrent rapidement. Dès le commencement de sa cinquième année, il était entré en Rhétorique, et il goûtait par anticipation les jouissances intellectuelles des années suivantes, car les études philosophiques et scientifiques convenaient à la tournure sérieuse de son esprit ; il se laissait même entraîner à faire des plans pour l'avenir, à bâtir des châteaux en Espagne comme on en bâtit à cet âge, lorsqu'un événement survint, qui renversa tous ses projets : le père Baptiste Rivard mourut.

Ce décès inattendu produisit une révolution dans la famille Rivard. Quand le notaire eut fait l'inventaire des biens de la succession et que la veuve Rivard eut pris sa part de la communauté, il fut constaté que le patrimoine de chacun des enfants ne s'élevait qu'à une somme de quelque cent piastres.

Jean, qui avait fait une partie de ses études, était censé avoir reçu quelque chose « en avancement d'hoirie », et ne pouvait équitablement prétendre aux mêmes avantages pécuniaires que chacun de ses frères et sœurs. Sa part d'héritage à lui ne s'éleva donc en tout et partout qu'à la somme de cinquante louis.

Il lui fallait, avec cette somme, et vivre et s'établir.

# II

## Choix d'un état

S'il est dans la vie d'un jeune homme une situation pénible, inquiétante, c'est bien celle où se trouvait alors le pauvre Jean Rivard.

Il avait dix-neuf ans ; la pensée de son avenir devait l'occuper sérieusement. Ne pouvant s'attendre à recevoir de personne autre chose que des conseils, il lui fallait, pour faire son chemin dans la vie, se reposer uniquement sur ses propres efforts. Or, disons-le à regret, l'instruction qu'il avait acquise, bien qu'elle eût développé ses facultés intellectuelles, ne lui assurait aucun moyen de subsistance. Il pouvait, à la rigueur, en sacrifiant son petit patrimoine, terminer son cours d'études classiques, — et c'est ce que désiraient sa mère et ses autres parents, — mais il se disait avec raison que si sa vocation au sacerdoce n'était pas bien prononcée, il se trouverait après son cours dans une situation aussi précaire, sinon plus précaire que s'il eût jamais connu les premières lettres de l'alphabet.

La première chose qu'il décida fut donc de discontinuer ses études collégiales. Mais ce n'était pas là le point le plus difficile ; il lui fallait de plus faire choix d'un état, démarche grave qu'un jeune homme ne peut faire qu'en tremblant, car de là dépend le bonheur ou le malheur de toute sa vie.

Le suprême ordonnateur de toutes choses a réparti chez ses créatures une diversité de talents et d'aptitudes conformes aux besoins des sociétés. Mais des circonstances particulières, une famille nombreuse, une grande gêne pécuniaire, le défaut de protection, et mille autres raisons forcent, hélas ! trop souvent de malheureux jeunes gens à embrasser une carrière où ils ne rencontrent que misère et dégoût. Trop souvent aussi, résistant à l'instinct qui les pousse vers un genre de vie plutôt que vers un autre, ils se laissent guider dans leur choix par des considérations de convenance, ou qui pis est, par une absurde et pernicieuse vanité.

Rarement le sage conseil du poète : « Soyez plutôt maçon, si c'est votre talent », est écouté dans cette importante conjoncture.

Il existe aussi malheureusement chez nos populations rurales un préjugé funeste qui leur fait croire que les connaissances et l'éducation ne sont nullement nécessaires à celui qui cultive le sol : à quoi sert d'être savant, dira-t-on, pour manier le *manchon* de la charrue ? Et rien n'est plus étrange aux yeux de certaines gens que de voir un jeune homme instruit ne pas faire choix d'une profession libérale.

Aussi les professions d'avocat, de notaire, de médecin, refuges obligés de tous les collégiens qui n'embrassent pas le sacerdoce, sont déjà tellement encombrées dans notre jeune pays qu'une grande partie de leurs membres ne peuvent y trouver le pain nécessaire à la vie matérielle. La carrière des emplois publics est pareillement encombrée ; d'ailleurs, sans le secours de protecteurs puissants, un jeune homme ne peut rien attendre de ce côté. Le peu de considération accordée à la noble profession d'instituteur l'a fait regarder jusqu'à ce jour comme un pis-aller. L'arpentage, le génie civil, l'architecture ne sont une ressource que pour un très petit nombre d'individus. L'armée et la marine sont à peu près fermées à notre jeunesse.

Le pauvre Jean Rivard, obsédé de tous côtés par les donneurs d'avis, ne songea pas d'abord à braver le préjugé régnant, et quoiqu'il ne se sentît de vocation pour aucune des professions dont nous venons de parler, il songea à se faire admettre à l'étude du droit. La loi l'astreignait à cinq années de cléricature, mais il se flattait qu'après une première année passée chez son patron, il recevrait pour son travail une rémunération suffisante à ses dépenses d'entretien. Ce qui lui faisait aussi caresser ce projet, c'était la perspective de se retrouver avec son ami Gustave Charmenil, alors étudiant en droit à Montréal, ami intime, camarade d'enfance, compagnon de collège, dont le souvenir était encore tout chaud dans sa mémoire.

Cependant Jean Rivard n'eut rien à apprendre à monsieur le curé qui avait déjà tout appris par la rumeur publique.

« Je m'attendais à votre visite, mon jeune ami, lui dit le vénérable prêtre, et je suis heureux de vous voir. J'ai pensé tous les jours à vous depuis un mois ; j'ai partagé vos inquiétudes, vos embarras, et puisque vous venez, suivant votre coutume, me demander mon avis, je vous dirai franchement et sans détour que nous n'en sommes pas venus tous deux à la même conclusion. Votre projet d'étudier le droit ne me sourit pas, je vous l'avoue. Vous savez que j'ai moi-même étudié cette profession avant d'entrer dans les ordres ; je puis par conséquent vous parler en homme qui possède une certaine connaissance de son sujet. » Il se fit un moment de silence.

« Je ne vous cacherai pas, continua le curé, que cette carrière me souriait comme à vous, lorsque, il y a bientôt trente ans, je quittai le collège ; elle sourit à presque tous les jeunes gens qui ont de l'ambition et qui se croient destinés à jouer un rôle dans les affaires de leur pays. Rien n'éblouit comme l'art de la parole, et c'est le plus souvent parmi les avocats qu'on rencontre les hommes qui exercent ce talent avec le plus de puissance.

« Il faut avouer que cette profession offre des avantages réels. L'étude de la loi exerce le jugement ; l'habitude du raisonnement et de la discussion donne par degrés à l'homme doué de talents naturels une grande vigueur d'esprit, et une subtilité d'argumentation qui le font sortir vainqueur de presque toutes les luttes qui requièrent l'exercice des facultés intellectuelles.

« Dans l'étude de ses moyens, voyez-vous, l'avocat est sans cesse excité par deux des plus puissants mobiles du cœur humain, l'orgueil et l'amour du gain : sa raison, toujours tendue pour ainsi dire, prend graduellement de la force, comme le bras du forgeron qui se durcit chaque jour par le travail ; et après un certain nombre d'années, surtout s'il a fait fortune et s'il jouit d'une forte santé, il peut déployer ses talents sur un plus grand théâtre. Partout les hommes d'État se recrutent, à quelques exceptions près, dans cette classe privilégiée.

« Vous voyez que je ne cherche pas à nier les avantages de la profession. Disons pourtant, puisque nous en sommes à considérer le pour et le contre, qu'on reproche aux avocats, devenus hommes publics, de rapetisser les grandes questions de politique, de les envisager d'un point de vue étroit, surtout de faire emploi de petits moyens, de ces raisons futiles connues sous le terme d'objections à la forme et qui dénotent chez leurs auteurs plus de subtilité d'esprit que de libéralité et de largeur de vues. Ces messieurs ont bien quelquefois leurs petits ridicules. Vous vous rappelez ce passage de Timon :

> *Les avocats parlent pour qui on veut, tant qu'on veut, sur ce qu'on veut, etc., etc.*

et vous avez lu sans doute son chapitre sur l'éloquence du barreau.

— Je vous avouerai, M. le curé, dit Jean Rivard, que l'amour des honneurs n'est pour rien dans le choix que j'ai voulu faire ; je n'ai pas la prétention de faire un orateur ni un homme politique. Mon but, hélas ! est peut-être moins élevé, moins noble ; j'ai cru voir dans cette carrière un acheminement à la fortune, et un moyen d'aider à l'établissement de mes jeunes frères.

— Venons-en donc à cette question, puisqu'elle est la plus intéressante pour vous. Vous avouez qu'en vous lançant dans cette carrière vous avez, comme tous vos confrères, l'espoir d'y faire fortune ; vous pourriez être un de ces rares privilégiés, bien que vous admettiez vous-même que vous ne possédez pas cette assurance, ni cette facilité d'expression qui font les avocats éminents. Mais il est un moyen assez simple de vous éclairer sur ce sujet. Prenez la liste des avocats admis depuis vingt ans aux divers barreaux de la province, et voyez dans quelle proportion se trouvent ceux qui vivent exclusivement de l'exercice de leur profession. Je ne pense pas me tromper en disant que c'est à peine si vous en trouvez un quart. Les trois autres quarts, après avoir attendu pendant plusieurs années une clientèle toujours à venir, se retirent découragés. Les uns se jetteront dans le journalisme, d'autres dans le commerce ou dans des spéculations plus ou moins licites ; celui-ci cherchera un emploi dans les bureaux publics, celui-là ira cacher son désappointement dans un pays étranger ; un grand nombre resteront à charge à leurs parents ou à leurs amis ; les autres, abreuvés de dégoûts et d'ennuis, se laisseront aller à la dissipation, à la débauche, et finiront misérablement. Car sachez bien, mon ami, que les avocats de premier ordre, c'est-à-dire les avocats de talents transcendants, sont presque seuls à recueillir les avantages attachés à la profession. César préférait être le premier dans une bicoque que le second dans Rome ; pour ma part, je crois que sans avoir l'ambition de César, on peut être justifiable de préférer occuper le premier rang dans un état quelconque que le second dans la profession d'avocat.

« Une autre importante considération, mon enfant, c'est qu'il n'est guère possible à un jeune homme sans moyens pécuniaires de faire une étude suffisante de la profession, ni de se créer ensuite une clientèle s'il n'a pas de protecteurs ou d'amis influents.

— Mais ne croyez-vous pas qu'après une première année passée dans un bureau d'avocat, je serais en état de subvenir à mes dépenses ?

— J'admets que la chose est possible, mais il y a dix chances contre une que votre espoir sera déçu. Peut-être après de longues et ennuyeuses démarches trouverez-vous à enseigner le français dans une famille, à tenir les livres d'un marchand ou à faire quelque autre travail analogue ; mais cet avantage même, qui ne se rencontre que rarement, sera cause que vous négligerez vos études professionnelles. Vous savez le proverbe ; on ne peut courir deux lièvres à la fois. J'ai connu des jeunes gens d'une grande activité d'esprit, pleins d'ardeur pour l'étude, qui se seraient probablement distingués au barreau s'ils avaient pu faire une cléricature régulière, mais qui, obligés pour

24

vivre, de se faire copistes, instituteurs, traducteurs, ou d'écrire pour les gazettes, ne purent acquérir une connaissance suffisante de la procédure et de la pratique, et durent se résigner bon gré mal gré à tenter fortune ailleurs. Car, sachez-le bien, mon ami, aucun état ne demande un apprentissage plus sérieux, plus consciencieux.

« Or, la somme nécessaire à la pension et à l'entretien d'un étudiant pendant quatre ou cinq années de cléricature, celle encore plus considérable qu'il doit consacrer à l'acquisition de livres, à l'ameublement de son bureau, et à attendre patiemment la clientèle tant désirée, tout cela réuni forme un petit capital qui, appliqué à quelque utile industrie, peut assurer l'avenir d'un jeune homme. »

Le pauvre Jean Rivard, qui songeait à ses cinquante louis, se sentit intérieurement ébranlé et fut sur le point de déclarer aussitôt qu'il renonçait à son projet ; mais monsieur le curé continua :

« Puis, mon ami, comptez-vous pour rien la privation des plaisirs du cœur, des jouissances de la vie de famille pendant les plus belles années de votre séjour sur la terre ? Car, même en supposant que vous seriez un des privilégiés de votre ordre, vous vous rendrez à trente ans et peut-être plus loin, avant de pouvoir vous marier. La vanité, les exigences sociales sont pour beaucoup, il est vrai, dans cette fatale et malheureuse nécessité, mais le fait existe, et vous ne serez probablement pas homme à rompre en visière aux habitudes de votre classe. »

Cette dernière considération était de nature à faire une forte impression sur Jean Rivard, comme on le comprendra plus tard.

« Il y a enfin, mon cher enfant, ajouta le bon prêtre, une autre considération dont on ne s'occupe guère à votre âge, mais qui me paraît à moi plus importante que toutes les autres ; c'est que la vie des villes expose à toutes sortes de dangers. Sur le grand nombre de jeunes gens qui vont y étudier des professions, ou y apprendre le commerce, bien peu, hélas ! savent se préserver de la contagion du vice. Ils se laissent entraîner au torrent du mauvais exemple. Puis, dans les grandes villes, voyez-vous, les hommes sont séparés pour ainsi dire de la nature ; l'habitude de vivre au milieu de leurs propres ouvrages les éloigne de la pensée de Dieu. S'ils pouvaient comme nous admirer chaque jour les magnificences de la création, ils s'élèveraient malgré eux jusqu'à l'auteur de toutes choses, et la cupidité, la vanité, l'ambition, les vices qui les tourmentent sans cesse n'auraient plus autant de prise sur leurs cœurs... »

Le bon prêtre allait continuer ses réflexions, lorsque Jean Rivard, se levant :

— Monsieur le curé, dit-il, vos réflexions sont certainement bien propres à me convaincre que je me suis laissé entraîner dans une fausse voie. Veuillez en accuser mon peu d'expérience, et croyez que je suis prêt à abandonner sans hésitation, sans arrière-pensée, un projet pour lequel je ne sens d'ailleurs aucun enthousiasme. Mais, en renonçant à ce dessein, je retombe dans les soucis, dans les embarras qui m'ont tourmenté depuis la mort de mon père. C'est une terrible chose, M. le curé, pour un jeune homme sans fortune et sans expérience, que d'avoir à se décider sur le choix d'un état.

— Personne, mon enfant, ne comprend cela mieux que moi, et je vous dirai que le grand nombre de jeunes gens qui sortent chaque année de nos collèges m'inspirent la plus profonde compassion. Au point où nous en sommes rendus, si par un moyen ou par un autre on n'ouvre avant peu à notre jeunesse de nouvelles carrières, les professions libérales vont s'encombrer d'une manière alarmante, le nombre de têtes inoccupées ira chaque jour grossissant et finira par produire quelque explosion fatale.

« Si vous me demandez d'indiquer un remède à cet état de choses, je serai bien obligé de confesser mon impuissance. Néanmoins, après y avoir mûrement réfléchi, et avoir fait de cette question l'objet de mes méditations pendant de longues années, j'en suis venu à la conclusion que le moyen le plus naturel et le plus efficace, sinon d'arrêter tout à fait le mal, au moins de le neutraliser jusqu'à un certain point, c'est d'encourager de toutes manières et par tous moyens la jeunesse instruite de nos campagnes à embrasser la carrière agricole.

« C'est là, suivant moi, le moyen le plus sûr d'accroître la prospérité générale tout en assurant le bien-être des individus, et d'appeler sur la classe la plus nombreuse de notre population la haute considération dont elle devrait jouir dans tous les pays. Je n'ai pas besoin de vous répéter tout ce qu'on a dit sur la noblesse et l'utilité de cette profession. Mais consultez un moment les savants qui se sont occupés de rechercher les causes de la prospérité des nations, et vous verrez que tous s'accordent à dire que l'agriculture est la première source d'une richesse durable ; qu'elle offre plus d'avantages que tous les autres emplois ; qu'elle favorise le développement de l'intelligence plus que toute autre industrie ; que c'est elle qui donne naissance aux manufactures de toutes sortes ; enfin qu'elle est la mère de la prospérité nationale, et pour les particuliers la seule occupation réellement indépendante. L'agriculteur qui vit de son travail peut dire avec raison qu'"'il ne connaît que Dieu pour maître". Ah ! s'il m'était donné de pouvoir me faire entendre de ces centaines de jeunes gens qui chaque année quittent nos campagnes pour se lancer dans les carrières professionnelles, commerciales, ou industrielles, ou pour aller chercher fortune à l'étranger, je leur dirais : ô jeunes gens, mes amis, pourquoi désertez-vous ? pourquoi quitter nos belles campagnes, nos superbes forêts, notre belle patrie, pour aller chercher ailleurs une fortune que vous n'y trouverez pas ? Le commerce, l'industrie vous offrent, dites-vous, des gages plus élevés, mais est-il rien d'aussi solide que la richesse agricole ? Un cultivateur intelligent voit chaque jour augmenter sa richesse, sans craindre de la voir s'écrouler subitement ; il ne vit pas en proie aux soucis dévorants ; sa vie paisible, simple, frugale, lui procure une heureuse vieillesse.

« Vous ne doutez pas, mon jeune ami, de l'intérêt que je vous porte. Eh bien ! je suis tellement persuadé que cette carrière, tout humble qu'elle puisse paraître à vos yeux, est préférable aux professions libérales, au moins pour la plupart des jeunes gens, que je n'hésite pas un instant à vous recommander de l'embrasser, malgré toutes les objections que l'on pourra vous faire. Pour avoir étudié pendant quelques années, ne vous en croyez pas moins apte à la culture de la terre. Au contraire, mon ami, l'étude a développé vos facultés naturelles, vous avez appris à penser, à méditer, à calculer, et nul état ne demande plus d'intelligence que celui de l'agriculteur. Si cet art n'a pas fait de plus rapides progrès parmi nous, il faut en accuser en grande partie la malheureuse répugnance qu'ont montrée jusqu'aujourd'hui nos hommes instruits à se dévouer à cette honorable industrie. Bravez le premier, mon jeune ami, ce préjugé funeste, d'autres vous imiteront bientôt et en peu d'années l'agriculture sera régénérée. »

Chacune de ces paroles allait au cœur de Jean Rivard. C'était bien là son rêve de tous les jours, son idée favorite. Mais chaque fois qu'il en avait parlé dans sa famille, son projet avait excité de telles clameurs qu'il n'osait plus revenir sur ce sujet. D'ailleurs une difficulté existait à laquelle ne songeait pas le bon curé : comment, avec la petite somme de cinquante louis, songer à devenir propriétaire à Grandpré lorsqu'une ferme de dimension ordinaire n'y pouvait coûter moins de douze à quinze mille francs*, sans compter la somme nécessaire à l'acquisition du matériel agricole et des animaux indispensables à l'exploitation ?

Jean Rivard passa donc encore plusieurs mois à considérer sa situation, à faire des projets de toutes sortes, à chercher tous les moyens imaginables de sortir d'embarras. Parfois le découragement s'emparait de son âme et l'avenir s'offrait à ses regards sous les couleurs les plus sombres. Eh quoi ! se disait-il, serai-je condamné à travailler comme journalier, comme homme de peine, dans les lieux mêmes où mon père cultivait pour son propre compte ? La pensée d'émigrer, de s'expatrier, lui venait bien quelquefois, mais il la repoussait aussitôt comme anti-patriotique, anti-nationale.

Une raison secrète qu'on connaîtra bientôt rendait encore plus vif son désir de s'établir le plus promptement possible.

---

* On conserve encore la coutume, dans les paroisses canadiennes éloignées des villes, de compter par francs dans les conventions relatives aux bien-fonds.

# III

## Noble résolution de Jean Rivard

Les soucis qui tourmentaient notre jeune homme surexcitèrent à tel point son système nerveux qu'il lui arriva plus d'une fois de passer la nuit sans fermer l'œil. Il se levait, se promenait de long en large dans sa chambre, puis se couchait de nouveau, demandant en vain au sommeil quelques moments de repos. Enfin il arriva qu'une nuit, après plusieurs heures d'une insomnie fiévreuse, il s'endormit profondément, et eut un songe assez étrange. Il se crut transporté au milieu d'une immense forêt. Tout à coup des hommes apparurent armés de haches, et les arbres tombèrent çà et là sous les coups de la cognée. Bientôt ces arbres furent remplacés par des moissons luxuriantes ; puis des vergers, des jardins, des fleurs surgirent comme par enchantement. Le soleil brillait dans tout son éclat ; il se crut au milieu du paradis terrestre. En même temps il lui sembla entendre une voix lui dire : il ne dépend que de toi d'être un jour l'heureux et paisible possesseur de ce domaine.

Bien que Jean Rivard fût loin d'être superstitieux, ce songe fit cependant sur lui une impression extraordinaire. En s'éveillant, une pensée qu'il regarda comme une inspiration du ciel lui traversa le cerveau, et dès que le jour parut, se levant plus tôt que d'habitude, il annonça à sa mère qu'il allait partir pour un voyage de quelques jours.

Or, voici le projet que Jean Rivard avait en tête. Il savait qu'en arrière des paroisses qui bordent le beau et grand fleuve Saint-Laurent s'étendaient d'immenses forêts qui ne demandaient qu'à être défrichées pour produire d'abondantes récoltes. Là, pour une modique somme, un jeune homme pouvait facilement devenir grand propriétaire. Il est bien vrai que les travaux de déboisement n'étaient pas peu de chose et devaient entrer en ligne de compte, mais ces travaux ne demandaient que du courage, de l'énergie, de la persévérance, et n'effrayaient nullement notre héros.

Jean Rivard avait donc résolu de s'établir intrépidement sur une terre en bois debout, de la défricher, de l'exploiter, et il voulait à cette fin faire une visite d'exploration.

La partie du Bas-Canada qu'on appelle les Cantons de l'Est* et qui s'étend au sud du fleuve Saint-Laurent, depuis la rivière Chaudière jusqu'à la rivière Richelieu, comprenant plus de quatre millions d'acres de terre fertile, est excessivement intéressante, non seulement pour l'économiste, mais aussi pour l'artiste, le poète et le voyageur. Partout la nature s'y montre, sinon aussi sublime,

---

* Le mot anglais *Township* n'a pas d'équivalent en français. M. de Tocqueville dit que le *township* tient le milieu entre le canton et la commune ; d'autres, comme M. Laboulaye, prétendent que le township se rapproche beaucoup plus du canton que de la commune, puisqu'un township peut se composer de plusieurs municipalités, de même qu'un canton peut comprendre plusieurs communes. Je me servirai donc, dans le cours de ce récit, du mot « Canton », de préférence au mot « Township ».

aussi grandiose, du moins presque aussi pittoresque que dans le bas du fleuve et les environs de Québec. Montagnes, collines, vallées, lacs, rivières, tout semble fait pour charmer les regards. Le touriste qui a parcouru les bords de la rivière Saint-François ne saurait oublier les paysages enchanteurs qui s'offrent de tous côtés. Les rivières Chaudière, Nicolet, Bécancour, avec leurs chaînes de lacs, leurs cascades, leurs rives escarpées ; les lacs Memphremagog, Saint-François, Mégantic, Aylmer, avec leurs îlots verdoyants, présentent à l'œil le même genre de beautés ravissantes.

Ajoutons à cela que le sol y est partout d'une fertilité remarquable, que le ciel y est clair et le climat salubre, que toutes les choses nécessaires à la nourriture de l'homme, poisson, gibier, fruits, s'y trouvent en abondance, et l'on s'étonnera sans doute que cette partie du Canada n'ait pas été peuplée plus tôt.

Ce n'est que vers la fin du dernier siècle que trente familles américaines traversèrent la frontière pour venir s'établir dans le canton de Stanstead et les environs.

Diverses causes retardèrent la colonisation de cette partie du pays. On sait que d'immenses étendues de forêts devinrent de bonne heure la proie d'avides spéculateurs qui pendant longtemps refusèrent de les concéder. Ce n'est que depuis peu d'années que l'adoption de mesures législatives et la construction de chemins de fer et autres voies de communication dirigèrent l'émigration canadienne vers ces fertiles régions.

C'est là que Jean Rivard avait résolu de se fixer.

Ce fut une scène touchante dans la famille Rivard. La mère surtout, la pauvre mère déjà habituée à regarder son Jean comme le chef de la maison, ne pouvait se faire à l'idée de se séparer de lui. Elle l'embrassait en pleurant, puis s'occupait à préparer ses effets de voyage et revenait l'embrasser de nouveau. Il lui semblait que son enfant s'en allait au bout du monde et son cœur maternel s'exagérait les dangers qu'il allait courir.

Jean Rivard comprit que c'était l'occasion pour lui de se montrer ferme et, refoulant au fond du cœur les émotions qui l'agitaient :

« Ma bonne mère, dit-il, vous savez que personne ne vous aime plus tendrement que moi ; vous n'ignorez pas que mon plus grand bonheur serait de passer ma vie auprès de vous, et au milieu de mes frères et sœurs. Les plaisirs du cœur sont si doux... et je pourrais les goûter dans toute leur plénitude. Mais ce bonheur ne m'est pas réservé. Je ne veux pas revenir sur les considérations qui m'ont fait prendre le parti de m'éloigner, vous les connaissez, ma mère, et je suis convaincu que vous m'approuverez vous-même un jour. Ce qui m'encourage dans ce dessein, c'est l'espoir de me rendre utile à moi-même, à mes jeunes frères, et peut-être à mon pays. Si je partais pour une expédition lointaine, pour une terre étrangère, sans but arrêté, comme ont fait et comme font malheureusement encore un grand nombre de nos jeunes compatriotes, je concevrais vos inquiétudes. Mais non, Dieu merci, cette mauvaise pensée n'a jamais eu de prise sur moi ; je demeure dans le pays qui m'a vu naître, je veux contribuer à exploiter les ressources naturelles dont la nature l'a si abondamment pourvu ; je veux tirer du sol les trésors qu'il recèle, et qui, sans des bras forts et vigoureux, y resteront enfouis longtemps encore. Devons-nous attendre que les habitants d'un autre hémisphère viennent, sous nos yeux, s'emparer de nos forêts, qu'ils viennent choisir parmi les immenses étendues de terre qui restent encore à défricher les régions les plus fertiles, les plus riches, puis nous contenter ensuite de leurs rebuts ? Devons-nous attendre que ces étrangers nous engagent à leur service ? Ah ! à cette pensée, ma mère, je sens mes muscles se roidir et tout mon sang circuler avec force. Je possède de bons bras, je me sens de l'intelligence, je veux travailler, je veux faire servir à quelque chose les facultés que Dieu m'a données ; et si le succès ne couronne pas mes efforts, je me rendrai au moins le bon témoignage d'avoir fait mon devoir. »

La pauvre mère, en entendant ces nobles sentiments sortir de la bouche de son fils, dut se résigner et se contenter de pleurer en silence.

# IV

## Jean Rivard, propriétaire

Jean Rivard partit de Grandpré, traversa le Saint-Laurent en canot et s'aventura ensuite dans les terres.

Le lendemain de son départ, il s'arrêta dans un village dont les maisons presque toutes nouvellement construites et blanchies à la chaux offraient un certain air d'aisance et de gaieté, et au centre duquel s'élevait une petite église surmontée d'un clocher.

Heureusement pour Jean Rivard, ce village était presque entièrement peuplé de Canadiens. Il alla frapper à la porte de la maison de M. Lacasse, magistrat de l'endroit, qu'il connaissait déjà de réputation.

M. Lacasse était en même temps cultivateur et commerçant. Il n'avait reçu que peu d'instruction dans sa jeunesse, mais il possédait un grand fond de bon sens et des sentiments honorables qui le faisaient estimer de tous ceux qui l'approchaient.

Jean Rivard prit la liberté de se présenter à lui, et après lui avoir décliné son nom, lui fit part en quelques mots du but de son voyage.

M. Lacasse l'écouta attentivement, tout en le considérant avec des yeux scrutateurs, puis s'adressant à lui :

« Jeune homme, dit-il, avant de vous dire ce que je

37

pense de votre démarche, permettez-moi de vous faire deux ou trois questions : quel âge avez-vous ?

— J'ai dix-neuf ans.

— Vous ne me paraissez guère habitué au travail ; avez-vous une bonne santé ? êtes-vous fort et vigoureux ?

— Je jouis d'une excellente santé, et si je ne suis pas encore habitué au travail, j'espère le devenir un jour.

— C'est bien ; mais encore une question, s'il vous plaît : êtes-vous persévérant ? s'il vous survenait des obstacles, des revers, des accidents, seriez-vous homme à vous décourager ? Cette question est de la plus grande importance.

— Monsieur, depuis le jour où j'ai quitté le collège, j'ai toujours eu présente à l'esprit une maxime que nous répétait souvent notre excellent directeur : avec le travail on vient à bout de tout, ou comme il nous disait en latin : *labor omnia vincit*. J'ai pris ces trois mots pour devise, car je comprends que le sens qu'ils présentent doit être d'une application plus fréquente dans la vie du défricheur que dans aucun autre état.

— C'est bien, c'est bien, mon jeune ami ; je ne suis pas fort sur le latin, mais je vois avec plaisir que vous connaissez le rôle que vous aurez à jouer. Vous parlez comme un brave, et je suis heureux d'avoir fait votre connaissance. Maintenant, mon ami, la première chose que vous avez à faire, c'est de choisir un bon lopin de terre, un lot dont la situation et la fertilité vous promettent une ample rémunération de vos labeurs ; car il n'est pas de spectacle plus désolant que celui d'un homme intelligent et courageux qui épuise sa vigueur sur un sol ingrat. »

M. Lacasse fit alors connaître en peu de mots à Jean Rivard, d'après l'expérience qu'il avait acquise durant sa longue carrière de défricheur, à quels signes on pouvait juger de la bonne ou mauvaise qualité du sol.

— Monsieur, dit Jean Rivard, je vous remercie mille fois de vos renseignements précieux, que je ne manquerai pas de mettre à profit. Mais, dites-moi, je vous prie, puis-je en toute confiance choisir dans les milliers d'arpents non encore défrichés de ces vastes Cantons de l'Est le lot qui me conviendra, sauf à en payer plus tard le prix au propriétaire, quand il me sera connu ?

— Oh ! gardez-vous en bien. Si je vous racontais tous les malheurs qui sont résultés des imprudences de ce genre, et dont nos pauvres compatriotes ont été les victimes, surtout depuis un certain nombre d'années, vous en frémiriez. Les grands propriétaires de ces terres incultes ne sont pas connus aujourd'hui, mais ils se cachent comme le loup qui guette sa proie ; et lorsque, après plusieurs années de travail, un défricheur industrieux aura doublé la valeur de leur propriété, ils se montreront tout à coup pour l'en faire déguerpir. Suivez mon conseil, mon jeune ami ; vous avez près d'ici le canton de Bristol presque entièrement inhabité, et possédé en grande partie par le gouvernement et l'Honorable Robert Smith qui réside dans ce village même ; allez, et si, après avoir parcouru la forêt, vous trouvez un lot qui vous convienne, je me charge de vous le faire obtenir. Mais comme il n'y a encore qu'une espèce de sentier qui traverse le canton, je vais vous faire accompagner par un homme que j'ai à mon service, qui connaît parfaitement toute cette forêt et qui pourra même au besoin vous donner d'excellents avis.

— Monsieur, je ne saurais vous exprimer combien je vous suis reconnaissant de tant de bontés...

— Chut ! mon ami, ne parlez pas de reconnaissance. Si vous réussissez comme vous le méritez, je serai suffisamment récompensé. On ne trouve pas tous les jours à obliger des jeunes gens de cœur. »

Jean Rivard et l'homme de M. Lacasse partirent donc ensemble pour parcourir en tous sens le canton de Bristol, après avoir eu le soin de se munir d'une petite boussole.

Ils ne revinrent que le lendemain soir.

Sans entrer dans tous les détails de l'itinéraire de nos explorateurs, disons tout de suite que Jean Rivard avait fait choix, à trois lieues environ du village de Lacasseville (appelé ainsi du nom de son fondateur M. Lacasse), d'un superbe lopin de terre, tout couvert de beaux et grands arbres, et dont le sol était d'une richesse incontestable. Une petite rivière le traversait. D'après la description qu'il en fit à M. Lacasse, celui-ci jugea que son protégé ne s'était pas trompé, et tous deux se rendirent aussitôt chez l'Honorable Robert Smith, lequel, tout en manifestant d'abord une sorte de répugnance à se dessaisir d'une partie de son domaine inculte, finit par concéder à Jean Rivard cent acres de terre à cinq chelins l'acre, payables en quatre versements égaux, dont le premier ne devenait dû qu'au bout de deux années — à condition toutefois que Jean Rivard s'établirait sur le lot en question et en commencerait sans délai le défrichement.

Le marché conclu et signé, Jean Rivard remercia de nouveau son ami et bienfaiteur M. Lacasse, et après lui avoir serré la main, partit en toute hâte pour retourner auprès de sa mère, à Grandpré.

# V

## Une prédiction

Autant notre héros avait paru morose et soucieux à son départ, aurant il paraissait heureux à son retour.

Il était rayonnant de joie.

On peut s'imaginer combien sa bonne mère, qui n'avait cessé de penser à lui durant son absence, fut heureuse de le voir revenu sain et sauf. Ses frères et sœurs firent bientôt cercle autour de lui pour lui souhaiter la bienvenue et savoir l'histoire de son voyage.

« Eh ! dit sa jeune sœur Mathilde, comme te voilà radieux ! Aurais-tu par hasard fait la rencontre de quelque jolie blonde dans le cours de ton excursion ?

— Oh ! bien mieux que cela, répondit laconiquement notre héros.

— Comment donc ! mais conte-nous cela vite, se hâtèrent de dire à la fois tous les frères et sœurs, en se pressant de plus en plus autour de lui.

— Eh bien ! dit Jean d'un ton sérieux, je suis devenu propriétaire. J'ai maintenant à moi, en pleine propriété, sans aucune redevance quelconque, sans lods et ventes, ni cens et rentes, ni droit de banalité, ni droit de retrait, ni aucun autre droit quelconque, un magnifique lopin de cent acres de terre...

— Oui, de terre en bois debout, s'écria le frère

cadet ; on connaît cela. La belle affaire ! comme si chacun ne pouvait en avoir autant ! Mais, dis donc, Jean, continua-t-il d'un ton moqueur, est-ce que celui qui t'a cédé ce magnifique lopin s'engage à le défricher ?

— Nullement, repartit Jean, je prétends bien le défricher moi-même.

— Oh ! oh ! dirent en riant tous les jeunes gens composant l'entourage, quelle belle spéculation ! mais sais-tu Jean, que te voilà devenu riche ? cent arpents de terre... à bois... mais c'est un magnifique établissement...

— Si tu te laisses mourir de froid, disait l'un, ce ne sera pas au moins faute de combustible.

— À ta place, disait un autre, je me ferais commerçant de bois. »

Jean Rivard écoutait ces propos railleurs sans paraître y faire la moindre attention. Il laissa faire tranquillement, et quand les quolibets furent épuisés :

« Riez tant que vous voudrez, dit-il, mais retenez bien ce que je vais vous dire.

J'ai dix-neuf ans et je suis pauvre ; ... à trente ans, je serai riche, plus riche que mon père ne l'a jamais été. Ce que vous appelez par dérision mon magnifique établissement vaut à peine vingt-cinq louis aujourd'hui... il en vaudra deux mille alors.

— Et avec quoi, hasarda l'un des frères, obtiendras-tu ce beau résultat ?

— Avec cela, dit laconiquement Jean Rivard, en montrant ses deux bras. »

L'énergie et l'air de résolution avec lesquels il prononça ces deux mots firent taire les rieurs, et électrisèrent en quelque sorte ses jeunes auditeurs.

Il se fit un silence qui ne fut interrompu que par la voix de la sœur Mathilde qui, tout en continuant son travail de couture, murmura d'un ton moitié badin, moitié sérieux :

« Je connais pourtant une certaine personne à qui ça ne sourira guère d'aller passer sa vie dans les bois. »

Cette remarque, à laquelle Jean Rivard ne s'attendait pas, le fit rougir jusqu'au blanc des yeux, et sembla le déconcerter plus que toutes les objections qu'on lui avait déjà faites. Il se rassura pourtant graduellement et, après avoir pris congé de la famille, se retira sous prétexte de se reposer, mais de fait pour rêver à son projet chéri.

# VI

## Mademoiselle Louise Routier

On était au commencement d'octobre (1843), et Jean Rivard tenait beaucoup à ensemencer quelques arpents de terre dès le printemps suivant. Pour cela il n'avait pas de temps à perdre.

Par un heureux et singulier hasard, sur le lot qu'il avait acheté se trouvait déjà une petite cabane érigée autrefois par un pauvre colon canadien qui avait projeté de s'établir dans cet endroit, mais que l'éloignement des habitations, le défaut de chemins et surtout la crainte d'être forcé de déguerpir avaient découragé.

Ces habitations primitives de la forêt sont construites au moyen de pièces de bois superposées et enchevêtrées l'une dans l'autre aux deux extrémités. Le toit est pareillement formé de pièces de bois placées de manière à empêcher la neige et la pluie de pénétrer à l'intérieur. L'habitation forme généralement une espèce de carré d'un extérieur fort grossier, qui n'appartient à aucun style connu d'architecture, et n'est pas même toujours très confortable à l'intérieur, mais qui cependant offre au défricheur un abri temporaire contre les intempéries des saisons. À quelques-unes de ces cabanes, la lumière vient par des fenêtres pratiquées dans les côtés, à d'autres elle ne vient que par la porte. La fumée du poêle doit tant bien que mal sortir par un trou pratiqué dans le toit.

Le pauvre colon qui le premier s'était aventuré dans le canton de Bristol avait dû coucher pendant plusieurs nuits à la belle étoile ou sous une tente improvisée en attendant la construction de la cabane en question.

Cette hutte abandonnée pouvait toutefois servir de gîte à Jean Rivard et rien ne s'opposait à ce qu'il commençât sans délai ses travaux de défrichement.

Les opérations devaient être nécessairement fort restreintes. On comprend qu'une exploitation basée sur un capital de cinquante louis ne pouvait être commencée sur une bien grande échelle. Et cette somme de cinquante louis composant toute la fortune de Jean Rivard, il ne se souciait guère de la risquer d'abord tout entière.

La première chose dont il s'occupa fut d'engager à son service un homme en état de l'aider de son travail et de son expérience dans les défrichements qu'il allait entreprendre. Il rencontra cet homme dans la personne d'un journalier de Grandpré, du nom de Pierre Gagnon, gaillard robuste, toujours prêt à tout faire, et habitué d'ailleurs aux travaux les plus durs. Jean Rivard convint de lui payer quinze louis par année en sus de la nourriture et du logement. Pour une somme additionnelle de dix louis, il pouvait se procurer des provisions de bouche pour plus de six mois, les ustensiles les plus indispensables, et quelques objets d'ameublement de première nécessité. Mais pour éviter les frais de transport, tous ces articles devaient être achetés au village de Lacasseville.

Cependant plus l'heure du départ approchait, plus Jean Rivard devenait triste ; une sombre mélancolie qu'il ne pouvait dissimuler s'emparait de son âme, à l'idée de quitter ses amis, ses voisins, sa famille, surtout sa vieille mère, dont il avait été l'espoir depuis le jour où elle était devenue veuve. La vérité nous oblige aussi de dire en confidence au lecteur qu'il y avait à la maison voisine une jeune et jolie personne de dix-sept ans dont Jean Rivard ne pouvait se séparer qu'avec regret. C'était mademoiselle Louise Routier, fille de M. François Routier, ancien et fidèle ami de feu Baptiste Rivard. Jean et Louise avaient été élevés presque ensemble et avaient naturellement contracté l'un pour l'autre un attachement assez vif. Mais on ne saurait mieux faire connaître dans quelle disposition de cœur se trouvait notre héros à l'égard de cette jeune fille qu'en rapportant l'extrait suivant d'une lettre écrite à cette époque par Jean Rivard lui-même à son ami Gustave Charmenil :

. . . . . . . . . . . . . . . . . . . . . . . . . .

« Que fais-tu donc, mon cher Gustave, que tu ne m'écris plus ? As-tu sur le métier quelque poème de ta façon ? Ou serais-tu absorbé par hasard dans l'étude du droit ? Ou, ce qui est plus probable, serais-tu tombé en amour comme moi ? Tu ris, et tu ne me croiras pas quand je te dirai que depuis six mois je suis amoureux fou... et devine de qui ?... Écoute : tu te souviens de la petite Louise que nous trouvions si gentille, pendant nos vacances ? Eh bien ! depuis ton départ, elle a joliment grandi ; si tu la voyais le dimanche à l'église, avec sa robe de couleur rose, la même couleur que ses joues ; si tu voyais ses grands yeux bleus, et les belles dents qu'elle montre quand elle rit, ce qui arrive assez souvent, car elle est d'une gaieté folle ; si tu la voyais danser ; si surtout tu pouvais converser une demi-heure avec elle... tu concevrais que j'aie pu me laisser prendre. Je t'avouerai que j'ai été assez longtemps avant de me déclarer ouvertement ; tu sais que je n'aime pas à précipiter les choses ; mais enfin je n'ai pu y tenir, et un bon jour, ou plutôt un bon soir que j'avais soupé chez le père Routier, après avoir accompagné Louise à son retour de vêpres, me trouvant avec elle sur la galerie, je me hasardai à lui faire une déclaration d'amour en forme ; toute ma crainte était qu'elle n'éclatât de rire, ce qui m'aurait piqué au vif, car j'y allais sérieusement ; mais loin de là, elle devint rouge comme une cerise et finit par balbutier que de tous les jeunes gens qui venaient chez son père, c'était moi qu'elle aimait le mieux. Juge de mon bonheur. Ce soir-là, je m'en retournai chez ma mère le cœur inondé de joie ; toute la nuit, je fis des rêves couleur de rose, et depuis ce jour, mon cher ami, mon amour n'a fait qu'augmenter. Louise continue toujours à être excessivement timide et farouche, mais je ne l'en aime pas moins ; au contraire, je crois que je la préfère comme cela.

« Mais tu vas me dire : quelle folie ! quelle étourderie ! Comment peux-tu t'amuser à faire l'amour lorsque tu n'as pas les moyens de te marier ? — Tout doux, Monsieur le futur avocat, Monsieur le futur représentant du peuple, Monsieur le futur ministre (car je sais que tu veux être tout cela), je ne prétends pas à tous les honneurs, à toutes les dignités comme vous, mais je tiens à être aussi heureux que possible ; et je ne crois pas comme vous qu'il faille être millionnaire en petit pour prendre femme.

— Convenu, me diras-tu, mais au moins faut-il avoir quelque chose de plus à offrir que la rente d'un patrimoine de cinquante louis.

— Je vous arrête encore, mon bon ami. Plaisanterie à part, sais-tu bien, mon cher Gustave, que depuis que je t'ai écrit, c'est-à-dire, depuis la mort de mon pauvre père, je suis devenu grand propriétaire ? Voici comment.

« Du moment que je me vis obligé de subvenir à mes besoins, et surtout lorsque j'eus obtenu de la bouche de ma Louise l'aveu si doux dont je t'ai parlé, je me creusai le cerveau pour trouver un moyen quelconque de m'établir. Après avoir conçu et abandonné une foule de projets plus ou moins réalisables, je me déterminai enfin... devine à quoi ?... à me faire défricheur !... Oui, mon cher, j'ai acheté récemment, et je possède à l'heure qu'il est, dans le canton de Bristol, un superbe lopin de terre en bois debout qui n'attend que mon bras pour produire des richesses. Avant trois ans peut-être je serai en état de me marier, et dans dix ans, je serai riche, je pourrai aider ma pauvre mère à établir ses plus jeunes enfants, et faire du bien de mille manières. Ne ris pas de moi, mon cher Gustave ; j'en connais qui ont commencé comme moi et qui sont aujourd'hui indépendants. Qui sait si mon lot ne sera pas dans vingt ans le siège d'une grande ville ? Qu'étaient, il y a un demi-siècle, les villes et villages de Toronto, Bytown, Hamilton, London, Brockville, dans le Haut-Canada, et la plus grande partie des villes américaines ? Des forêts touffues qu'ont abattues les haches des vaillants défricheurs. Je me sens le courage d'en faire autant.

« Je pars dans une semaine, avec armes et bagages, et la prochaine lettre que je t'écrirai, mon cher Gustave, sera datée de "Villa Rivard" dans le canton de Bristol. »

. . . . . . . . . . . . . . . . . . . . . . . . . .

# VII

## Le départ — Pierre Gagnon

Jean Rivard passa dans la compagnie de sa Louise toute la soirée qui précéda le jour de la séparation. Je ne dirai pas les serments de fidélité qui furent prononcés de part et d'autre, dans cette mémorable circonstance. Le seul souvenir laissé par Jean Rivard à sa bien-aimée fut un petit chapelet en grains de corail, béni par notre Saint Père le Pape ; il le lui donna à la condition qu'elle en réciterait chaque jour une dizaine à l'intention des pauvres défricheurs.

En retour, Louise lui fit cadeau d'une petite *Imitation de Jésus-Christ* dont elle s'était déjà servie, ce qui ne la rendait que plus intéressante aux yeux du donataire ; elle l'engagea à en lire quelques pages, au moins tous les dimanches, puisque dans la forêt où il allait s'isoler il serait privé d'adorer Dieu dans son Temple.

La mère Rivard sanglota beaucoup en embrassant son cher enfant. De son côté, Jean aussi avait le cœur gonflé ; il le sentait battre avec force ; mais il dut encore faire une effort sur lui-même et se soumettre avec résignation à ce qu'il appelait le décret de la Providence.

Disons ici, pour répondre à ceux qui pourraient reprocher à Jean Rivard d'abandonner sa mère, que son frère cadet avait déjà dix-huit ans, et était parfaitement en état de le suppléer à la maison paternelle.

On comprend que nos deux voyageurs ne désiraient se charger d'aucun objet superflu ; aussi tout leur bagage consistait-il en deux sacs de voyage contenant leurs hardes et leur linge le plus indispensable, et quelques articles peu volumineux.

Jean Rivard n'oublia pas cependant son fusil, non qu'il eût un goût bien prononcé pour la chasse, mais dans les lieux sauvages qu'il allait habiter, cet instrument pouvait avoir son utilité, comme il fut reconnu plus d'une fois par la suite.

Dès le lendemain de leur départ de Grandpré, les deux voyageurs couchaient au village de Lacasseville.

Dans la soirée, Jean Rivard eut avec M. Lacasse un long entretien au sujet des choses dont il devait se pourvoir. Il fut un peu déconcerté après que M. Lacasse lui eut fait comprendre qu'il ne pouvait songer à se rendre en voiture à son futur établissement. Il s'était imaginé qu'en abattant quelques arbres par ci par là, le long du sentier de pied qu'il avait déjà parcouru, un cheval pourrait tant bien que mal traîner une voiture chargée jusqu'à sa cabane.

« Ce que vous avez de mieux à faire pour le moment, lui dit M. Lacasse, c'est de vous rendre à pied, avec votre homme, en vous chargeant de provisions pour quelques semaines et de vos ustensiles les plus indispensables. Vous reviendrez plus tard, quand la saison le permettra, chercher les autres effets dont vous ne pourrez absolument vous passer dans le cours de l'hiver. »

Cette perspective n'était guère encourageante, mais Jean Rivard n'était pas homme à reculer sitôt devant les obstacles. Il suivit donc en tous points les conseils de M. Lacasse et partit de bonne heure le lendemain matin.

En le voyant se diriger vers l'entrée de l'épaisse forêt, en compagnie de Pierre Gagnon, tous deux chargés d'énormes sacs, et les bras et les mains embarrassés d'ustensiles et d'outils de diverses sortes, monsieur Lacasse se retournant vers ceux qui l'entouraient :

« Il y a du nerf et du cœur chez ce jeune homme, dit-il ; il réussira, ou je me tromperai fort. »

Et M. Lacasse disait vrai. En s'aventurant hardiment dans les bois pour y vivre loin de toute société, et s'y dévouer au travail le plus dur, Jean Rivard faisait preuve d'un courage plus qu'ordinaire. La bravoure militaire, cette valeur fougueuse qui se manifeste de temps à autre en présence de l'ennemi, sur un champ de bataille, est bien au-dessous, à mon avis, de ce courage calme et froid, de ce courage de tous les instants qui n'a pour stimulants ni les honneurs, ni les dignités, ni la gloire humaine, mais le seul sentiment du devoir et la noble ambition de bien faire.

Jean Rivard n'eut pas à regretter de s'être chargé de son fusil. Tout en accomplissant son trajet à travers les bois, pas moins de trois belles perdrix grises vinrent grossir son sac de provisions de bouche.

Le soir même, au coucher du soleil, les deux voyageurs étaient rendus à leur gîte, sur la propriété de Jean Rivard, au beau milieu de canton de Bristol.

Ce fut le 15 octobre 1843 que Jean Rivard coucha pour la première fois dans son humble cabane.

Nos voyageurs n'eurent pas besoin cette fois d'un coucher moelleux pour goûter les douceurs du sommeil. Étendus sur un lit de branches de sapin, la tête appuyée sur leurs sacs de voyage, et les pieds tournés vers un petit feu que Pierre Gagnon avait eu le soin d'allumer, tous deux reposèrent comme des bienheureux.

Quand Jean Rivard ouvrit les yeux le lendemain matin, Pierre Gagnon était déjà debout. Il avait trouvé le tour d'improviser, avec le seul secours de sa hache, d'une petite tarière et de son couteau, une espèce de table et des sièges temporaires ; et quand son maître fut levé, il l'invita gaiement à déjeuner. Mais puisque nous en sommes sur Pierre Gagnon, disons un mot de ce brave et fidèle serviteur qui fut à la fois l'ami et le premier compagnon des travaux de Jean Rivard.

Pierre Gagnon était un de ces hommes d'une gaieté intarissable, qui conservent leur bonne humeur dans les circonstances les plus difficiles, et semblent insensibles aux fatigues corporelles. Ses propos comiques, son gros rire jovial, souvent à propos de rien, servaient à égayer Jean Rivard. Il s'endormait le soir en badinant, et se levait le matin en chantant. Il savait par cœur toutes les chansons du pays, depuis la « Claire Fontaine » et « Par derrièr' chez ma tante » jusqu'aux chansons modernes, et les chantait à qui voulait l'entendre, souvent même sans qu'on l'y invitât. Son répertoire était inépuisable : chansons d'amour, chants bachiques, guerriers, patriotiques, il en avait pour tous les goûts. Il pouvait de plus raconter toutes les histoires de loups-garous et de revenants qui se transmettent d'une génération à l'autre parmi les populations des campagnes. Il récitait de mémoire, sans en omettre une syllabe, l'éloge funèbre de Michel Morin, bedeau de l'église de Beauséjour, le Contrat de mariage entre Jean Couché debout et Jacqueline Doucette, etc., et nombre d'autres pièces et contes apportés de France par nos pères, et conservés jusqu'à ce jour dans la mémoire des enfants du peuple.

On peut dire que pour Jean Rivard, Pierre Gagnon était l'homme de la circonstance. Aussi l'appelait-il complaisamment son intendant. Pierre cumulait toutes les fonctions de l'établissement ; il avait la garde des provisions, était cuisinier, fournissait la maison de bois de chauffage, était tour à tour forgeron, meublier, menuisier ; mais comme il remplissait toutes ces diverses fonctions gratuitement, et pour ainsi dire à temps perdu, on ne pouvait l'accuser de cupidité, et jamais fonctionnaire ne donna une satisfaction plus complète.

# VIII

## Les défrichements

Jean Rivard se rappelait le précepte : ne remets pas à demain ce que tu peux faire aujourd'hui. Aussi, à peine l'Aurore aux doigts de rose avait-elle ouvert les portes de l'Orient, comme dirait le bon Homère, que nos deux défricheurs étaient déjà à l'œuvre.

Ils commencèrent par éclaircir et nettoyer les alentours de leur cabane ; en quelques jours, les arbrisseaux avaient été coupés ou arrachés de terre, les « corps morts* » avaient été coupés en longueurs de huit à dix pieds, réunis en tas et brûlés ; les grands arbres seuls restaient debout, trônant çà et là, dans leur superbe majesté.

Les grands arbres de la forêt offrent aux regards quelque chose de sublime. Rien ne présente une plus belle image de la fierté, de la dignité royale.

Cette vue rappelle involontairement à l'esprit la belle comparaison du prophète à l'égard des superbes :

> *Pareils aux cèdres du Liban,*
> *Ils cachent dans les cieux*
> *Leurs fronts audacieux.*

---

\* Dans le langage des défricheurs, les « corps morts » sont des arbres abattus par les ouragans ou par suite de vétusté.

On y voyait l'orme blanc si remarquable par l'ombrage protecteur qu'il offre au travailleur. À une vingtaine de pieds du tronc, quatre ou cinq rameaux s'élancent en divergeant jusqu'à une hauteur de soixante à soixante-dix pieds, et là s'arrêtent pour se pencher vers la terre, formant avec leur riche feuillage un immense parasol. Quelques-uns de ces arbres s'élèvent à une hauteur de cent pieds. Isolés, ils apparaissent dans toute leur grandeur, et ce sont sans contredit les arbres les plus magnifiques de la forêt.

On y voyait aussi le frêne blanc, si remarquable par sa blanche écorce, la beauté de son feuillage, et l'excellente qualité de son bois qui sert à une multitude d'usages, — le hêtre à l'écorce grisâtre, que la foudre ne frappe jamais et dont les branches offrent aussi, par leur gracieux feuillage et leur attitude horizontale, un abri recherché, — le tilleul ou bois blanc qui croît à une hauteur de plus de quatre-vingts pieds, et sert à la fabrication d'un grand nombre d'objets utiles — le merisier à l'écorce aromatique, et dont le bois égale en beauté l'acajou — le sapin, au feuillage toujours vert, qui s'élève vers le ciel en forme pyramidale — et enfin le pin, qui s'élance jusqu'à cent cinquante pieds, et que sa forme gigantesque a fait surnommer le Roi de la Forêt. Ces deux derniers cependant ne se trouvaient qu'en très petit nombre sur la propriété de Jean Rivard. Nous parlerons plus loin d'un magnifique bosquet d'érables situé à quelque distance de son habitation.

On avouera qu'il fallait, sinon du courage, au moins de bons bras pour s'attaquer à ces géants de la forêt, qui ne succombaient qu'avec lenteur sous les coups répétés de la hache. Nos bûcherons commençaient par jeter un coup d'œil sur les arbres qu'ils destinaient à la destruction, afin de s'assurer dans quelle direction ils penchaient ; car tout arbre, même le plus fier, tend à pencher d'un côté plutôt que d'un autre, et c'est dans cette direction que doit être déterminée sa chute. Du matin jusqu'au soir nos deux défricheurs faisaient résonner les bois du son de cet utile instrument qu'on pourrait à bon droit regarder parmi nous comme l'emblème et l'outil de la civilisation. Les oiseaux effrayés s'enfuyaient de ces retraites naguère si paisibles. Quand le grand arbre de cent pieds de hauteur, atteint au cœur par le taillant de l'acier meurtrier, annonçait qu'il allait succomber, il y avait comme une seconde de silence solennel, puis un craquement terrible causé par la chute du colosse. Le sol faisait entendre un sourd mugissement.

De même que, dans le monde politique, financier, commercial ou industriel, la chute des grands entraîne la ruine d'une multitude de personnages subalternes, de même la chute des grands arbres fait périr une multitude d'arbres moins forts, dont les uns sont décapités ou brisés par le milieu du corps, et les autres complètement arrachés de terre.

À peine nos défricheurs avaient-ils porté sur leur ennemi terrassé un regard de superbe satisfaction qu'ils se mettaient en frais de le dépecer. En quelques instants, l'arbre était dépouillé de ses branches, puis coupé en diverses parties, qui restaient éparses sur le sol, en attendant le supplice du feu.

Et les mêmes travaux recommençaient chaque jour.

Durant la première semaine, Jean Rivard, qui jusqu'alors n'avait guère connu ce que c'était que le travail physique, se sentait à la fin de chaque journée tellement accablé de fatigue, tellement harassé, qu'il craignait de ne pouvoir tenir à cette vie de labeur ; mais chaque nuit il reposait si bien, enveloppé dans une peau de buffle, et couché sur le lit rustique dressé par Pierre Gagnon au fond de leur cabane, qu'il se trouvait le lendemain tout refait, tout restauré, et prêt à reprendre sa hache. Peu à peu ses muscles, devenus plus souples et en même temps plus énergiques, s'habituèrent à ce violent exercice ; bientôt même, grâce à l'air si salubre de la forêt, et à un appétit dont il s'étonnait lui-même, ses forces augmentèrent d'une manière étonnante, et ce travail des bras d'abord si dur, si pénible, devint pour lui comme une espèce de volupté.

Au milieu de ses travaux, Jean Rivard goûtait aussi quelquefois de douces jouissances. Il avait une âme naturellement sensible aux beautés de la nature, et les spectacles grandioses, comme les levers et les couchers du soleil, les magnifiques points de vue, les paysages agrestes, étaient pour lui autant de sujets d'extase.

Disons aussi que l'automne en Canada est souvent la plus belle saison de l'année, et dans les bois plus que partout ailleurs ; à cette époque les feuilles changent de couleur ; ici, elles offrent une teinte pourpre ou dorée, là, la couleur écarlate ; partout le feuillage est d'une richesse, d'une magnificence que rien n'égale.

Les travaux de déboisement ne furent suspendus qu'une seule journée, vers le milieu de novembre, pour permettre à nos défricheurs de retourner avant l'hiver au village de Lacasseville, y chercher de nouvelles provisions et divers articles de ménage dont l'absence se faisait grandement sentir dans le nouvel établissement. Ils partirent un samedi vers le soir, et ne revinrent que le lundi. Pour éviter un nouveau trajet, notre héros, suivant encore en cela les conseils de M. Lacasse, loua cette fois les services de deux hommes robustes, qui l'aidèrent à transporter les effets les plus lourds à travers la forêt.

Au nombre de ces effets était un poêle, article fort

important, surtout à l'approche de l'hiver, et dont Pierre Gagnon en sa qualité de cuisinier avait déjà plus d'une fois regretté l'absence. Jusque-là nos défricheurs avaient été réduits à faire cuire leur pain sous la cendre.

Jean Rivard n'eut pas d'ailleurs à regretter ce petit voyage à Lacasseville, car une lettre de son ami Gustave Charmenil l'y attendait depuis plusieurs jours ; elle était ainsi conçue :

« Mon cher ami,

« J'ai reçu ta lettre où tu m'annonces que tu te fais défricheur. Tu parais croire que ton projet va rencontrer en moi un adversaire acharné ; loin de là, mon cher, je t'avouerai franchement que si je n'avais pas déjà fait deux années de cléricature, et surtout si j'avais comme toi cinquante louis à ma disposition, je prendrais peut-être aussi la direction des bois, malgré mes goûts prononcés pour la vie spéculative et intellectuelle. Tu ne saurais croire combien je suis dégoûté du monde. Je te félicite de tout mon cœur de n'avoir pas suivi mon exemple. Si je te racontais toutes mes misères, tous mes ennuis, tous mes déboires, depuis le jour où j'ai quitté le collège, tu me plaindrais sincèrement, tu en verserais des larmes peut-être, car je connais ton bon cœur. Ah ! mon cher ami, ces heures délicieuses que nous avons passées ensemble, à gambader à travers les bosquets, à nous promener dans les allées du grand jardin, à converser sur le gazon ou sous les branches des arbres, nos excursions les jours de congé dans les vertes campagnes, sur les rivages du lac ou sur les bords pittoresques de la rivière, tous ces plaisirs si doux me reviennent souvent à la mémoire comme pour contraster avec ma situation présente. Te le dirai-je, mon bon ami ?

ce bel avenir que je rêvais, cette glorieuse carrière que je devais parcourir, cette fortune, ces honneurs, ces dignités que je devais conquérir, tout cela est maintenant relégué dans le domaine des illusions. Sais-tu à quoi ont tendu tous mes efforts, toutes les ressources de mon esprit, depuis deux ans ? À trouver les moyens de ne pas mourir de faim. C'est bien prosaïque, n'est-ce pas ? C'est pourtant là, mon cher ami, le sort de la plupart des jeunes gens qui, après leurs cours d'études, sont lancés dans les grandes villes, sans argent, sans amis, sans protecteurs et sans expérience de la vie du monde. Ah ! il faut bien bon gré mal gré dire adieu à la poésie, aux jouissances intellectuelles, aux plaisirs de l'imagination, et, ce qui est plus pénible encore, aux plaisirs du cœur. Ce que tu me racontes de tes amours, des charmes ingénus de ta Louise, de votre attachement avoué l'un pour l'autre, de ton espoir d'en faire avant peu ta compagne pour la vie, tout cela est bien propre à me faire envier ton sort. Oui, je sais que tu seras heureux, comme tu mérites de l'être : quoique moins âgé que moi de plusieurs années, tu goûteras tout le bonheur d'une tendresse partagée, d'une union durable, quand moi, j'en serai encore à soupirer... Tu es peut-être curieux de savoir si depuis deux ans que je suis dans le monde je n'ai pas contracté un attachement quelconque ? Je n'imiterais pas ta franchise si je te disais que non ; mais, mon cher, le sentiment que j'éprouve ne saurait être partagé puisque la personne que j'aime ne le sait pas et ne le saura jamais. Imagine-toi que, dès les premiers temps de mon séjour ici, je voyais tous les dimanches, à l'église, tout près du banc où j'entendais la messe, une jeune fille de dix-huit à vingt ans dont la figure me rappelait involontairement tout ce que j'avais lu et rêvé de la figure des anges : des traits de la plus grande délicatesse, un teint de rose, de beaux grands yeux noirs, une petite taille mignonne, de petites mains d'enfant et, comme diraient les romanciers, des lèvres de carmin, un cou d'albâtre, des dents d'ivoire, etc. Mais son maintien réservé, sa piété (car durant toute la messe on ne pouvait lui voir tourner la tête, et son esprit était évidemment en rapport avec les chœurs célestes et les vierges de l'empyrée), excitèrent mon admiration encore plus que sa beauté. On m'assure que parmi les jeunes demoiselles qui vont à l'église le dimanche quelques-unes ont en vue de s'y faire voir et d'y déployer le luxe de leurs toilettes ; mais ce n'était assurément pas le cas pour ma belle inconnue. Tu ne me croiras peut-être pas quand je te dirai que sa présence m'inspirait de la dévotion. Je ne m'imaginai pas d'abord que ce sentiment d'admiration et de respect que j'éprouvais pût se changer en amour ; mais je reconnus plus tard mon erreur. Le besoin de l'apercevoir tous les dimanches à l'église devint bientôt si fort que son absence me désappointait et me rendait tout triste. Lorsqu'elle sortait de l'église je la suivais de loin pour le seul plaisir de la voir marcher et de toucher de mon pied la pierre que le sien avait touchée. Le suprême bonheur pour moi eût été, je ne dis pas d'être aimé d'elle, mais d'avoir seulement le plus petit espoir de l'être un jour. Ma vie passée avec elle, c'eût été le paradis sur la terre. Mais ce bonheur je ne le rêvais même pas. Pourquoi me serais-je laissé aller à ce songe enchanteur, moi, pauvre jeune homme qui ne pouvais avant dix ans songer à m'établir ? D'ici là, me disais-je, elle se mariera : elle fera le bonheur de quelque jeune homme plus fortuné que moi ; elle ne saura jamais que le pauvre étudiant qui entendait la messe tout près d'elle à l'église fut celui qui l'aima le premier et de l'amour le plus sincère. Je n'ai pas honte, mon cher ami, de te faire cette confidence, car j'ai la conscience que le sentiment que j'éprouve n'a rien de répréhensible. Tu trouves sans doute étrange que je n'aie pas cherché, sinon à faire sa connaissance, du moins à savoir son nom, le nom de sa famille ? C'est pourtant le cas, mon cher ami ; non seulement je ne l'ai pas cherché, mais j'ai soigneusement évité de faire la moindre question à cet égard ; tu es même le seul à qui j'aie jamais fait cette confidence. Je préfère ignorer son nom. Que veux-tu ! c'est bien triste, mais ce n'en est pas moins vrai, les plaisirs du cœur me sont interdits et me le seront encore pendant les plus belles années de ma vie...

« Ô heureux, mille fois heureux le fils du laboureur qui, satisfait du peu que la providence lui a départi, s'efforce de l'accroître par son travail et son industrie, se marie, se voit revivre dans ses enfants, et passe ainsi des jours paisibles, exempts de tous les soucis de la vanité, sous les ailes de l'amour et de la religion. C'est une bien vieille pensée que celle-là, n'est-ce pas ? elle est toujours vraie cependant. Si tu savais, mon cher ami, combien de fois je répète le vers de Virgile :

*Heureux l'homme des champs, s'il savait son*
*[bonheur !*

« Ce qui me console un peu, mon cher ami, c'est que toi au moins tu seras heureux : tu es tenace et courageux ; tu réussiras, j'en ai la certitude. Donne-moi de tes nouvelles de temps à autre et sois sûr que personne ne prend plus d'intérêt que moi à tes succès comme défricheur, et à ton bonheur futur comme époux. »

« Ton ami dévoué,
Gustave Charmenil »

Cette lettre causa à notre héros un mélange de tristesse et de plaisir. Il aimait sincèrement son ancien camarade et tout son désir était de le savoir heureux. Le ton de mélancolie qui régnait dans sa lettre, les regrets qu'il laissait échapper, faisaient mal au cœur de Jean Rivard. D'un autre côté, la comparaison qu'il y faisait de leurs situations respectives servait à retremper son courage et à l'affermir plus que jamais dans la résolution qu'il avait prise.

Dans les derniers jours de l'automne, vers l'époque où la neige allait bientôt couvrir la terre de son blanc manteau, nos deux défricheurs s'occupèrent à sarcler la forêt, c'est-à-dire à faire disparaître tous les jeunes arbres qui devaient être soit déracinés soit coupés près du sol ; ils purent ainsi nettoyer une étendue de dix à douze arpents autour de leur cabane, ne laissant debout que les grands arbres qui pouvaient être facilement abattus durant les mois d'hiver.

Ce n'était pas chose facile pourtant que de faire disparaître de cette surface les végétaux géants qui la couvraient encore, et qu'il fallait couper à une hauteur d'environ trois pieds du sol. Plusieurs de ces arbres étaient, comme on l'a déjà dit, d'une dimension énorme, quelques-uns n'ayant pas moins de cinq à six pieds de diamètre. Ajoutons qu'il fallait travailler au milieu des neiges et que souvent un froid intense obligeait bon gré mal gré nos vaillants défricheurs à suspendre leurs travaux.

Néanmoins, et en dépit de tous les obstacles, dès le commencement du mois de mars suivant, dix arpents de forêt avaient été abattus, ce qui, joint aux cinq arpents nettoyés dans le cours de l'automne précédent, formait quinze arpents de terre nouvelle que Jean Rivard se proposait d'ensemencer au printemps. Les grands arbres étendus sans vie sur la terre froide ou sur un lit de neige avaient été dépouillés de leurs branches et coupés en plusieurs parties. Il ne restait plus qu'à réunir en monceaux, arbres, branches, broussailles, arbustes, puis à y mettre le feu ; et cette opération, que les colons appellent dans leur langage « tasser ou relever l'abattis » ne pouvant se faire qu'après la fonte des neiges, nos défricheurs furent forcés de laisser reposer leurs haches. Ils purent cependant employer les quelques semaines qui leur restaient d'une manière assez lucrative et comparativement fort agréable, comme on le verra par la suite.

Mais avant de passer plus loin, disons un mot des heures de loisir et des heures d'ennui qui furent le partage de nos défricheurs durant le premier long hiver qu'ils passèrent au milieu des bois.

# IX

## Les heures de loisir et les heures d'ennui

Le lecteur s'est déjà demandé sans doute plus d'une fois comment nos défricheurs passaient leurs longues soirées d'hiver.

D'abord il ne faut pas oublier que jamais Jean Rivard ne laissait écouler une journée sans rien écrire. Il tenait un journal régulier de ses opérations et notait avec un soin minutieux toutes les observations qu'il avait occasion de faire durant ses heures d'activité. Quelquefois même, laissant errer son imagination, il jetait sur le papier sans ordre et sans suite toutes les pensées qui lui traversaient le cerveau. Pas n'est besoin de dire que mademoiselle Louise Routier était pour une large part dans cette dernière partie du journal de Jean Rivard.

Pendant que Jean Rivard s'occupait ainsi, son compagnon qui, à son grand regret, ne savait ni lire ni écrire, s'amusait à façonner, à l'aide de sa tarière, de sa hache et de son couteau, divers petits meubles et ustensiles qui presque toujours trouvaient leur emploi immédiat.

Pierre Gagnon, sans être amoureux à la façon de son jeune maître, avait aussi contracté un vif attachement pour un charmant petit écureuil qu'il élevait avec tous les soins d'une mère pour son enfant. La manière dont ce petit animal était tombé entre ses mains est assez singulière.

Peu de temps après son arrivée dans la forêt, Pierre avait aperçu à une courte distance de la cabane, un écureuil femelle descendant d'un arbre avec ses deux petits qu'elle avait déposés sur les feuilles mortes, dans le but sans doute de leur apprendre à jouer et à gambader : notre homme s'étant approché pour être témoin de cette scène d'éducation domestique, la mère effrayée s'était aussitôt emparée d'un de ses petits et l'avait porté dans la plus proche enfourchure de l'arbre, mais avant qu'elle fût revenue pour sauver son autre enfant, Pierre s'en était emparé et l'avait emporté à l'habitation, malgré les cris d'indignation et de détresse de la pauvre mère.

On ne saurait croire tout le soin que se donna notre rustique défricheur pour élever et civiliser ce gentil petit animal. Il fit pour lui une provision de fruits, de noisettes, de faînes et de glands. Durant les premiers jours il écalait lui-même ses noisettes et le faisait manger avec une sollicitude toute maternelle. Peu à peu le petit écureuil put non seulement manger sans l'aide de son maître, mais il n'hésitait pas à se servir lui-même et commettait toutes sortes d'espiègleries. Souvent pendant le repas de Pierre Gagnon il sautait lestement sur son épaule et venait dérober dans son plat ce qu'il trouvait à sa convenance. Il était si docile, si candide, si éveillé, si alerte, ses petits yeux brillants exprimaient tant d'intelligence, il était d'une propreté si exquise, et paraissait si beau, quand s'asseyant sur ses pieds de derrière il relevait sa queue vers sa tête, que Pierre Gagnon passait des heures à l'admirer, à jouer avec lui, à caresser son pelage soyeux. S'il arrivait que le petit animal fût moins gai, moins turbulent qu'à l'ordinaire, ou qu'il refusât de manger, notre homme en concevait la plus vive inquiétude et n'avait de repos que lorsqu'il le voyait reprendre sa vivacité accoutumée.

Les jeux animés du petit prisonnier intéressaient aussi Jean Rivard et lui apportaient de temps en temps des distractions dont il avait besoin. Il était d'ailleurs aussi familier avec le maître qu'avec le serviteur et sautait sans façon des épaules de l'un sur la tête de l'autre. Si Pierre Gagnon avait pu écrire, il eût composé un volume sur les faits et gestes de son petit ami.

Mais en parlant des distractions de nos défricheurs il en est une que je ne dois pas omettre. Jean Rivard avait apporté avec lui quatre volumes : c'étaient d'abord la petite *Imitation de Jésus-Christ*, présent de sa Louise, puis les *Aventures de Don Quichotte de la Manche*, celles de *Robinson Crusoé*, et une *Histoire populaire de Napoléon* qu'il avait eue en prix au collège. Ces livres ne contribuèrent pas peu à égayer les loisirs de nos anachorètes. On peut même dire qu'ils servirent en quelque sorte à relever leurs esprits et à ranimer leur courage.

L'*Imitation de Jésus-Christ* était le livre des dimanches et des fêtes. Les trois autres volumes servaient aux lectures de la semaine.

Les histoires merveilleuses de Robinson Crusoé, de Don Quichotte de la Manche et de Napoléon intéressaient vivement Pierre Gagnon. Jean Rivard lisait tout haut le soir, de sept heures à neuf heures, mais souvent, cédant aux supplications de son compagnon de solitude, il prolongeait sa lecture bien avant dans la nuit.

L'histoire de Robinson Crusoé, jeté dans son île déserte, obligé de tirer de la nature seule, et indépendamment de tout secours humain, ses moyens de subsistance, avait avec celle de nos défricheurs une analogie que Pierre Gagnon saisissait facilement.

Cet homme, comme beaucoup d'autres de sa condition, était doué d'une mémoire prodigieuse, et Jean Rivard était souvent étonné de l'entendre, au milieu de leurs travaux de défrichement, répéter presque mot pour mot de longs passages qu'il avait lus la veille. Ce qu'il aimait à répéter le plus volontiers, c'étaient les passages qui prêtaient à rire ; les aventures de l'infortuné Don Quichotte, Chevalier de la triste figure, l'égayaient jusqu'à le faire pleurer.

Il trouvait l'occasion de faire à chaque instant l'application des événements romanesques ou historiques racontés dans ces livres simples et à la portée de tous les esprits, aux petits incidents de leur humble existence, en mélangeant toutefois sans scrupule l'histoire et le roman. Lui-même ne s'appelait plus que Sancho Panza, et ne voulant pas par respect pour son maître l'appeler Don Quichotte, il l'appelait indifféremment l'Empereur, ou Sa Majesté, ou le Petit Caporal. En dépit de la chronologie, tous deux étaient armés en guerre, marchant ensemble contre l'ennemi commun ; cet ennemi, c'était la forêt qui les entourait, et à travers laquelle les deux vaillants guerriers devaient se frayer un passage. Les travaux de nos défricheurs n'étaient plus autre chose que des batailles sanglantes ; chaque soir on faisait le relevé du nombre des morts et on discutait le plan de la campagne du lendemain. Les morts, c'étaient les arbres abattus dans le cours de la journée ; les plus hauts étaient des généraux, des officiers, les arbrisseaux n'étaient que de la chair à canon.

Une lettre que Jean Rivard écrivait à Gustave Charmenil, un mois après son arrivée dans la forêt, montre qu'il conservait encore toute sa gaieté habituelle.

« Je vais te donner, y disait-il, une courte description de mon établissement. Je ne te parlerai pas des routes qui y conduisent ; elles sont bordées d'arbres d'un bout à l'autre ; toutefois je ne te conseillerais pas d'y venir en carrosse. Plus tard je ne dis pas non. Quant à ma résidence ou, comme on dirait dans le style citadin, à Villa Rivard, elle est située sur une charmante petite colline ; elle est en outre ombragée de tous côtés par d'immenses bosquets des plus beaux arbres du monde. Les murailles sont faites de pièces de bois arrondies par la nature ; les interstices sont soigneusement remplis d'étoupe, ce qui empêche la neige et la pluie de pénétrer à l'intérieur. Le plafond n'est pas encore plâtré, et le parquet est à l'antique, justement comme du temps d'Homère. C'est délicieux. Le salon, la salle à dîner, la cuisine, les chambres à coucher ne forment qu'un seul et même appartement. Quant à l'ameublement, je ne t'en parle pas ; il est encore, s'il est possible, d'un goût plus primitif. Toi qui es poète, mon cher Gustave, ne feras-tu pas mon épopée un jour ?... »

. . . . . . . . . . . . . . . . . . . . . . . . . . . . . . .

Et il continuait ainsi ; on eût dit que la bonne humeur de Pierre Gagnon servait à entretenir celle de son jeune maître.

Lorsque, au commencement de l'hiver, une légère couche de neige vint couvrir la terre et les branches des arbres, le changement de scène le réjouit ; la terre lui apparut comme une jeune fille qui laisse de côté ses vêtements sombres pour se parer de sa robe blanche. Aux rayons du soleil, l'éclat de la neige éblouissait la vue, et quand la froidure ne se faisait pas sentir avec trop d'intensité, et que le calme régnait dans l'atmosphère, un air de gaieté semblait se répandre dans toute la forêt. Un silence majestueux, qui n'était interrompu que par les flocons de neige tombant de temps en temps de la cime des arbres, ajoutait à la beauté du spectacle. Jean Rivard contemplait cette scène avec ravissement.

Un autre spectacle procurait encore à notre héros des moments de bonheur et d'extase : c'était celui d'un ouragan de neige. Il n'était jamais plus intéressé, plus heureux que lorsque la neige, poussée par un fort vent, tombait à gros flocons, et que les arbres de la forêt, balançant leurs cimes agitées, faisaient entendre au loin comme le bruit d'une mer en furie. Il ne pouvait alors rester assis dans sa cabane et, mettant de côté ses livres ou ses outils, il sortait en plein vent pour contempler ce spectacle des éléments déchaînés ; il se sentait comme en contact avec la nature et son auteur.

Il ne faut pas croire cependant que toutes les heures de Jean Rivard s'écoulassent sans ennui. Non, en dépit de toute sa philosophie, il eut, disons-le, des moments de sombre tristesse.

La chute des feuilles, le départ des oiseaux, les vents sombres de la fin de novembre furent la cause de ses premières heures de mélancolie. Puis, lorsque plus tard un ciel gris enveloppa la forêt comme d'un vêtement de deuil, et qu'un vent du nord ou du nord-est, soufflant à travers les branches, vint répandre dans l'atmosphère sa froidure glaciale, une tristesse insurmontable s'emparait parfois de son âme, sa solitude lui semblait un exil, sa cabane un tombeau. Les grosses gaietés de Pierre Gagnon ne le faisaient plus même sourire. Son esprit s'envolait alors à Grandpré, au foyer paternel ; il se représentait auprès de sa bonne mère, entouré de ses frères et sœurs, et quelquefois une larme involontaire venait mouiller sa paupière.

C'était surtout le dimanche et les jours de fête que son isolement lui pesait le plus. Habitué à la vie si joyeuse des campagnes canadiennes, où, à l'époque dont nous parlons, les familles passaient souvent une partie de l'hiver à se visiter, à danser, chanter, fêter ; les jeunes gens à promener leurs blondes, les hommes mariés à étaler par les chemins leurs beaux attelages, leurs beaux chevaux, leurs belles *carrioles* ; n'ayant jusqu'alors quitté la maison paternelle que pour aller passer quelques années au collège en compagnie de joyeux camarades ; accoutumé depuis son berceau aux soins attentifs de sa bonne mère — puis se voir tout à coup, lui, jeune homme de dix-neuf ans, emprisonné pour ainsi dire au milieu d'une forêt, à trois lieues de toute habitation humaine, n'ayant pour compagnon qu'un seul homme qui n'était même ni de son âge, ni de son éducation —, c'était, on l'avouera, plus qu'il ne fallait pour décourager un homme d'une trempe ordinaire.

On comprend aussi pourquoi les dimanches mettaient encore l'esprit de Jean Rivard à une plus rude épreuve que les autres jours. D'abord, le repos qu'il était forcé de subir laissait pleine liberté à son imagination qui en profitait pour transporter son homme à l'église de Grandpré ; il y voyait la vaste nef remplie de toute la population de la paroisse, hommes, femmes, enfants, qu'il pouvait nommer tous ; il voyait dans le sanctuaire les chantres, les jeunes enfants de chœur, avec leurs surplis blancs comme la neige, puis, au milieu de l'autel le prêtre offrant le sacrifice ; il le suivait dans la chaire où il entendait la publication des bans, le prône et le sermon ; puis au sortir de l'église il se retrouvait au milieu de toute cette population unie comme une seule et grande famille, au milieu d'amis se serrant la main et, tout en allumant leurs pipes, s'enquérant de la santé des absents. Il lui semblait entendre le carillon des cloches sonnant le Sanctus ou l'Angelus, et, après la messe, le son argentin des clochettes suspendues au poitrail des centaines de chevaux qui reprenaient gaiement le chemin de la demeure.

Les petites veillées du dimanche chez le père Routier ne manquaient pas non plus de se présenter à sa vive imagination. Avec quel bonheur il eût échangé une des soirées monotones passées dans sa cabane enfumée, en compagnie de Pierre Gagnon, contre une heure écoulée auprès de sa Louise !

Pour Pierre Gagnon, lorsqu'il s'était bien convaincu qu'il fallait renoncer à égayer son compagnon de solitude, il se mettait à chanter son répertoire de complaintes. Mais son plus grand bonheur, son plus beau triomphe à ce brave serviteur était de parvenir à faire naître un sourire sur les lèvres de son jeune maître.

Après tout, ces moments de mélancolie n'étaient que passagers. S'ils survenaient durant les autres jours de la semaine, Jean Rivard en faisait bientôt justice par un travail violent. D'ailleurs, on sait déjà que Jean Rivard n'était pas homme à se laisser abattre. Quoique doué d'une excessive sensiblité, ce qui dominait dans sa nature c'était le courage et la force de volonté. Jamais, au milieu même de ses plus sombres tristesses, la pensée ne lui vint de retourner chez sa mère. Il fut toujours fermement dé-terminé à poursuivre l'exécution de son dessein, dût-il en mourir à la peine.

Enfin, vers le milieu de mars, le froid commença à diminuer d'une manière sensible, les rayons du soleil devinrent plus chauds, la neige baissait à vue d'œil et Jean Rivard put songer à mettre à exécution le projet formé par lui dès l'automne précédent et qui lui souriait depuis plu-sieurs mois, celui de faire du sucre d'érable.

# X

## La sucrerie

À l'une des extrémités de la propriété de Jean Rivard se trouvait, dans un rayon peu étendu, un bosquet d'environ deux cents érables ; il avait dès le commencement résolu d'y établir une sucrerie.

Au lieu d'immoler sous les coups de la hache ces superbes vétérans de la forêt, il valait mieux, disait Pierre, les faire prisonniers et en tirer la plus forte rançon possible.

Nos défricheurs improvisèrent donc au beau milieu du bosquet une petite cabane temporaire, et après quelques jours employés à compléter leur assortiment de *goudrelles* ou *goudilles*, d'auges, *casseaux* et autres vases nécessaires, dont la plus grande partie avaient été préparés durant les longues veillées de l'hiver, tous deux, un bon matin, par un temps clair et un soleil brillant, s'attaquèrent à leurs deux cents érables.

Jean Rivard, armé de sa hache, pratiquait une légère entaille dans l'écorce et l'aubier de l'arbre, à trois ou quatre pieds du sol, et Pierre, armé de sa gouge, fichait de suite au-dessous de l'entaille la petite goudrelle de bois, de manière à ce qu'elle pût recevoir l'eau sucrée suintant de l'arbre et la laisser tomber goutte à goutte dans l'auge placée directement au-dessous.

Dès les premiers jours, la température étant favorable à l'écoulement de la sève, nos défricheurs purent en recueillir assez pour faire un bonne *brassée* de sucre. Ce fut un jour de réjouissance. La chaudière lavée fut suspendue à la crémaillère, sur un grand feu alimenté par des éclats de cèdre, puis remplie aux trois quarts de l'eau d'érable destinée à être transformée en sucre. Il ne s'agissait que d'entretenir le feu jusqu'à parfaite ébullition du liquide, d'ajouter de temps en temps à la sève déjà bouillonnante quelques gallons de sève nouvelle, de veiller enfin, avec une attention continue, aux progrès de l'opération : tâche facile et douce pour nos rudes travailleurs.

Ce fut d'abord Pierre Gagnon qui se chargea de ces soins, ayant à initier son jeune maître à tous les détails de l'intéressante industrie. Aucune des phases de l'opération ne passa inaperçue. Au bout de quelques heures, Pierre Gagnon, allant plonger dans la chaudière une écuelle de bois, vint avec sa gaieté ordinaire la présenter à Jean Rivard, l'invitant à se faire une *trempette* en y émiettant du pain, invitation que ce dernier se garda bien de refuser.

Pendant que nos deux sucriers savouraient ainsi leur *trempette*, la chaudière continuait à bouillir, et l'eau s'épaississait à vue d'œil. Bientôt Pierre Gagnon, y plongeant de nouveau sa *micouenne*, l'en retira remplie d'un sirop doré presque aussi épais que le miel.

Puis vint le tour de la *tire*. Notre homme, prenant un lit de neige, en couvrit la surface d'une couche de ce sirop devenu presque solide, et qui en se refroidissant forme la délicieuse sucrerie que les Canadiens ont baptisée du nom de *tire\**; sucrerie d'un goût beaucoup plus fin et plus

---

\* *Tire*, *Trempette* ou *Trempine*, *Goudrelle* ou *Goudille*, *Casseaux* ou *Caseaux* ou *Cassots*, etc., mots destinés

délicat que celle qui se fabrique avec le sirop de canne ordinaire.

La fabrication de la tire qui s'accomplit au moyen de la manipulation de ce sirop refroidi est presque invariablement une occasion de réjouissance.

> *On badine, on folâtre, on y chante, on y rit,*
> *La gaieté fait sortir les bons mots de l'esprit.*

C'est à l'époque de la Sainte-Catherine, et durant la saison du sucre, dans les fêtes qui se donnent aux sucreries situées dans le voisinage des villes ou des villages, que le sirop se tire ou s'étire avec le plus d'entrain et de gaieté.

Nos défricheurs-sucriers durent se contenter, pour cette première année, d'un pique-nique à deux ; mais il va sans dire que Pierre Gagnon fut à lui seul gai comme quatre. Cependant, la chaudière continuait à bouillir,

> *Et de la densité suivant les promptes lois,*
> *La sève qui naguère était au sein du bois*
> *En un sucre solide a changé sa substance.*

Pierre Gagnon s'aperçut, aux granulations du sirop, que l'opération était à sa fin et il annonça, par un hourra

---

comme beaucoup d'autres à notre futur dictionnaire canadien-français. Il a bien fallu que nos ancêtres inventassent des mots pour désigner des choses qui n'existaient pas en France. Ces mots d'ailleurs sont expressifs et vivront toujours dans la langue du peuple canadien.

Le mot *micouenne* est tiré du sauvage et est employé fréquemment dans les anciens ouvrages sur le Canada.

Aujourd'hui on ne se donne guère de soin pour trouver des mots français : on s'empresse d'adopter les mots anglais. Qui voudra prétendre que c'est une amélioration ?

qui retentit dans toute la forêt, que le sucre était cuit ! La chaudière fut aussitôt enlevée du brasier et déposée sur des branches de sapin où on la laissa refroidir lentement, tout en agitant et brassant le contenu au moyen d'une palette ou *mouvette* de bois ; puis le sucre fut vidé dans des moules préparés d'avance.

On en fit sortir, quelques moments après, plusieurs beaux pains de sucre, d'un grain pur et clair.

Ce résultat fit grandement plaisir à Jean Rivard. Outre qu'il était assez friand de sucre d'érable — défaut partagé d'ailleurs par un grand nombre de jolies bouches —, il éprouvait une satisfaction d'un tout autre genre : il se trouvait, à compter de ce jour, au nombre des producteurs nationaux ; il venait d'ajouter à la richesse de son pays, en tirant du sein des arbres un objet d'utilité publique qui sans son travail y serait resté enfoui. C'était peut-être la plus douce satisfaction qu'il eût ressentie depuis son arrivée dans la forêt. Il regardait ses beaux pains de sucre avec plus de complaisance que n'en met le marchand à contempler les riches étoffes étalées sur les tablettes de sa boutique.

Du moment que Jean Rivard fut en état de se charger de la surveillance de la chaudière, Pierre Gagnon consacrait la plus grande partie de son temps à courir d'érable en érable pour recueillir l'eau qui découlait chaque jour dans les auges. C'était une rude besogne dans une sucrerie non encore organisée et où tous les transports devaient se faire à bras.

Pierre cependant s'acquittait de cette tâche avec sa gaieté ordinaire, et c'était souvent au moment où son maître le croyait épuisé de fatigue qu'il l'amusait le plus par ses propos comiques et ses rires à gorge déployée.

Au bout d'une semaine, tous deux s'acquittaient de

leurs tâches respectives avec assez de promptitude ; ils pouvaient même y mettre une espèce de nonchalance, et jouir de certains moments de loisir qu'ils passaient à chasser l'écureuil ou la perdrix, ou à rêver, au fond de leur cabane que le soleil réchauffait de ses rayons printaniers.

« Sais-tu bien, disait un jour Jean Rivard à son homme qu'il voyait occupé à déguster une énorme *trempette*, sais-tu bien que nous ne sommes pas, après tout, de ces plus malheureux !

— Je le crois certes bien, répondit Pierre, et je ne changerais pas ma charge d'Intendant pour celle de Sancho Panza, ni pour celle de Vendredi, ni pour celle de tous les Maréchaux de France.

— Il nous manque pourtant quelque chose...

— Ah ! pour ça, oui, c'est vrai, et ça me vient toujours à l'idée quand je vous vois *jongler* comme vous faisiez tout à l'heure.

— Que veux-tu dire ?

— Oh ! pardi, ça n'est pas difficile à deviner ; ce qui nous manque pour être heureux... comment donc ? eh ! c'est clair, c'est... la belle Dulcinée de Toboso.

— Pierre, je n'aime pas ces sortes de plaisanteries ; ne profane pas ainsi le nom de ma Louise ; appelle-la de tous les noms poétiques ou historiques que tu voudras, mais ne l'assimile pas à la grosse et stupide amante de Don Quichotte. Tu es bien heureux, toi, de badiner de tout cela. Si tu savais pourtant combien c'est triste d'être amoureux, et de vivre si loin de son amie. Malgré mes airs de gaieté, je m'ennuie quelquefois à la mort. Ah ! va, je suis plus à plaindre que tu ne penses...

— Oh ! puisque vous n'êtes pas en train de rire, dit Pierre en regardant son maître d'un air un peu surpris, je vous demande pardon. Tonnerre d'un nom ! (c'était là son juron ordinaire) je ne voulais pas vous faire de peine. Tout ce que je peux dire pourtant, c'est qu'à votre place je ne m'amuserais pas à être malheureux.

— Comment cela ?

— Je veux dire qu'il me semble que, quand on a la chance d'être aimé de mademoiselle Louise Routier, on devrait être content. J'en connais qui se contenteraient à moins.

— Qui t'a dit que j'étais aimé ?

— Tout le monde, tonnerre d'un nom ! C'est bien connu. C'est naturel d'ailleurs. Enfin on sait bien qu'elle n'en aura jamais d'autre que vous.

— Ça me fait plaisir ce que tu dis là, Pierre. Je sais bien, moi aussi, que lors de notre séparation je ne lui étais pas tout à fait indifférent. Je t'avouerai même confidentiellement que j'ai cru m'apercevoir qu'en me tournant le dos, après avoir reçu mes adieux, elle avait les larmes aux yeux.

— Oh ! pour ça, je n'en doute pas ; et si vous n'aviez pas été là je suis sûr que ses beaux yeux auraient laissé tomber ces larmes que vous dites ; même je ne serais pas surpris qu'après votre départ elle se fût enfermée toute seule dans sa petite chambre pour y penser à vous tout à son aise le reste de la journée.

— Le reste de la journée, peut-être... mais ce qui m'inquiète, c'est que depuis bientôt six mois que nous sommes partis de Grandpré je n'ai pu lui adresser qu'une pauvre petite lettre, l'automne dernier. Tu sais que depuis le commencement de l'hiver je lui ai écrit une longue lettre chaque semaine, mais que faute d'occasion pour les lui envoyer elles sont encore toutes dans le tiroir de ma table. Si elle savait combien j'ai toujours pensé à elle, je suis sûr qu'elle m'en aimerait davantage ; mais elle ignore dans quel affreux isolement nous vivons, et elle peut croire que je l'ai oubliée. Tu sais combien elle est recherchée par tous les jeunes gens de Grandpré ; il ne tiendrait qu'à elle de se marier, et qui sait si elle ne l'est pas déjà ? Tiens, cette seule idée me bouleverse l'esprit...

— Moi, mon Empereur, je n'ai pas l'honneur d'être en connaissance avec mademoiselle Louise Routier, mais je gagerai tout ce qu'on voudra qu'elle a trop d'esprit pour en prendre un autre, quand elle est sûre de vous avoir. Vous vous donnez des inquiétudes pour rien. D'abord, les garçons comme vous, monsieur Jean, soit dit sans vous flatter, ne se rencontrent pas à toutes les portes ; c'est vrai que vous n'êtes pas aussi riche que beaucoup d'autres, mais vous le serez plus tard, parce que vous n'avez pas peur de travailler, et que, comme vous le dites tous les jours, le travail mène à la richesse. Ensuite, ce qui vous met au-dessus de tous les autres garçons qui vont chez le père Routier, c'est que vous avez de l'éducation, et qu'ils n'en ont pas ; vous pouvez lire tous les livres, vous pouvez écrire toutes sortes de jolies lettres, et vous savez comme les jeunes filles aiment ça ; enfin vous avez du cœur, du courage, et les filles aiment ça encore plus que tout le reste. C'est clair que vous lui êtes tombé dans l'œil, et que vous êtes destinés l'un pour l'autre ; ça c'est écrit dans le ciel de toute éternité...

— Eh bien ! mon bon ami, dit Jean Rivard en se levant, quoique je n'aie pas toute la certitude, ton bavardage cependant me fait du bien. Il est clair qu'un amoureux doit avoir un confident. Je me sens maintenant soulagé et je ne regrette pas de t'avoir dit ce que j'avais sur le cœur. »

Pendant le cours des trois semaines que nos défricheurs consacrèrent à la fabrication du sucre, M<sup>lle</sup> Louise

Routier fut un fréquent et intéressant sujet de conversation. Jean Rivard eût donné volontiers tout son sucre d'érable pour la voir un moment dans sa cabane goûter un peu de sirop, de tire ou de trempette. Lorsqu'il faisait part de ce souhait à Pierre Gagnon : « Oh ! laissez faire, disait celui-ci, avant deux ans vous verrez que Madame viendra sans se faire prier, et que les années d'ensuite elle vous demandera des petites *boulettes* pour ces chers petits qui ne seront pas encore assez grands pour venir à la sucrerie. »

Jean Rivard ne croyait pas à tant de félicité mais ces propos de son compagnon avaient l'effet de l'égayer et de convertir ses pensées de tristesse en rêves de bonheur.

Nos deux hommes firent environ trois cents livres de sucre et plusieurs gallons de sirop. C'était plus qu'il ne fallait pour les besoins ordinaires de l'année, et Jean Rivard songeait à disposer de son superflu de la manière la plus avantageuse, lors de son voyage à Grandpré, qui ne devait pas être retardé bien longtemps.

Mais n'oublions pas de consigner ici une perte lamentable que fit notre ami Pierre Gagnon.

On dit que l'écureuil ne s'apprivoise jamais ; la conduite du jeune élève de Pierre Gagnon semblerait venir à l'appui de cette assertion. Un jour que le petit animal, perché sur l'épaule de son maître, l'accompagnait dans sa tournée pour recueillir la sève, tout à coup il bondit vers une branche d'arbre, puis de cette branche vers une autre, sautillant ainsi de branche en branche jusqu'à ce qu'il disparût complètement pour ne plus revenir.

Pierre Gagnon ne chanta plus du reste de la journée, et son silence inusité disait éloquemment le deuil de son âme et toute la profondeur de son chagrin.

# XI

## Première visite à Grandpré

Cette visite à Grandpré était depuis plusieurs mois le rêve favori de Jean Rivard. La perspective de revoir bientôt, après une absence de plus de six mois, les êtres qu'il affectionnait le plus au monde, faisait palpiter son cœur des plus douces émotions.

Le soir du cinq avril, s'adressant à son compagnon : « Pierre, dit-il, ne songes-tu pas à faire tes pâques ?

— Oh ! pour ça, oui, mon bourgeois, j'y ai pensé déjà plus d'une fois et j'y pense encore tous les jours. Il est bien vrai que depuis six mois je n'ai guère eu l'occasion de fréquenter les auberges ni les mauvaises compagnies, et qu'il ne m'est pas arrivé souvent de médire ou parler mal de mon prochain ni de me quereller avec personne. C'est bien triste tout de même de passer la Quasimodo sans communier ; c'est la première fois qu'il arrivera à Pierre Gagnon d'être au nombre des *renards*\*.

— Ça ne t'arrivera pas, mon Pierre, dit Jean Rivard ; nous allons partir ensemble, pas plus tard que demain ; toi, tu t'arrêteras au village de Lacasseville où tu trouveras une chapelle et un missionnaire catholiques. Tu

---

\* On appelle *renards* ceux qui passent le temps de Pâques sans communier.

y passeras deux ou trois jours, si tu veux, puis tu reviendras à Louiseville (c'est ainsi que Jean Rivard avait baptisé sa cabane et les environs de sa propriété). Et moi, je poursuivrai ma route ; j'irai voir ma mère, mes frères, mes sœurs et le curé de ma paroisse.

— Ça me va, ça, tonnerre d'un nom, s'écria Pierre Gagnon dans un transport de joie.

Le lendemain, la neige qui restait encore sur le sol étant assez gelée pour porter un homme, les deux défricheurs partirent à pied sur la croûte*, et en moins de trois heures ils eurent parcouru les trois lieues qui les séparaient des habitations ; après quoi Jean Rivard, donnant à son homme les instructions nécessaires, se fit conduire en voiture à Grandpré.

L'arrivée inattendue de Jean Rivard produisit, comme on le pense bien, une immense sensation dans sa famille. La bonne mère pleurait de joie ; les frères et sœurs ne cessaient d'embrasser leur frère aîné, de l'entourer, de le regarder, de l'interroger. On eût dit qu'il revenait de quelque expédition périlleuse chez des tribus barbares ou dans les glaces du pôle arctique. Il fallait voir aussi les démonstrations de joie, les serrements de mains, les félicitations de toutes sortes qu'il reçut de ses anciens voisins et camarades, en un mot de toutes ses connaissances de Grandpré.

Nulle part l'esprit de fraternité n'existe d'une manière aussi touchante que dans les campagnes canadiennes éloignées des villes. Là, toutes les classes sont en contact les unes avec les autres ; la diversité de profession ou d'état n'y est pas, comme dans les villes, une barrière de séparation ; le riche y salue le pauvre qu'il rencontre sur

---

* Mot canadien pour désigner la surface durcie de la neige.

son chemin, on mange à la même table, on se rend à l'église dans la même voiture. Là, ceux qui ne sont pas unis par les liens de sang le sont par ceux de la sympathie ou de la charité ; on y connaît toujours ceux qui sont malades, ceux qui sont infirmes, ceux qui éprouvent des infortunes comme ceux qui prospèrent ; on se réjouit ou on s'afflige avec eux ; on s'empresse au chevet des malades et des mourants ; on accompagne leurs restes mortels à la dernière demeure.

Doit-on s'étonner après cela que la plupart des familles canadiennes soient si fortement attachées aux lieux qui les ont vues naître, et que celles qui ont eu le malheur d'en partir en conservent si longtemps un touchant souvenir ?

Je ne dirai pas toutes les questions auxquelles Jean Rivard eut à répondre. Il n'en fut quitte qu'après avoir raconté dans le détail le plus minutieux tout ce qu'il avait fait depuis son départ de la maison paternelle.

De son côté, notre jeune homme, qui depuis six mois n'avait reçu aucune nouvelle de Grandpré, brûlait d'apprendre ce qui s'y était passé. Les décès, les naissances et les mariages sont les principaux sujets des conversations dans les familles de cultivateurs. En entendant l'énumération faite par sa sœur Mathilde des mariages contractés durant le dernier semestre, il lui fallait se tenir le cœur à deux mains pour l'empêcher de battre trop fort. Mais il fut bientôt tranquillisé en apprenant que mademoiselle Louise Routier était encore fille et ne paraissait nullement songer à se marier.

Est-il besoin de dire qu'il s'empressa d'aller dès le soir même visiter la famille Routier, et qu'il passa près de sa Louise plusieurs heures qui lui semblèrent autant de minutes ?

En le voyant entrer, Louise fut un peu émue ; une légère rougeur couvrit ses joues, et Jean Rivard la trouva plus charmante que jamais. Chose singulière ! ces deux amis d'enfance, qui avaient si souvent joué et badiné ensemble, qui s'étaient tutoyés depuis le moment où ils avaient commencé à bégayer, éprouvaient maintenant vis-à-vis l'un de l'autre je ne sais quelle espèce de gêne, de réserve timide et respectueuse. En s'adressant la parole, le *vous* venait involontairement remplacer le *tu* familier d'autrefois. Le père et la mère Routier, qui remarquaient ce changement, ne pouvaient s'empêcher d'en sourire.

Le seul reproche articulé dans le cours de l'entretien le fut par mademoiselle Routier :

« Ce n'est pas beau, dit-elle, d'un petit air qu'elle s'efforçait de rendre boudeur, d'avoir laissé passer presque six mois sans nous donner de *vos* nouvelles.

— Cette chère Louise, ajouta madame Routier, elle vous croyait mort, ce qui ne l'empêchait pas pourtant de dire à tous les jours, comme de coutume, une partie de son chapelet à votre intention. Seulement au lieu d'une dizaine elle en disait deux, et si vous n'étiez pas arrivé, je crois qu'elle en serait venue à dire tout son chapelet pour le repos de votre âme.

— Ah ! maman, ne parlez donc pas comme ça, dit Louise en rougissant encore davantage. »

Jean Rivard n'eut pas de peine à convaincre son amie que leur longue séparation et son silence de plusieurs mois n'avaient en rien changé ses sentiments, et pour preuve, il lui remit, avec la permission de sa mère, les lettres qu'il lui avait écrites durant l'hiver et qu'il n'avait pu lui faire parvenir.

Jean Rivard songeait bien déjà à la demander en

mariage, mais malgré tout son amour, ou plutôt à cause de cet amour, il ne voulait pas exposer sa Louise à regretter l'aisance et le bonheur dont elle jouissait sous le toit de ses parents.

Le père Routier fit à Jean Rivard une foule de questions sur le canton de Bristol, sur la qualité du sol, sur les communications ; il le fit parler longtemps sur ses travaux de déboisement, sur ses craintes et ses espérances pour l'avenir ; et quand Jean Rivard fut sorti :

« Notre voisine est heureuse, dit-il, d'avoir un garçon comme celui-là. C'est ce qu'on peut appeler un jeune homme de cœur. Je voudrais que chaque paroisse pût en fournir seulement cinquante comme ça : le pays deviendrait riche en peu de temps, et nos filles seraient sûres de faire des mariages avantageux.

— Dis donc pourtant, François, interrompit madame Routier, que ça n'est pas gai pour une jeune fille d'aller demeurer au fond des bois.

Louise regarda sa mère d'un air surpris.

— Mais ce que tu appelles le fond des bois, ma bonne femme, répondit le père Routier, ça sera bien vite une paroisse comme Grandpré, et c'est Jean Rivard qui sera magistrat et le plus grand seigneur de la place. Sais-tu une chose qui m'a passé par la tête en jasant avec lui ? C'est qu'il pourrait se faire qu'un jour je vendrais ma terre de Grandpré pour acheter une dizaine de lots dans le canton de Bristol. J'ai plusieurs garçons qui poussent ; je pourrais, avec moitié moins d'argent, les établir là plus richement que dans nos vieilles paroisses. Nous irions *rester* à Bristol ; toute la famille ensemble, ça ne serait pas si ennuyeux, à la fin du compte. Hein ? qu'en dis-tu, ma petite ? dit-il en s'adressant à Louise qui écoutait de toutes ses oreilles. »

Louise ne répondit rien, mais il était facile de voir que cette perspective ne l'effrayait nullement.

Jean Rivard n'oublia pas de visiter son bon ami le curé de Grandpré auquel il était redevable de ses bonnes résolutions, et dont les réflexions judicieuses et les conseils paternels servirent encore cette fois à retremper son courage.

Il fallut bien aussi donner quelques heures aux affaires. Jean Rivard avait déjà touché quinze louis sur les cinquante qui constituaient sa fortune. Il réussit à obtenir quinze autres louis qu'il destinait à l'achat de provisions et de quelques ustensiles agricoles.

Il engagea de plus à son service un nouveau travailleur qu'il voulait adjoindre à Pierre Gagnon. Il ne s'obligeait à lui payer ses gages qu'au bout de six mois, Jean Rivard se reposant en partie sur le produit de sa prochaine récolte pour faire face à cette obligation.

Les circonstances poussèrent en outre notre héros à contracter des engagements bien plus considérables que ceux qu'il avait prévus jusqu'alors. Mais il me faut entrer ici dans des détails tellement prosaïques que je désespère presque de me faire suivre par mes lecteurs même les plus bénévoles.

En tout cas, je déclare loyalement que la suite de ce chapitre ne peut intéresser que les défricheurs et les économistes.

En retournant à Louiseville, Jean Rivard dut s'arrêter plus d'une journée à Lacasseville. Là, tout en s'occupant de diverses affaires, il fit la connaissance d'un marchand américain, du nom d'Arnold, établi depuis plusieurs années dans ce village même, lequel, sachant que Jean Rivard avait entrepris des défrichements, voulut savoir s'il n'avait pas intention de tirer avantage de la cendre provenant du bois qu'il allait être obligé de faire brûler dans le cours de ses opérations.

Jean Rivard répondit que son intention avait d'abord été de convertir cette cendre en potasse ou en perlasse, mais que le manque de chemins et par suite les difficultés de transport l'avaient forcé de renoncer à ce projet.

Après une longue conversation dans le cours de laquelle le perspicace Américain put se convaincre de la stricte honnêteté, de l'intelligence et de l'activité industrieuse du jeune défricheur, il proposa de faire entre eux un contrat d'après lequel lui, Arnold, s'engagerait à « procurer à crédit la chaudière, les cuves, et le reste des choses nécessaires à la fabrication de la potasse, de les transporter même à ses frais jusqu'à la cabane de Jean Rivard, à condition que Jean Rivard s'obligerait à livrer au dit Arnold, dans le cours des trois années suivantes, au moins vingt-cinq barils de potasse, à raison de vingt chelins le quintal ».

Le prix ordinaire de la potasse était de trente à quarante chelins le quintal, mais Arnold se chargeait encore dans ce dernier cas des frais de transport, considération de la plus grande importance pour Jean Rivard.

Le nouveau journalier que Jean Rivard emmenait avec lui (son nom était Joseph Lachance) avait été employé pendant plusieurs années dans une fabrique de potasse et pouvait donner une opinion assez sûre dans une matière comme celle-là.

Sur sa recommandation, et après avoir pris conseil de M. Lacasse, Jean Rivard accepta la proposition du marchand américain.

M. Lacasse, de qui il achetait ses provisions, lui vendit aussi à crédit, et sans hésiter, une paire de bœufs de travail, avec l'attelage nécessaire, une vache et le foin pour nourrir ces animaux pendant six semaines, une herse, et tout le grain de semence dont il avait besoin, se contentant de l'acompte de quinze louis dont Jean Rivard pouvait disposer pour le moment.

Bref, notre défricheur se trouvait endetté tant envers M. Lacasse qu'envers Arnold d'une somme de trente louis, le tout payable sur la vente de ses produits futurs.

Malgré toute la répugnance que Jean Rivard éprouvait à s'endetter, il se disait cependant que les divers effets achetés par lui étant de première nécessité, on ne pouvait après tout regarder cela comme une dépense imprudente. D'ailleurs M. Lacasse, l'homme sage et prudent par excellence, approuvait sa conduite, cela suffisait pour le rassurer.

Une nouvelle lettre de Gustave Charmenil attendait Jean Rivard au bureau de poste de Lacasseville.

### Deuxième lettre de Gustave Charmenil

« Mon cher ami,

Toujours gai, toujours badin, même au milieu des plus rudes épreuves, tu es bien l'être le plus heureux que je connaisse. Il est vrai que le travail, un travail quelconque, est une des principales conditions du bonheur ; et lorsqu'à cela se joint l'espérance d'améliorer, d'embellir chaque jour sa position, le contentement intérieur doit être à peu près complet. Je te trouve heureux, mon cher Jean, d'avoir du travail : n'en a pas qui veut. J'en cherche en vain depuis plusieurs mois, afin d'obtenir les moyens de terminer ma cléricature. J'ai frappé à toutes les portes. J'ai parcouru les bureaux de tous les avocats marquants, ne demandant rien de plus en échange de mes services que ma nourriture et le logement ; partout on m'a répondu que le nombre des clercs était déjà plus que suffisant. J'ai visité les bureaux des cours de justice et ceux de l'enregistrement : même réponse. Hier j'ai parcouru tous les établissements d'imprimerie, m'offrant comme correcteur d'épreuves, mais sans obtenir plus de succès.

« Invariablement, chaque matin, je pars de ma maison de pension, et m'achemine vers les rues principales dans l'espoir d'y découvrir quelque chose à faire.

« Souvent je me rends jusqu'à la porte d'une maison où je me propose d'entrer, mais la timidité me fait remettre au lendemain, puis du lendemain à un autre jour jusqu'à ce que je finisse par renoncer tout à fait à ma démarche.

« J'ai été jusqu'à m'offrir comme instituteur dans une campagne des environs, sans pouvoir être accepté à cause de ma jeunesse et de mon état de célibataire.

« Je passe des journées à chercher, et le soir je rentre chez moi la tristesse dans le cœur. Parmi ceux à qui je m'adresse, les uns répondent froidement qu'ils n'ont besoin de personne, les autres me demandent mon nom et mon adresse, les plus compatissants laissent échapper quelques mots de sympathie. Mais je suis à peine sorti qu'on ne pense plus à moi. Ah ! je me suis dit souvent qu'il n'est pas de travail plus pénible que celui de chercher du travail. Un ingénieux écrivain a fait un livre fort amusant intitulé : *Jérôme Paturot à la recherche d'une position sociale* ; j'en pourrais faire un, moins amusant mais beaucoup plus vrai, intitulé : *Gustave Charmenil à la recherche d'un travail quelconque*. Tu sais que j'ai toujours été timide, gauche : je ne suis guère changé sous ce rapport ; je crois même que ce défaut qui nuit beaucoup dans le monde s'accroît chez moi de jour en jour. Te dirai-je une chose, mon cher ami ? J'en suis venu à croire que, à moins d'avoir un extérieur agréable, une certaine connaissance du monde, une mise un peu élégante, et surtout une haute idée de soi-même et le talent de se faire valoir, il n'est guère possible de parvenir ou, comme on dit parmi nous, de "faire son chemin". Le révolutionnaire Danton prétendait que pour réussir en révolution il fallait de l'audace, de l'audace et toujours de l'audace ; on pourrait adoucir un peu le mot et dire que pour réussir dans le monde il faut du front, du front, beaucoup de front. J'en connais, mon cher ami, qui, grâce à cette recette, font chaque jour des merveilles.

« L'agitation d'esprit dans laquelle je vis ne me permet de rien faire à tête reposée. Je ne puis pas même lire ; si je prends un livre, mes yeux seuls parcourent les lignes, mon esprit est ailleurs. Je ne puis rien écrire, et cette époque est complètement stérile pour ce qui regarde mon avancement intellectuel.

« Et pendant tout ce temps je suis seul à m'occuper ainsi de moi ; pas un être au monde ne s'intéresse activement à mon sort, à moi qui aurais tant besoin de cela !

« Mais ne va pas croire, mon cher ami, que je sois le seul à me plaindre. Une grande partie des jeunes gens instruits, ou qui se prétendent instruits, sont dans le même cas que moi, et ne vivent, suivant l'expression populaire, qu'en "tirant le diable par la queue". Qu'un mince emploi de copiste se présente dans un bureau public, pas moins de trois ou quatre cents personnes le solliciteront avec instance. Vers la fin de l'hiver on rencontre une nuée de jeunes commis-marchands cherchant des situations dans les maisons de commerce ; un bon nombre sont nouvellement arrivés de la campagne, et courent après la toison d'or ; plusieurs d'entre eux en seront quittes pour leurs frais de voyage ; parmi les autres, combien végéteront ? combien passeront six, huit, dix ans derrière un comptoir avant de pouvoir ouvrir boutique à leur propre compte ? Puis parmi ceux qui prendront à leur compte combien résisteront pendant seulement trois ou quatre ans ? Presque tous tomberont victimes d'une concurrence ruineuse ou de l'inexpérience, et seront condamnés à une vie misérable. Ah ! si tu savais, mon cher, que de soucis, de misère, se cachent quelquefois sous un paletot à la mode ! Va, sois sûr d'une chose : il y a dans la classe agricole, avec toute sa frugalité, sa simplicité, ses privations apparentes, mille fois plus de bonheur et je pourrais dire de véritable aisance, que chez la grande majorité des habitants de nos cités, avec leur faste emprunté et leur vie de mensonge.

« Quand je vois un cultivateur vendre sa terre à la campagne pour venir s'établir en ville, en qualité d'épicier, de cabaretier, de charretier, je ne puis m'empêcher de gémir de douleur. Voilà donc encore, me dis-je, un homme voué au malheur ! Et il est rare qu'en effet cet homme ne soit pas complètement ruiné après trois ou quatre années d'exercice de sa nouvelle industrie.

« Et ses enfants, que deviennent-ils ? Dieu le sait.

« Plus j'y songe, mon cher ami, plus j'admire le bon sens dont tu as fait preuve dans le choix de ton état. Et quand je compare ta vie laborieuse, utile, courageuse, à celle d'un si grand nombre de nos jeunes muscadins qui ne semblent venus au monde que pour se peigner, se parfumer, se toiletter, se dandiner dans les rues... oh ! je me sens heureux et fier d'avoir un ami tel que toi.

« Je suis tellement dégoûté de la vie que je mène, mon cher Jean, que si je me sentais la force physique nécessaire, je te prierais de m'adjoindre à ton Pierre

Gagnon qui, d'après le portrait que tu m'en fais, est bien l'homme le plus complètement heureux qu'il soit possible de trouver. Où donc le bonheur va-t-il se nicher ? Mais je ne te serais guère utile, au moins pendant longtemps ; je n'ai plus cette santé robuste dont je jouissais au collège. Les soucis, les inquiétudes ont affaibli mon estomac ; ma digestion ne se fait plus qu'avec peine. Je souffre déjà de cette maladie si commune parmi les gens de ma classe, la dyspepsie. Quelle différence encore entre toi et moi sous ce rapport ! Tes forces, me dis-tu, s'accroissent de jour en jour, tu possèdes un estomac d'autruche, et tu ignores encore ce que c'est qu'une indisposition même passagère. Ah ! mon cher ami, que je te félicite ! La santé, vois-tu, je l'entends dire tous les jours, et avec vérité, c'est le premier des biens terrestres.

« Tu veux absolument que je te donne des nouvelles de ma *Belle Inconnue*. Eh bien ! mon cher ami, je continue à la voir chaque dimanche à l'église, et j'en suis de plus en plus épris. J'ai fait un grand pas cependant depuis que je t'ai écrit ; je sais maintenant où elle demeure. J'ai été assez hardi un jour pour la suivre (de fort loin, bien entendu) jusqu'à un bloc de grandes maisons en pierre de taille à trois étages, dans un des quartiers fashionables de la cité. Je la vis franchir le seuil de l'une des portes et entrer lestement dans la maison. Plusieurs fois ensuite, je la vis entrer par la même porte, de sorte que je n'eus plus de doute sur le lieu de sa résidence. Je puis maintenant diriger vers ce lieu poétique mes promenades du soir ; durant les heures d'obscurité, je passe et repasse, sans être remarqué, vis-à-vis cette maison où elle est, où elle respire, où elle parle, où elle rit, où elle brode... N'est-ce pas que ce doit être un petit paradis ? J'entends quelquefois dans le salon les sons du piano et les accents d'une voix angélique, je n'ai aucun doute que ce ne soit celle de ma belle inconnue. Imagine-toi que l'autre soir, comme je portais mes regards vers une des fenêtres de la maison, les deux petits volets intérieurs s'ouvrirent tout à coup et j'aperçus... tu devines ?... ma belle inconnue en corps et en âme se penchant pour regarder dehors !... Tu peux croire si le cœur me bondit. Je fus tellement effrayé que je pris la fuite comme un fou, sans trop savoir où j'allais, et je ne suis pas retourné là depuis. J'y retournerai toutefois mais je ne veux pas savoir son nom. Ah ! quand on aime comme moi, mon cher ami, qu'il est triste d'être pauvre !

Adieu et au revoir,

Gustave Charmenil »

Cette lettre, que Jean Rivard parcourut à la hâte avant d'entrer dans la forêt pour se rendre à son gîte, le fit songer tout le long de la route. « Malgré mon rude travail, se disait-il, et les petites misères inséparables de mon état, il est clair que mon ami Gustave est beaucoup moins heureux que moi. C'est vrai qu'il a l'espoir d'être un jour avocat membre du Parlement, mais ces honneurs, après tout, méritent-ils bien qu'on leur sacrifie la paix de l'âme, les plaisirs du cœur, la santé du corps et de l'esprit ? Cette belle inconnue qu'il aime tant n'est, j'en suis sûr, ni plus aimable, ni plus aimante, ni plus pieuse que ma Louise, et cependant toute l'ambition, tout l'amour de Gustave ne vont pas jusqu'à le faire aspirer à sa main, tandis que moi, avant deux ans, je serai le plus fortuné des mortels. Mais que diable aussi a-t-il été faire dans cette galère ? S'il se fût contenté de l'amour et du bonheur dans une chaumière, peut-être aujourd'hui serait-il en voie d'être heureux comme moi. Je l'aime pourtant, ce cher Gustave ; son âme sensible et bonne, ses talents, son noble caractère lui méritaient un meilleur sort. »

# XII

## Retour à Louiseville — Le brûlage

Je n'entreprendrai pas de raconter le voyage de Jean Rivard de Lacasseville à Louiseville, à travers les bois et dans cette saison de l'année. Les hommes chargés du transport des ustensiles d'agriculture faillirent en mourir à la peine.

Toute la grande journée du 16 avril fut employée à l'accomplissement de cette tâche. Dans les douze heures passées à faire ces trois lieues, Jean Rivard eût parcouru avec beaucoup moins de fatigue trois cents milles sur un chemin de fer ordinaire.

Nous n'en finirions pas s'il fallait dire les haltes fréquentes, les déviations forcées pour éviter un mauvais pas ou sortir d'un bourbier. Et pourtant tout cela s'exécuterait beaucoup plus facilement, et surtout beaucoup plus promptement, sur le papier que sur le terrain.

Il fallait être endurci aux fatigues comme l'était notre défricheur pour tenir ainsi debout toute une longue journée, courant deçà et delà, au milieu des neiges et à travers les arbres, sans presque un instant de repos.

Jamais Jean Rivard ne comprit si bien le découragement qui avait dû s'emparer d'un grand nombre des premiers colons. Pour lui, le découragement était hors de question — ce mot ne se trouvait pas dans son dictionnaire — et comme il l'exprimait énergiquement : le diable en personne ne l'eût pas fait reculer d'un pouce. Mais les lenteurs qu'il fallait subir et la perte de temps qui s'ensuivait le révoltaient au point de le faire sortir de sa réserve et de sa gaieté ordinaires.

On peut s'imaginer si Pierre Gagnon ouvrit de grands yeux en voyant vers le soir arriver à sa cabane une procession disposée à peu près dans l'ordre suivant : premièrement, Jean Rivard conduisant deux bœufs destinés aux travaux de défrichement ; secondement, Lachance conduisant « la Caille » (c'était le nom de la vache) ; troisièmement enfin, les hommes de M. Lacasse et d'Arnold, traînant sur des *menoires croches* (espèce de véhicule grossier, sans roues ni essieu, ni membre d'aucune espèce, inventé pour les transports à travers les bois) les grains de semence et divers autres articles achetés par Jean Rivard.

Jamais Louiseville n'avait vu tant d'êtres vivants ni tant de richesse réunis dans son enceinte. C'était plus qu'il n'en fallait pour inspirer au facétieux Pierre Gagnon un feu roulant de joyeux propos, et la forêt retentit une partie de la nuit des éclats de rire de toute la bande, mêlés aux beuglements des animaux, les premiers sans doute qui eussent encore retenti dans cette forêt vierge.

Les hommes de M. Lacasse et d'Arnold repartirent le lendemain matin, emportant avec eux deux cents livres de sucre que Jean Rivard donnait en déduction de sa dette.

À Louiseville, une partie de cette journée se passa en arrangements et préparatifs de toutes sortes. Et quand tout fut prêt, Jean Rivard s'adressant à ses deux hommes :

« Mes amis, dit-il, vous voyez ces quinze arpents d'abattis ? Il faut que dans deux mois toute cette superficie soit nettoyée, que ces arbres soient consumés par le feu, que les cendres en soient recueillies et que ce terrain, complètement déblayé et hersé, ait été ensemencé. Nous ne nous reposerons que lorsque notre tâche sera remplie. »

Puis se tournant vers Pierre, en souriant : « C'est la campagne d'Italie qui va s'ouvrir, dit-il : pour reconnaître tes services passés, je te fais chef de brigade ; Lachance sera sous ton commandement, et toi, tu recevras tes ordres directement de moi. Je ne m'éloignerai pas de vous, d'ailleurs, et vous me trouverez toujours au chemin de l'honneur et de la victoire. »

— Hourra ! et en avant ! s'écria Pierre Gagnon qui aimait beaucoup ces sortes de plaisanteries ; et dans un instant les deux bœufs furent attelés, tous les ustensiles rassemblés, et les trois défricheurs étaient à l'œuvre.

Il s'agissait de réunir en monceaux, ou, suivant l'expression reçue parmi les défricheurs, de « tasser » les arbres coupés ou arrachés durant les six mois précédents.

Le brûlage, c'est-à-dire le nettoyage complet du sol par le feu, forme certainement la principale opération du défricheur. C'est la plus longue et la plus fatigante, c'est celle qui requiert la plus grande force physique, et en même temps la surveillance la plus attentive.

Le travail auquel est assujetti le défricheur, à son début dans la forêt, pour abattre les arbres, les étêter, les ébrancher, les débiter, n'est rien comparé aux efforts et aux soins qu'exigent, avant que le terrain puisse être utilisé, le *tassage* et le brûlage de l'abattis.

C'est ici que l'esprit d'ordre, la méthode, le jugement pratique, la justesse de coup d'œil de Jean Rivard trouvèrent leur application. Tout en travaillant sans cesse avec ses deux hommes, il les guidait, les dirigeait, et jamais un pas n'était perdu, jamais un effort inutile.

Les pièces de bois les plus légères, les arbustes, les

branchages, en un mot tout ce qui pouvait facilement se manier et se transporter à bras était réuni en tas par les trois hommes ; s'il était nécessaire de remuer les grosses pièces, ce qu'on évitait autant que possible, les deux bœufs, attelés au moyen d'un joug et d'un grossier carcan de bois, venaient en aide aux travailleurs, en traînant, à l'aide de forts traits de fer, ces énormes troncs d'arbres les uns auprès des autres ; puis nos trois hommes, au moyen de *rances* et de leviers, complétaient le *tassage*, en empilant ces pièces et les rapprochant le plus possible.

C'est là qu'on reconnaît la grande utilité d'une paire de bœufs. Ces animaux peuvent être regardés comme les meilleurs amis du défricheur : aussi Jean Rivard disait souvent en plaisantant que si jamais il se faisait peindre, il voulait être représenté guidant deux bœufs de sa main gauche et tenant une hache dans sa main droite.

Le défricheur qui n'a pas les moyens de se procurer cette aide est bien forcé de s'en passer, mais il est privé d'un immense avantage. Ces animaux sont de beaucoup préférables aux chevaux pour les opérations de défrichement. Le cheval, ce fier animal « qui creuse du pied la terre et s'élance avec orgueil », ne souffre pas d'obstacle ; il se cabre, se précipite, s'agite jusqu'à ce qu'il rompe sa chaîne ; le bœuf, toujours patient, avance avec lenteur, recule au besoin, se jette d'un côté ou de l'autre, à la voix de son maître ; qu'il fasse un faux pas, qu'il tombe, qu'il roule au milieu des troncs d'arbres, il se relèvera calme, impassible, comme si rien n'était arrivé, et reprendra l'effort interrompu un instant par sa chute.

Les deux bœufs de nos défricheurs étaient plus particulièrement les favoris de Pierre Gagnon, c'est lui qui les soignait, les attelait, les guidait ; il leur parlait comme s'ils eussent été ses compagnons d'enfance. Il regrettait une chose cependant, c'est qu'ils n'entendaient que l'anglais ; ils avaient été élevés dans les Cantons de l'Est, probablement par quelque fermier écossais ou américain, et cela pouvait expliquer cette lacune dans leur éducation. L'un d'eux s'appelait *Dick* et l'autre *Tom*. Pour les faire aller à droite il fallait crier *Djee*, et pour aller à gauche *Wahaish*. À ces cris, ces intelligents animaux obéissaient comme des militaires à la voix de leur officier.

Une fois que les arbres, petits et gros, débités en longueurs de dix à onze pieds, avaient été entassés les uns sur les autres de manière à former des piles de sept ou huit pieds de hauteur et de dix à douze de largeur, entremêlées d'arbustes, de broussailles et de bouts de bois de toutes sortes, il ne s'agissait plus que d'y mettre le feu.

Puis, quand le feu avait consumé la plus grande partie de ces énormes monceaux d'arbres, on procédait à une seconde, souvent même à une troisième opération, en réunissant les squelettes des gros troncs que le premier feu n'avait pu consumer, ainsi que les charbons, les copeaux, en un mot tout ce qui pouvait alimenter le feu et augmenter la quantité de cendre à recueillir ; car il ne faut pas omettre de mentionner que Jean Rivard mettait le plus grand soin à conserver ce précieux résidu de la combustion des arbres. Cette dernière partie du travail de nos défricheurs exigeait d'autant plus de soin qu'elle ne pouvait prudemment s'ajourner, la moindre averse tombée sur la cendre ayant l'effet de lui enlever une grande partie de sa valeur.

Mais ces diverses opérations, il faut le dire, ne pouvaient s'exécuter en gants blancs ; et il arriva plus d'une fois à nos défricheurs de retourner le soir à leur cabane la figure et les mains tellement charbonnées qu'on les eût pris pour des Éthiopiens.

« Tonnerre d'un nom ! disait Pierre Gagnon, en regardant son maître, si mademoiselle Louise pouvait nous apparaître au milieu des souches, je voudrais voir la mine qu'elle ferait en voyant son futur époux. »

Dans les circonstances, une telle apparition n'eût certainement pas été du goût de Jean Rivard.

Chaque soir, nos défricheurs étaient morts de fatigue ; ils éprouvaient cependant une certaine jouissance à contempler la magnifique illumination que produisait au milieu des ténèbres de la nuit et de la solitude des forêts l'incendie de ces montagnes d'arbres et d'arbrisseaux. C'était vraiment un beau coup d'œil. Ils eurent une fois, entre autres, par une nuit fort noire, un de ces spectacles d'une beauté vraiment saisissante, et qui aurait mérité d'exercer le pinceau d'un artiste ou la verve d'un poète, quoique l'un et l'autre eussent certainement été impuissants à reproduire cette scène grandiose dans toute sa splendeur. Ils l'appelèrent l'incendie de Moscou, mais il y avait cette différence entre les deux incendies que l'un avait détruit des richesses immenses et que l'autre était destiné à en produire ; que l'un avait causé le malheur et la pauvreté d'un grand nombre de familles, et que l'autre devait faire naître l'aisance et le bonheur dans la cabane du laboureur.

Pierre Gagnon revenait sans cesse et à tout propos sur ces allusions historiques ; il voulait même à toute force engager Jean Rivard à recommencer la lecture de l'Histoire de Napoléon, pour l'édification et l'instruction de Lachance ; mais, avec la meilleure volonté du monde, Jean Rivard ne pouvait accéder à cette demande. Les veillées étaient devenues plus courtes et lorsqu'il trouvait un moment de loisir il l'employait à écrire des notes ou à faire des calculs sur ses opérations journalières.

« L'hiver prochain, répondait-il, les soirées seront longues et si vous êtes encore à mon service, nous ferons d'intéressantes lectures au coin du feu.

— Que vous êtes heureux, mon Empereur, de savoir lire ! disait Pierre Gagnon. Comme ça doit être amusant d'apprendre tout ce qui s'est passé depuis que le monde est monde, de connaître le comportement de la terre, des hommes, des animaux, des arbres, et de savoir jusqu'à la plus petite chose !

— Oh ! si tu savais, mon cher Pierre, combien je suis ignorant, bien que je sache lire ! Sais-tu que, quand je passerais toute ma vie à lire et à étudier, et serais doué d'une intelligence supérieure, je ne connaîtrais point la millionième partie des choses ? Plus j'approfondirais les sciences, plus je serais étonné de mon ignorance. Par exemple, l'étude seule des animaux pourrait occuper plusieurs centaines de vies d'homme. La mémoire la plus extraordinaire ne pourrait même pas suffire à retenir les noms des animaux mentionnés dans les livres, tandis que le nombre de ceux qui sont encore inconnus est probablement plus considérable. La seule classe des insectes comprend peut-être quatre vingt mille espèces connues, et de nouvelles découvertes se font chaque jour dans les diverses parties du monde. Les oiseaux, les poissons comprennent aussi des milliers d'espèces. Un auteur a calculé qu'un homme qui travaillerait assidûment dix heures par jour ne pourrait, dans l'espace de quarante années, consacrer qu'environ une heure à chacune des espèces présentement connues ; suivant le même auteur, l'étude seule d'une chenille, si on veut la suivre dans ses métamorphoses, la disséquer, la comparer dans ses trois états successifs, pourrait occuper deux existences d'homme.

« Et toutes ces plantes que tu vois chaque jour, ces

arbres que nous abattons, ces petites fleurs que nous apercevons de temps en temps dans le bois et qui ont l'air de
se cacher modestement sous les branches protectrices des
grands arbres, tout cela demanderait encore des siècles
d'études pour être parfaitement connu. On peut dire la
même chose des richesses minérales enfouies dans les
entrailles de la terre.

« Ce n'est qu'en se divisant le travail à l'infini que
les savants ont pu parvenir à recueillir les notions que le
monde possède aujourd'hui sur les diverses branches des
connaissances humaines.

— C'est bien surprenant, ce que vous dites là, mon
Empereur. Mais ça n'empêche pas pourtant que je voudrais en savoir un peu plus long que j'en sais. Ah ! si mon
père n'était pas mort si jeune, j'aurais pu moi aussi aller
à l'école, et je saurais lire aujourd'hui, peut-être écrire.
Au lieu de fumer, comme je fais en me reposant, je lirais,
et il me semble que ça me reposerait encore mieux. Ah !
tout ce que je peux dire, mon Empereur, c'est que si le
brigadier Pierre Gagnon se marie un jour, et s'il a des
enfants, ses enfants apprendront à lire, tonnerre d'un
nom ! ou Pierre Gagnon perdra son nom.

— C'est bien, mon Pierre, ces sentiments sont honorables ; je suis bien convaincu qu'avec ton énergie et
ton bon jugement, et surtout ton amour du travail, tu seras
un jour à l'aise, et que tes enfants, si tu en as, pourront
participer aux avantages de l'éducation et faire de braves
citoyens. »

# XIII

## Les semailles

Et Dieu dit : Que la terre produise les plantes verdoyantes avec leur semence, les arbres avec des fruits chacun selon son espèce qui renferment en eux-mêmes leur semence pour se reproduire sur la terre. Et il en fut ainsi.

LA GENÈSE

Au maître des saisons adresse donc tes vœux. Mais l'art du laboureur peut tout après les dieux.

LES GÉORGIQUES

Ce fut une époque heureuse pour Jean Rivard que celle où il dut suspendre de temps en temps ses travaux de brûlage pour préparer la terre et l'ensemencer. Il est vrai que cette dernière opération était beaucoup plus simple et requérait moins de temps dans cette terre neuve que dans les terres depuis longtemps cultivées. Le grain de semence était d'abord jeté sur la terre, après quoi une lourde herse triangulaire, armée d'énormes dents, était promenée aussi régulièrement que possible sur la surface raboteuse du sol fraîchement nettoyé. Ce travail composait tout le procédé d'ensemencement.

Il faut avouer que l'aspect des champs nouvellement ensemencés n'a rien de bien poétique, et ne saurait ajouter aux beautés d'un tableau de paysage. Les souches noircies par le feu apparaissent çà et là comme des fantômes ; ce n'est qu'au bout de sept ou huit ans qu'elles finissent par tomber et disparaître

*Sous les coups meurtriers du temps.*

« Laissons faire, disait Jean Rivard qui préférait toujours n'envisager que le beau côté des choses, avant trois mois les blonds épis s'élèveront à la hauteur de ces fantômes et nous cacheront leurs têtes lugubres. »

Depuis le milieu d'avril jusqu'à la fin de juin, nos trois défricheurs et leurs deux bœufs furent constamment occupés. Rarement le lever de l'aurore les surprit dans leur lit, et plus d'une fois la pâle courrière des cieux éclaira leurs travaux de ses rayons nocturnes.

Qu'on se représente notre héros après une de ces rudes journées de labeur. Ses membres s'affaissent, tout son corps tombe de lassitude, à peine a-t-il la force de se traîner à sa cabane ; et la première chose qu'il va faire en y entrant sera de s'étendre sur son lit de repos pour dormir et reconquérir les forces dont il aura besoin pour le lendemain. Souvent même cet affaissement du corps semblera s'étendre à l'esprit ; il sera sombre, taciturne, il cessera de rire ou de parler ; à le voir, on le dirait découragé, malheureux. Mais ne croyons pas aux apparences, jamais Jean Rivard n'a été plus heureux ; son corps est harassé, mais son âme jouit, son esprit se complaît dans ces fatigues corporelles. Il est fier de lui-même. Il sent qu'il obéit à la voix de Celui qui a décrété que l'homme « gagnera son pain à la sueur de son front ». Une voix intérieure lui dit aussi qu'il remplit un devoir sacré envers son pays, envers sa famille, envers lui-même ; que lui faut-il de plus pour ranimer son énergie ? C'est en se faisant ces réflexions judicieuses qu'il sent ses paupières se fermer. Un sommeil calme, profond, est la récompense de son travail pénible. S'il rêve, il n'aura que des songes paisibles, riants, car l'espérance aux ailes d'or planera sur sa couche. De ses champs encore nus, il verra surgir les jeunes tiges de la semence qui en couvriront d'abord la surface comme d'un léger duvet, puis insensiblement s'élèveront à la hauteur des souches ; son imagination le fera jouir par anticipation des trésors de sa récolte. Puis, au milieu de tout cela, et comme pour couronner ces rêves, apparaîtra la douce et charmante figure de sa Louise bien-aimée, lui promettant des années de bonheur en échange de ses durs travaux.

Quelques lettres écrites vers cette époque par Jean Rivard à sa gentille amie nous le montrent conservant encore, en dépit de ses rudes labeurs, ses premières dispositions de cœur et d'esprit. En voici des extraits pris au hasard :

« Ma chère Louise,

... C'est aujourd'hui dimanche, mais j'espère que le bon Dieu me pardonnera si je prends quelques minutes pour t'écrire ; je suis si occupé toute la semaine !... Si tu savais comme je travaille ! Si tu me voyais, certains jours après ma journée faite, tu ne me reconnaîtrais pas ; je te paraîtrais si affreux que tu dirais : ce n'est pas *lui*. Je ne dis pas cela pour me plaindre : loin de là. D'abord je sais bien que nous sommes sur la terre pour travailler : c'est le Créateur qui l'a voulu ainsi, et ce que l'homme a de mieux à faire c'est d'obéir à cette loi. Mais il est d'autres considérations qui ont aussi beaucoup de force à mes yeux. Celui qui ne travaille pas, en supposant même qu'il serait assez riche pour être ce qu'on appelle indépendant, prive son pays du bien que rapporterait son travail, et quand même celui-là se dirait patriote, je n'en crois rien. On n'est pas patriote en ne faisant rien pour augmenter le bien-être général. En outre, n'ai-je pas plusieurs raisons de travailler, moi ? Que deviendrait ma pauvre mère avec ses dix enfants si je ne pouvais l'aider un peu par la suite ? Puis comment pourrais-je songer à me marier un jour ? Ces deux dernières considérations suffiraient seules pour me donner du cœur quand même les autres n'existeraient pas.

« Quand j'entends le matin le cri du petit oiseau, il me semble que c'est Dieu qui l'envoie du ciel pour m'éveiller, et je me lève, l'esprit gai, le corps dispos, et prêt à reprendre ma tâche.

. . . . . . . . . . . . . . . . . . . . . . . . . . . . . .

« Les alentours de ma cabane commencent à s'éclaircir. Tu pourras dire à ton père que je vais ensemencer quinze arpents de terre neuve ; il connaît cela, il comprendra que je ne dois pas rester les bras croisés.

. . . . . . . . . . . . . . . . . . . . . . . . . . . . . .

« Je commence à aimer beaucoup ma nouvelle résidence ; c'est peut-être parce que l'ai nommée Louiseville, c'est un si beau nom ! Quand nous aurons une église plus tard, je veux que notre paroisse soit sous l'invocation de sainte Louise. Ce sera encore mieux, n'est-ce pas ?

. . . . . . . . . . . . . . . . . . . . . . . . . . . . . .

« C'est le premier printemps que je passe dans les bois. Il me semble que c'est presque aussi gai qu'à Grandpré. Le matin, quand le soleil brille et que les oiseaux chantent sur les branches... oh ! je voudrais que tu puisses assister à ce concert et voir tout cela de tes yeux !...

« Mais en te parlant, ça me fait penser aux fleurs.

« Je trouve quelquefois dans la forêt de jolies petites fleurs, délicates, élégantes, qui par leur fraîcheur, leur modestie, me rappellent le doux et frais visage de ma Louise. J'en deviens tout de suite amoureux ; n'en rougis pas cependant, et surtout n'en sois pas jalouse, car je ne sais pas même leurs noms, et je ne pourrais pas t'en faire la description, tant je suis ignorant, bien que Pierre Gagnon me croie un savant. Je ne connais pas non plus la plupart de ces petits oiseaux que je vois tous les jours et dont les chants charment mes oreilles. Je n'ai rien appris de cela dans mes études de collège, et je le regrette beaucoup. »

Il s'essayait même quelquefois à composer des rimes, tout en avouant ingénument que le langage des dieux ne convenait pas aux défricheurs. Une fois entre autres, en enfermant une petite fleur dans une lettre, il avait mis au bas :

> *Je t'envoie, ô Louise, une rose sauvage*
> *Cueillie au fond de mon bocage,*
> *Et que j'ai prise pour ta sœur ;*
> *Car de la rose*
> *Fraîche éclose*
> *Ton teint réfléchit la couleur.*

Louise qui n'était pas d'un goût très sévère en poésie aimait beaucoup ces petits jeux d'esprit. D'ailleurs la femme, indulgente et sensible, est toujours disposée à pardonner en faveur de la bonne intention.

Le mois de juin n'était pas encore écoulé que les quinze arpents de terre défrichés depuis l'arrivée de Jean Rivard à Louiseville se trouvaient complètement ensemencés. Quatre arpents l'avaient été en blé — quatre en avoine — deux en orge — deux en sarrasin — un en pois — un en *patates** — et près de la cabane, c'est-à-dire à l'endroit destiné à devenir plus tard le jardin, un arpent avait été ensemencé en blé d'inde, rabioles, choux, poireaux, oignons, carottes, raves, et autres légumes dont l'usage allait varier un peu la monotonie qui avait régné jusque-là dans les banquets de Louiseville.

En même temps, Jean Rivard avait fait répandre en plusieurs endroits de la graine de mil, afin d'avoir l'année suivante du foin, ou tout au moins de l'herbe dont l'absence se faisait déplorer chaque jour.

Il n'avait pas oublié non plus de planter tout autour de son futur jardin quelques-uns des meilleurs arbres fruitiers du jardin de sa mère, tels que pruniers, cerisiers, noyers, gadeliers, groseilliers, pommettiers, etc. Il avait même eu l'attention délicate de se procurer secrètement de la graine des plus belles fleurs du jardin du père Routier, afin que si plus tard sa Louise venait embellir de sa présence son agreste demeure, elle retrouvât à Louiseville les fruits et les fleurs qu'elle aimait à Grandpré.

On a vu, il y a un instant, nos défricheurs recueillir soigneusement les cendres du bois consumé dans le cours de leurs travaux. Jean Rivard employa cette cendre dans la fabrication de la potasse.

Il possédait tous les ustensiles nécessaires à cet objet. Mais nous ferons grâce au lecteur de la description des diverses opérations par lesquelles les arbres durent passer avant de devenir potasse, des méthodes adoptées par Jean Rivard pour obtenir la plus grande quantité de

---

* On dit *patates* au lieu de *pommes de terre*, mot inconnu dans les paroisses canadiennes.

cendres possible, des procédés suivis pour leur lessivage, pour l'évaporation des lessives, la fabrication du salin et la transformation du salin en potasse. Contentons-nous de dire que Jean Rivard avait pris le plus grand soin pour que les cendres recueillies fussent pures et sans mélange ; et comme le bois dont elles provenaient se composait en grande partie d'érable, de chêne, d'orme et autres bois durs, elles étaient d'une excellente qualité, et à la grande surprise de notre défricheur, ses quinze arpents d'abattis lui en rapportèrent plus de neuf cents minots qui ne produisirent pas moins de sept barils de potasse.

Jean Rivard avait établi sa *potasserie* sur la levée de la rivière qui coulait à une petite distance de sa cabane. Les services de Lachance furent presque exclusivement consacrés à la fabrication de l'alcali. Quoique Jean Rivard eût déjà disposé de ce produit à un prix au-dessous de sa valeur, comme on l'a vu plus haut, cet item ne fut pas de peu d'importance et lui servit à acquitter une partie de ses dettes.

De concert avec Lachance, il prit bientôt des mesures pour établir une *perlasserie* dès l'année suivante.

# XIV

## La belle saison dans les bois

Le retour de la belle saison fit éprouver à notre héros qui, comme on le sait déjà, ne pouvait rester sans émotion devant les sublimes beautés de la nature, de bien douces jouissances. Le printemps est beau et intéressant partout, à la ville comme à la campagne, mais nulle part peut-être plus que dans les bois. Là, quand les rayons du soleil, devenus plus ardents, ont fait fondre les neiges, que les ruisseaux commencent à murmurer, et que la sève des arbres montant de la racine jusqu'aux extrémités des branches en fait sortir d'abord les bourgeons, puis les petites feuilles d'un vert tendre qui s'élargissent par degrés jusqu'à ce que les arbres se couvrent entièrement de feuillage, il y a dans la nature une vie, une activité que l'on remarque à peine dans les campagnes ouvertes. Les oiseaux, ces hôtes charmants des bois, reviennent bientôt faire entendre leur doux ramage sous la feuillée. Toute la forêt se montre pleine de jeunesse et de fraîcheur, et chaque matin semble ajouter un nouveau charme aux charmes de la veille.

Bientôt la scène devient encore plus vivante et plus variée. D'immenses *voliers* de canards sauvages traversent le ciel, les uns, comme une longue ligne noire, paraissant effleurer les nuages, d'autres s'envolant dans l'espace, à portée du fusil, tandis que plus tard des *voliers* de tourtes plus nombreux encore font entendre dans leur course comme le bruit d'un ouragan impétueux, et viennent raser le sommet des jeunes arbres. Jean Rivard qui, dans ses travaux de défrichement, avait toujours le soin de se faire accompagner de son fusil, revenait souvent à sa cabane les épaules chargées de plusieurs douzaines de ce succulent gibier.

Mais c'était le dimanche après-midi que nos trois solitaires se livraient le plus volontiers au plaisir de la pêche et de la chasse. La matinée se passait généralement dans le recueillement ou dans la lecture de quelque chapitre de l'*Imitation de Jésus-Christ*, petit livre, comme on sait, doublement intéressant pour notre héros, puis tous trois partaient, l'un portant le fusil et ses accompagnements, les autres chargés des appareils de pêche.

Peu de temps après son arrivée dans le canton de Bristol, Jean Rivard avait découvert, à environ deux milles de son habitation, un charmant petit lac qu'il avait appelé le « Lac de Lamartine », parce que cette poétique nappe d'eau lui avait rappelé involontairement l'élégie du grand poète intitulée « Le Lac », et aussi un peu pour faire plaisir à son ami Gustave qui raffolait de Lamartine. Ce lac était fort poissonneux. On y pêchait une espèce de truite fort ressemblante à la truite saumonée, et d'autres poissons moins recherchés, comme l'anguille, la carpe, la perche chaude, la *barbue*, la *barbotte*, etc. Il était de plus fréquenté par une multitude de canards noirs qu'on voyait se promener çà et là, par des poules d'eau, des sarcelles, et autres oiseaux de diverses sortes.

C'est là que nos défricheurs allaient le plus souvent passer leurs heures de loisir. Ils n'en revenaient que tard le soir, lorsqu'ils étaient fatigués d'entendre le coassement des grenouilles et le beuglement du *ouaouaron**. Pendant que le canot glissait légèrement sur les ondes, l'un des rameurs entonnait une de ces chansons anciennes, mais toujours nouvelles, qui vont si bien sur l'aviron :

> *En roulant, ma boule, roulant*
>
> . . .
>
> *Nous irons sur l'eau nous y prom... promener*
>
> . . .
>
> *La belle rose du rosier blanc.*

ou quelque autre gai refrain de même espèce, et les deux autres répondaient en ramant en cadence.

Nos pêcheurs rapportaient souvent de quoi se nourrir le reste de la semaine. Pierre Gagnon qui, durant ses veillées d'hiver, avait fabriqué une espèce de seine appelée *varveau* qu'il tenait tendue en permanence, ne la visitant que tous les deux ou trois jours, prit même une telle quan-

---

\* Il y a, pour désigner un certain nombre de poissons, de reptiles, d'oiseaux et d'insectes particuliers au Canada, des mots qui ne se trouvent dans aucun des dictionnaires de la langue française, et qui sont encore destinés à notre futur dictionnaire canadien-français. Ainsi le *maskinongé*, qui tire son nom d'un mot sauvage signifiant gros brochet, l'*achigan*, la *barbue*, la *barbotte*, les *batteurs de faux*, les *siffleurs*, les *brenèches*, les *canards branchus*, etc., sont désignés sous ces noms dans les anciens auteurs sur le Canada comme Boucher, La Hontan, Charlevoix, quoique ces mots ne se trouvent pas dans le dictionnaire de l'Académie.

Le mot *ouaouaron* ou *wawaron* vient évidemment du mot sauvage *Ouaraon*, grosse grenouille verte. (Voir Sagard, *Dictionnaire de la langue huronne*.) Ceux qui ont eu occasion d'entendre les mugissements de cet habitant des marais ne trouveront pas étrange que nos ancêtres canadiens-français se soient empressés d'adopter ce mot si éminemment imitatif.

tité de poisson qu'il put saler et en faire un approvision-
nement considérable pour le carême et les jours maigres.

Mais puisque nous en sommes sur ce sujet, disons
quelques mots du régime alimentaire de nos défricheurs.

On a déjà vu que Pierre Gagnon, en sa qualité de
ministre de l'Intérieur, était chargé des affaires de la cuisine. Ajoutons que durant son règne comme cuisinier, les
crêpes, les grillades, l'omelette au lard, pour les jours
gras, le poisson pour les jours maigres, furent pour une
large part dans ses opérations culinaires. La poêle à frire
fut l'instrument dont il fit le plus fréquent usage, sans
doute parce qu'il était le plus expéditif.

Pierre Gagnon regrettait bien quelquefois l'absence
de la soupe aux pois, ce mets classique du travailleur
canadien, dont il ne goûtait cependant qu'assez rarement,
à cause de la surveillance assidue qu'exigeait l'entretien
du pot-au-feu. Nos défricheurs se donnèrent néanmoins
plus d'une fois ce régal, principalement dans la saison des
tourtes.

Un autre régal, en toute saison, c'était la perdrix. Il
ne se passait guère de semaine sans que Jean Rivard en
abattît quelqu'une et, bien qu'elle ne fût probablement pas
accommodée dans toutes les règles de l'art, elle ne laissait
pas que d'être un plat fort acceptable. Pierre Gagnon
d'ailleurs n'était pas homme à se brûler la cervelle ou à
se percer le cœur d'un coup d'épée, comme le fameux
cuisiner Vatel, parce qu'un de ses rôtis n'aurait pas été
cuit à point.

Un seul assaisonnement suffisait à tous les mets, et
cet assaisonnement ne manquait jamais : c'était l'appétit.

De temps en temps des fruits sauvages, des bleuets,
des *catherinettes*, des fraises, des framboises et des gro-
seilles sauvages, que nos défricheurs cueillaient eux-

mêmes dans la forêt, venaient apporter quelque variété dans le menu des repas.

L'eau claire et pure de la rivière de Louiseville suffisait pour étancher la soif.

Depuis l'arrivée de « la Caille », le lait ne manquait pas non plus sur la table rustique ; c'était le dessert indispensable, au déjeuner, au dîner et au souper.

Je devrais dire un mot pourtant de cette bonne Caille qui, bien qu'elle parût s'ennuyer beaucoup durant les premiers temps de son séjour à Louiseville, ne s'en montra pas moins d'une douceur, d'une docilité exemplaires. Elle passait toute sa journée dans le bois, et revenait chaque soir au logis, poussant de temps en temps un beuglement long et plaintif. Elle s'approchait lentement de la cabane, se frottait la tête aux angles, et, si on retardait de quelques minutes à la traire, elle ne craignait pas de s'aventurer jusque dans la porte de l'habitation. De fait elle semblait se considérer comme membre de la famille, et nos défricheurs souffraient très volontiers le sans-gêne de ses manières.

J'aurais dû mentionner qu'avec les animaux composant sa caravane du printemps, Jean Rivard avait emporté à Louiseville trois poules et un coq. Ces intéressants volatiles subsistaient en partie de vers, de graines et d'insectes, et en partie d'une légère ration d'avoine qui leur était distribuée tous les deux ou trois jours. Les poules pondaient régulièrement et payaient ainsi beaucoup plus que la valeur de leur pension, sans compter que leur caquet continuel, joint aux mâles accents du coq, parfait modèle de la galanterie, donnait aux environs de l'habitation un air de vie et de gaieté inconnu jusque-là.

Mais puisque j'ai promis de dire la vérité, toute la vérité, je ne dois pas omettre de mentionner ici une plaie de la vie des bois durant la belle saison ; un mal, pour me servir des expressions du fabuliste en parlant de la peste,

> *Un mal qui répand la terreur*
> *Et que le ciel dans sa fureur*
> *Inventa pour punir les crimes de la terre...*

Je veux parler des maringouins.

Durant les mois de mai et de juin, ces insectes incommodes, sanguinaires, suivis bientôt des moustiques et des brûlots, s'attaquent jour et nuit à la peau du malheureux défricheur. C'est un supplice continuel, un martyre de tous les instants, auquel personne n'a pu jusqu'ici trouver de remède efficace. Heureusement que ce fléau ne dure généralement pas au-delà de quelques semaines. Vers le temps des grandes chaleurs, les maringouins quittent les bois pour fréquenter les bords des lacs, des rivières ou des marais.

Pierre Gagnon faisait feu et flamme contre ces ennemis fâcheux ; leur seul bourdonnement le mettait en fureur. Dans son désespoir il demandait à Dieu de lui prêter sa foudre pour anéantir ces monstres.

« Laissons faire, disait stoïquement Jean Rivard, nos souffrances n'auront qu'un temps ; dans deux ou trois ans, quand la forêt sera tombée, quand le soleil aura desséché la terre et les marais, cet insecte disparaîtra. C'est un ennemi de la civilisation, tout défricheur doit lui payer tribut ; nos pères l'ont payé avant nous, et ceux de nos enfants qui plus tard s'attaqueront comme nous aux arbres de la forêt le paieront à leur tour. »

# XV

## Progrès du canton

Une fois les semailles terminées, Jean Rivard et son fidèle Pierre n'étaient pas restés oisifs ; ce qu'on appelle les mortes saisons dans les anciennes paroisses n'existait pas pour eux ; pendant que Lachance fabriquait sa potasse, nos défricheurs s'étaient remis à l'œuvre avec une nouvelle ardeur, et leurs progrès avaient été si rapides qu'avant l'époque des récoltes ils avaient déjà plus de dix arpents d'abattus.

Mais pendant que Jean Rivard se livrait ainsi courageusement à ses travaux de défrichement, à ses opérations agricoles et industrielles, un grand progrès se préparait dans le canton de Bristol.

Dès le commencement du mois de juin, Jean Rivard soupçonna par certaines illuminations qu'il croyait apercevoir au loin, dans l'obscurité de la nuit, qu'il n'était plus seul. En effet, un bon soir, il vit arriver à son habitation un homme d'un certain âge, de mine respectable, qu'il avait remarqué souvent à l'église de Grandpré. Cet homme lui annonça qu'il était établi à une distance d'environ trois milles. Son nom était Pascal Landry.

À l'époque où Jean Rivard avait quitté Grandpré, M. Landry y occupait une petite terre de cinquante arpents qui rendait à peine assez pour faire subsister sa famille. Désespérant de jamais augmenter sa fortune et se voyant déjà avec quatre fils en âge de se marier, il avait pris le parti de vendre sa terre de Grandpré, et d'acheter dans le canton de Bristol, où il savait que Jean Rivard avait déjà frayé la route, une étendue de cinq cents acres de terre en bois debout, qu'il avait divisés entre lui et ses quatre enfants. Quoiqu'il n'eût vendu sa propriété de Grandpré que cinq cents louis, il avait pu avec cette somme acheter d'abord ce magnifique lopin de cinq cents acres, puis se procurer toutes les choses nécessaires à son exploitation, et se conserver en outre un petit fonds disponible pour les besoins futurs.

Ses fils tenant à s'établir le plus tôt possible ne reculaient pour cela devant aucun travail. Tous étaient convenus de travailler d'abord en commun. Le père devait être établi le premier : tous ses enfants devaient l'aider à défricher son lot jusqu'à ce qu'il eût vingt-cinq arpents en culture ; l'aîné des fils devait venir ensuite, puis le cadet, et ainsi de suite jusqu'à ce que chacun des garçons fût en état de se marier.

Quoiqu'ils ne fussent arrivés qu'au commencement de juin, ils avaient déjà défriché plus de cinq arpents de terre presque entièrement semés en légumes.

M. Landry apprit en même temps à Jean Rivard que plusieurs autres familles de Grandpré se préparaient à venir s'établir le long de cette route solitaire.

Ces nouvelles réjouirent le cœur de notre héros. Il remercia cordialement M. Landry de sa visite inattendue et le pria de prendre le souper avec lui dans sa modeste habitation. De son côté, M. Landry était tout étonné des progrès que Jean Rivard avait faits en si peu de temps, et de l'apparence de prospérité qu'offrait déjà son établissement. Il le complimenta beaucoup sur son courage, et sur le bon exemple qu'il donnait aux jeunes gens.

Les deux défricheurs se séparèrent les meilleurs amis du monde ; et comme M. Landry inspirait à Jean Rivard la plus haute estime par son air d'honnêteté et ses manières simples, celui-ci se proposa bien de cultiver son amitié et celle de ses fils.

Il ne tarda pas d'ailleurs à recevoir aussi la visite de ces derniers qui, après avoir fait connaissance, venaient souvent, à la *brunante*, fumer la pipe à sa cabane. Ils étaient constamment de bonne humeur et s'amusaient infiniment des drôleries incessantes de Pierre Gagnon qui leur raconta sous mille formes différentes, en y ajoutant chaque jour quelque chose de nouveau, les petites misères et les embarras que son maître et lui avaient eus à essuyer durant les premiers mois qu'ils avaient passés seuls au milieu des bois.

Les relations de voisinage s'établirent facilement.

Lorsqu'il n'eut plus rien autre chose à dire, Pierre Gagnon raconta à sa façon, pour l'amusement de ses voisins, les histoires de Robinson Crusoé, de Don Quichotte et de Napoléon qui l'avaient tant intéressé lui-même durant les longues soirées de l'hiver précédent. Sa mémoire le servait si bien, sa manière de conter était si pittoresque, si originale qu'on l'écoutait toujours avec plaisir.

Pour l'attirer à la maison, la mère Landry avait coutume de lui dire :

« Pierre, si vous continuez à venir nous voir comme ça, je finirai par vous donner ma fille Henriette.

— Ça n'est pas de refus », répondait joyeusement Pierre Gagnon, en faisant un clin d'œil à la grosse Henriette qui partait aussi d'un éclat de rire.

On le voyait toujours à regret reprendre le chemin

de Louiseville, et pendant une heure encore on s'amusait à répéter ses drôleries.

Si, dans la famille du colon, le courage et la persévérance sont les principales qualités de l'homme, il n'est pas moins important que la gaieté soit la compagne constante de la femme.

Sans ces deux conditions, l'existence du défricheur n'est qu'ennui, misère et pauvreté.

# XVI

## Une aventure

Mais avant de passer plus loin, disons une aventure qui fit époque dans la vie de Jean Rivard, et que lui-même encore aujourd'hui ne peut raconter sans émotion.

Vers la fin du mois d'août, nos défricheurs étaient occupés à l'abattage d'un épais taillis de merisiers, à quelque distance de leur habitation, lorsqu'il prit fantaisie à Jean Rivard d'aller aux environs examiner l'apparence d'un champ de sarrasin qu'il n'avait ensemencé qu'au commencement de l'été. Il marchait en fredonnant, songeant probablement au résultat de sa prochaine récolte, et à tout ce qui pouvait s'ensuivre, lorsqu'il aperçut tout à coup à quelques pas devant lui un animal à poil noir qu'il prit d'abord pour un gros chien. Jean Rivard, surpris de cette apparition, s'arrêta tout court. De son côté, l'animal, occupé à ronger de jeunes pousses, releva la tête et se mit à le regarder d'un air défiant, quoique ne paraissant nullement effrayé. Jean Rivard put voir alors, aux formes trapues de l'animal, à sa taille épaisse, à son museau fin, à ses petits yeux rapprochés l'un de l'autre, à ses oreilles courtes et velues, qu'il n'avait pas affaire à un individu de l'espèce appelée à si bon droit l'ami de l'homme ; et quoiqu'il n'eût encore jamais vu d'ours, cependant ce qu'il en avait lu et entendu dire ne lui permettait pas de douter qu'il n'eût devant lui un illustre représentant de cette race sauvage et carnassière.

L'ours noir n'est pourtant pas aussi féroce qu'on le suppose généralement ; la mauvaise habitude qu'ont les nourrices et les bonnes d'enfant d'effrayer leurs élèves en les menaçant de la dent des ours fait tort dans notre esprit à la réputation de cet intelligent mammifère. Il est presque inouï qu'un ours noir s'attaque à l'homme ; il ignore ce que c'est que la peur, mais il se borne à se défendre. Ce n'est même que lorsqu'il souffre de la faim et qu'il ne trouve pas de substance végétale à sa satisfaction qu'il se nourrit de chair animale.

Il est toutefois une circonstance où la rencontre de l'ours femelle peut être dangereuse ; c'est lorsqu'elle est accompagnée de ses jeunes nourrissons. Aucun animal ne montre pour ses petits une affection plus vive, plus dévouée. Si elle les croit menacés de quelque danger, elle n'hésite pas un instant à risquer sa vie pour les défendre.

Toute la crainte de Jean Rivard était qu'il n'eût en effet rencontré dans cet animal aux allures pesantes une respectable mère de famille. Dans ce cas, sa situation n'était pas des plus rassurantes. Son anxiété se changea bientôt en alarme lorsqu'il vit remuer dans les broussailles, à une petite distance de l'ours, deux petites formes noires qui s'avancèrent pesamment, en marchant sur la pointe des pieds, et qu'il reconnut de suite pour deux jeunes oursons. En voyant ses petits s'approcher, la mère, levant de nouveau la tête, regarda Jean Rivard. Ses yeux flamboyaient. Jean Rivard sentit un frisson lui passer par tout le corps. Ne sachant trop que faire, il résolut d'appeler son compagnon ; il se mit à crier, autant que le lui permettait son émotion : Pierre ! Pierre !... Mais il entendait dans le lointain la voix de son homme chantant à tue-tête, en abattant les branches des arbres :

*Quand le diable en devrait mourir*
*Encore il faut se réjouir.* (bis)

Pierre, tout entier à son travail et à sa chanson, n'entendait rien.

La position de Jean Rivard devenait de plus en plus critique. Il songea à son couteau à gaine et porta timidement la main vers le manche ; mais la mère ourse qui épiait ses mouvements se mit à grogner en laissant voir à notre héros six incisives et deux fortes canines à chacune de ses mâchoires. Quoique brave de sa nature, cette vue le glaça d'effroi ; il sentit ses jambes trembler sous lui. Il n'osait plus faire le moindre mouvement de peur d'attirer l'attention de son ennemie.

L'ourse ne bougeait pas, mais semblait prendre une attitude plus menaçante. Au moindre mouvement de ses petits elle paraissait prête à se lancer sur notre malheureux jeune homme.

Jean Rivard profitait bien des intervalles où Pierre Gagnon cessait de chanter pour l'appeler de nouveau, mais l'émotion altérait tellement sa voix qu'il ne pouvait plus guère se faire entendre à distance. L'idée lui vint de s'éloigner, et pour mieux se tenir sur ses gardes, de partir à reculons ; il se hasarda donc timidement à lever un pied et à le reporter en arrière, tout en tenant ses yeux fixés vers sa redoutable adversaire.

L'ourse ne parut pas d'abord faire attention à ce mouvement.

Il fit encore un autre pas en arrière avec le même bonheur ; il eut une lueur d'espérance ; il pensa involontairement à sa mère et à sa Louise, il lui sembla les voir prier Dieu pour lui, et une larme lui monta aux yeux... Il se croyait déjà sauvé, lorsqu'un des malheureux oursons, voulant probablement jouer et s'amuser comme font la plupart des petits des animaux, s'avisa de courir vers lui. De suite la mère leva la tête en poussant un hurlement affreux qui retentit dans la forêt comme un immense sanglot, et d'un bond se lança vers Jean Rivard... Notre héros crut que sa dernière heure était venue ; il fit son sacrifice, mais, chose surprenante, il reprit une partie de son sang-froid et résolut de faire payer sa vie aussi cher que possible. Il tenait son couteau dans sa main droite ; il l'éleva promptement comme pour se mettre en défense. La mère ourse, mugissant de fureur, se dressa de toute sa hauteur sur ses pieds de derrière et, s'élançant vers Jean Rivard, les narines ouvertes, la gueule béante, cherchait à l'écraser dans ses terribles étreintes. Trois fois Jean Rivard, par son adresse et son agilité, put éviter ses bonds furieux ; pendant quelques secondes, les deux adversaires jouèrent comme à cache-cache. Il y eut une scène de courte durée, mais fort émouvante. L'animal continuait à hurler, et Jean Rivard appelait son compagnon de toute la force de ses poumons. L'intention de Jean Rivard, si l'animal, le saisissant dans ses bras, menaçait de lui broyer le crâne ou de lui déchirer le visage, était de lui plonger hardiment dans la gorge son couteau et son bras ; mais ce dernier embrassement, il désirait le retarder aussi longtemps que possible.

Cependant l'implacable animal avait résolu d'en finir ; il fit un nouveau bond mieux dirigé que les autres, et Jean Rivard sentit s'enfoncer dans ses deux bras les cinq ongles durs et crochus de chacun des pieds de devant de l'animal ; il n'eut pas le temps de se retourner, il roula par terre sous le ventre de l'animal... C'en était fini... Ô mon Dieu ! s'écria-t-il, puis, d'une voix étouffée, il murmura le nom de sa mère et d'autres mots incohérents...

Il allait mourir... quand tout à coup un bruit de pas se fait entendre dans les broussailles, et une voix essouf-flée s'écrie avec force :

« Tonnerre d'un nom ! » Puis au même moment un coup de hache, appliqué adroitement et vigoureusement sur la tête de l'ourse, lui sépare le crâne en deux...

C'était Pierre Gagnon qui venait de sauver la vie à son jeune maître.

Le premier hurlement de la bête avait d'abord attiré son attention ; peu après il avait cru entendre une voix humaine, et il s'était tout de suite dirigé en courant dans la route qu'avait suivie Jean Rivard.

Il était survenu à temps ; deux minutes plus tard Jean Rivard n'était plus.

Tout son corps était déchiré, ensanglanté, mais aucune blessure n'était grave. Seulement, son système nerveux était, on le pense bien, dans une agitation extra-ordinaire.

Dès qu'il fut relevé, se jetant au cou de son libéra-teur :

« Pierre, s'écria-t-il, c'est à toi que je dois la vie ! que puis-je faire pour te récompenser ?

— Ô mon cher maître, dit Pierre, les larmes aux yeux, puisque vous êtes encore en vie je suis bien assez payé. Tonnerre d'un nom ! moi qui m'amusais là-bas à chanter bêtement, tandis qu'ici vous vous battiez contre un ours. Et dire que si j'étais venu cinq minutes plus tard... tonnerre d'un nom !... quand j'y pense !...

Et Pierre Gagnon, pour la première fois de sa vie, se mit à pleurer comme un enfant.

Ce ne fut qu'au bout de quelques minutes qu'il remarqua les deux oursons. L'un d'eux voulant grimper dans un arbre cherchait à s'accrocher aux branches avec ses pieds de devant et au tronc avec ceux de derrière ; Pierre l'assomma d'un coup de hache.

L'autre qui était plus petit et ne paraissait pas s'apercevoir de ce qui se passait, s'approcha tout doucement de sa mère étendue morte et dont le sang coulait sur le sol ; il la flaira puis, relevant la tête, il poussa plusieurs petits hurlements ressemblant à des pleurs.

Cette action toucha le cœur de Pierre Gagnon. « Ce petit-là, dit-il, possède un bon naturel, et puisque le voilà orphelin, je vais, si vous le voulez, en prendre soin et me charger de son éducation. »

Jean Rivard y consentit sans peine, et l'habitation de nos défricheurs fut dès ce jour augmentée d'un nouvel hôte.

Tout le reste du jour et toute la journée du lendemain furent employés à lever les peaux, à dépecer les chairs, à préparer la viande et la graisse des deux animaux.

La chair de l'ours est généralement considérée comme plus délicate et plus digestible que celle du porc. Pierre en fuma les parties dont il fit d'excellents jambons. Nos défricheurs firent plusieurs repas copieux avec la chair succulente de l'ourson, surtout avec les pattes, reconnues pour être un mets fort délicat ; ils en envoyèrent plusieurs morceaux à leurs voisins, suivant l'usage invariable des campagnes canadiennes, à l'époque des boucheries. Le reste fut mis dans un saloir.

Quant à la graisse, Pierre la fit fondre en y jetant du sel et de l'eau, après quoi elle remplaça le beurre dans la cuisine de Louiseville, pendant une partie de l'année.

Mais ce que nos défricheurs parurent affectionner davantage, ce fut la peau de la mère ourse. Pierre en fit un lit moelleux pour son jeune maître. La peau du jeune ourson que Pierre Gagnon voulait à toute force conserver pour en abriter le premier petit Rivard qui naîtrait à Louiseville fut, sur l'ordre exprès de Jean Rivard, transformée en *casque* d'hiver que son sauveur Pierre Gagnon porta pendant plusieurs hivers consécutifs.

Ces deux peaux ainsi utilisées furent gardées longtemps comme souvenirs d'un événement qui revint bien souvent par la suite dans les conversations de nos défricheurs et se conserve encore aujourd'hui dans la mémoire des premiers habitants du canton de Bristol.

Mais revenons à notre orphelin, ou plutôt à notre orpheline, car il fut bientôt constaté que l'intéressant petit quadrupède appartenait au sexe féminin. Pierre n'hésita pas à la baptiser du nom de « Dulcinée » ; et quoiqu'elle fût loin d'être aussi gentille, aussi élégante que le charmant petit écureuil dont il déplorait encore la fuite, et dont l'ingratitude ne pouvait s'expliquer, il s'y attacha cependant avec le même zèle, tant ce pauvre cœur humain a besoin de s'attacher. Les petits des animaux même les plus laids ont d'ailleurs je ne sais quoi de candide, d'innocent qui intéresse et touche les cœurs même les plus froids. Il lui apportait tous les jours des fruits sauvages ; il lui coupait de jeunes pousses, lui donnait même quelquefois du sucre, ce dont les animaux sont toujours très friands ; si surtout il découvrait quelque nid de guêpes ou de bourdons, il fallait voir avec quel bonheur il en apportait le miel à sa « Dulcinée ». De tous les mets c'était celui qu'elle savourait avec le plus de gourmandise.

Il lui prit même fantaisie d'instruire sa jeune pupille et de l'initier aux usages de la société*. Pierre jouait de la

---

\* J'ai lu quelque part qu'un cultivateur anglais du Haut-Canada avait réussi à perfectionner l'éducation d'une jeune ourse au point qu'elle se présentait très bien dans un salon,

guimbarde, comme on dit dans les campagnes, de la *bom-barde* ; il n'avait pas oublié d'apporter avec lui cet instrument, et il en jouait assez souvent, bien que Jean Rivard ne lui cachât pas qu'il préférait de beaucoup aux sons qu'il en tirait ceux de la flûte ou du piano. Peu à peu, à force de patience et de soin, il habitua Dulcinée à se tenir debout, et enfin à danser au son de la *bombarbe*. Ce fut une grande fête le jour où il réussit à lui faire faire quelques pas cadencés, et s'il en avait eu les moyens il eût sans doute donné un grand bal ce jour-là.

La jeune orpheline était douée des plus belles qualités et en particulier d'une douceur, d'une docilité qui faisaient l'étonnement de Jean Rivard. Sous un maître plus habile, elle eût pu sans doute devenir experte en divers arts d'agrément, et particulièrement dans celui de la danse, art pour lequel son sexe, comme on sait, déploie en tout pays une aptitude très prononcée. Mais notre ami Pierre Gagnon ne savait ni valse ni polka ni même de quadrille, et ne pouvait, avec la meilleure volonté du monde, enseigner aux autres ce qu'il ne savait pas lui-même.

Il réussit parfaitement toutefois à s'en faire une amie qui ne l'abandonnait ni jour ni nuit, le suivait partout, au bois, au jardin, à la rivière, et montrait pour lui l'affection, l'obéissance et les autres qualités qui distinguent le chien.

_____

et qu'elle recevait, avec sa maîtresse, quand cette dernière avait des visites.

# XVII

## La récolte

Je te salue, ô saison fortunée,
Tu viens à nous de pampres couronnée,
Tu viens combler les vœux des laboureurs.
. . .
La moisson mûre, immobile, abondante,
Appesantit sa tête jaunissante ;
Aucun zéphir ne vole dans les airs ;
Si quelque vent fait sentir son haleine,
Des vagues d'or se roulent dans la plaine.
. . .

LÉONARD

Ceux-là seuls qui tirent leur subsistance des produits de la terre comprendront avec quelle douce satisfaction, quelle indicible jouissance Jean Rivard contemplait ses champs de grain, lesquels, sous l'influence des chauds rayons du soleil d'été, prenaient de jour en jour une teinte plus jaunissante. Depuis l'époque des semailles jusqu'à celle de la récolte chaque jour avait été pour lui plein de charme et d'intérêt. Quand le sol vierge s'était couvert des jeunes tiges de la semence, comme d'un tapis de verdure, Jean Rivard avait senti naître en son cœur des émotions ignorées jusqu'alors. Ce qu'il éprouvait déjà le dédommageait au centuple de tous ses labeurs passés.

Dans ses heures de repos, son plus grand plaisir était de contempler, assis sur un tronc d'arbre, au milieu de son champ, les progrès merveilleux de la végétation. Plus tard, quand les épis, dépassant la tête des souches, atteignirent presque à la hauteur d'un homme, il goûtait encore un bonheur infini à contempler cette mer, tantôt calme comme un miroir, tantôt se balançant en ondoyant au gré d'une brise légère.

Il ne fut pas néanmoins sans éprouver, durant cet intervalle de deux ou trois mois, certaines inquiétudes sur le sort de sa récolte. La mouche à blé qui, depuis plusieurs années déjà, ravageait les anciennes campagnes du Bas-Canada, pouvait bien venir s'abattre au milieu des champs de Louiseville ; — la grêle qui quelquefois, en moins d'une minute, écrase et ruine les plus superbes moissons ; — la gelée qui, même dans les mois d'août et de septembre accourant des régions glacées, vient inopinément, au milieu de la nuit, *rôtir* de magnifiques champs de grains et de légumes, et détruire en quelques heures le fruit de plusieurs mois de travail ; — les incendies qui, allumés au loin, dans un temps de sécheresse, ou par un vent violent, s'élancent tout à coup à travers les bois et, comme le lion rugissant dont parle le prophète, dévorant tout sur leur passage, répandent au loin l'alarme et la désolation — tous ces fléaux dévastateurs qui viennent, hélas ! trop souvent déjouer les espérances des malheureux colons, pouvaient bien venir chercher des victimes jusqu'au milieu même du canton de Bristol.

Jean Rivard ne se croyait pas plus qu'un autre à l'abri de ces désastres inattendus ; dès le moment où il avait embrassé la carrière du défricheur, il s'était dit qu'elle ne serait pas exempte de mécomptes, de traverses, d'accidents, et il s'était préparé à subir avec courage et résignation tous les malheurs qui pourraient l'atteindre.

Mais, grâce à la providence qui semblait prendre

notre héros sous sa protection, ses quinze arpents de grains et de légumes parvinrent à maturité sans aucun accident sérieux.

Quand le moment arriva où les blonds épis durent tomber sous la faucille, ce fut presque un amusement pour Jean Rivard et ses deux hommes de les couper, les engerber et les mettre en grange.

Aujourd'hui l'usage de faucher le grain au *javelier* est devenu presque général dans les campagnes canadiennes. Mais dans les champs nouvellement déboisés, cette pratique expéditive ne saurait être adoptée, à cause des souches, racines, rejetons ou arbustes qui font obstacle au travail de la faux.

La grange avait été construite, comme les cabanes des colons, au moyen de pièces de bois superposées et enchevêtrées les unes dans les autres. Nos défricheurs avaient eu le soin, dès le moment où ils avaient commencé à abattre les arbres de la forêt, de mettre de côté tous ceux qui pouvaient être utiles à l'objet en question. Le manque de chemin ne permettant pas d'aller chercher dans les villages voisins les planches et madriers nécessaires à la construction, il avait fallu, au moyen de ces grandes scies à bras appelées « scies de long », fendre un certain nombre des plus gros arbres, pour se procurer les madriers dont l'aire ou la batterie devait être construite, et les planches nécessaires à la toiture de l'édifice. Ce travail avait été exécuté avec zèle et diligence par les deux hommes de Jean Rivard. Quant au bardeau destiné à la couverture, il avait été préparé à temps perdu, dans les jours pluvieux du printemps et de l'été.

Le père Landry et ses enfants s'étaient empressés d'offrir leurs services à Jean Rivard pour *tailler* et lever la grange. En quelques jours on avait érigé un bâtiment de vingt-cinq pieds de long sur vingt de large, dont l'aspect, il est vrai, n'avait rien de fort élégant, mais qui pouvait suffire aux besoins de son propriétaire, pendant au moins trois ou quatre ans.

C'était aussi dans le même bâtiment que les animaux devaient être mis à l'abri du froid et des intempéries des saisons.

Le transport des gerbes à la grange dut être effectué à l'aide des deux bœufs et d'une grossière charrette confectionnée pour la circonstance.

Il ne faut pas croire cependant que la construction de ce véhicule avait été d'une exécution facile. La confection des ridelles et des limons n'avait offert, il est vrai, aucune difficulté remarquable, mais il n'en avait pas été ainsi des deux roues, lesquelles avaient dû être faites, tant bien que mal, au moyen de pièces de bois, de trois ou quatre pouces d'épaisseur, sciées horizontalement à même un tronc d'arbre de vaste circonférence. Un essieu brut avait été posé au centre de chacune de ces roulettes ; le reste du chariot reposait sur l'essieu. Cette charrette, il faut l'avouer, n'était pas un modèle d'élégance et n'aurait certainement pas obtenu le prix à l'exposition universelle ; mais telle que construite, elle pouvait rendre au moins quelque service. D'ailleurs, dans les commencements de la carrière du défricheur, c'est à peine s'il se passe un jour sans qu'il soit appelé à faire, comme dit le proverbe, de nécessité vertu.

Notre héros, après divers essais plus ou moins heureux, était devenu tout aussi habile que Pierre Gagnon à façonner et fabriquer les objets qui pouvaient lui être utiles. On a dit depuis longtemps que le besoin est l'inventeur des arts, et rien ne prouve mieux cette vérité que la vie du défricheur canadien. En peu de temps, Jean Rivard s'était mis au fait de tout ce qui concerne le travail du bois et son application aux usages domestiques et usuels ; et il avait coutume de dire en plaisantant qu'avec une scie, une hache, une tarière et un couteau, un homme pouvait changer la face du monde.

« Tonnerre d'un nom ! mon bourgeois, disait souvent Pierre Gagnon : Robinson Crusoé et Vendredi n'étaient que des mazettes à côté de nous deux ! »

Il faut que le lecteur me permette d'empiéter sur l'avenir pour énoncer un fait de la plus grande importance dans notre récit : je veux parler du résultat de cette première récolte de Jean Rivard.

Les quatre arpents de terre qu'il avait semés en blé lui rapportèrent quatre-vingts minots — ses quatre arpents d'avoine, cent soixante —, ses deux arpents d'orge, quarante —, ses deux arpents de sarrasin, soixante —, son arpent de pois, dix —, son arpent de patates, deux cents —, et son champ de choux de siam, rabioles et autres légumes donna un rendement de plus de mille minots.

N'était-ce pas un magnifique résultat ?

Hâtons-nous de dire qu'après avoir mis en réserve ce qu'il fallait pour les besoins de sa maison ainsi que pour les semailles de l'année suivante, Jean Rivard put vendre pour plus de trente louis de grains et de légumes. La potasse qu'il avait fabriquée depuis le printemps devait lui rapporter de trente à quarante louis. N'oublions pas non plus de mettre en ligne de compte que sa propriété, grâce à ses travaux durant l'année, se trouvait déjà valoir au moins trois fois autant qu'elle lui avait coûté.

Qu'on fasse l'addition de tout cela, et on verra que Jean Rivard devait être fier et satisfait du résultat de son année.

Les diverses opérations du coupage des grains, de

l'engerbage, de l'engrangement, du battage, du vannage, de la vente et du transport chez le marchand ne s'exécutèrent pas, il est vrai, en aussi peu de temps que j'en mets à le dire ; mais des détails minutieux n'auraient aucun intérêt pour la généralité des lecteurs et seraient fastidieux pour un grand nombre. Qu'il suffise de savoir que le résultat qui vient d'être énoncé est de la plus scrupuleuse exactitude et pourrait même être vérifié au besoin.

Une autre chose qu'il ne faut pas omettre de prendre en considération, c'est que les profits de Jean Rivard sur la vente de sa récolte auraient été beaucoup plus élevés, s'il n'eût été forcé, par suite du manque de chemin, d'en disposer à un prix bien au-dessous du prix réel.

Arrêtons-nous encore un instant devant cette merveilleuse puissance du travail. Qu'avons-nous vu ? Un jeune homme doué, il est vrai, des plus belles qualités du cœur, du corps et de l'esprit, mais dépourvu de toute autre ressource, seul, abandonné pour ainsi dire dans le monde, ne pouvant par lui-même rien produire ni pour sa propre subsistance ni pour celle d'autrui... Nous l'avons vu se frappant le front pour en faire jaillir une bonne pensée, quand Dieu, touché de son courage, lui dit : vois cette terre que j'ai créée ; elle renferme dans son sein des trésors ignorés ; fais disparaître ces arbres qui en couvrent la surface ; je te prêterai mon feu pour les réduire en cendres, mon soleil pour échauffer le sol et le féconder, mon eau pour l'arroser, mon air pour faire circuler la vie dans les tiges de la semence...

Le jeune homme obéit à cette voix et d'abondantes moissons deviennent aussitôt la récompense de ses labeurs.

Qu'on se représente ses douces et pures jouissances en présence de ces premiers fruits de son travail ! Sans moi, se dit-il à lui-même, toutes ces richesses seraient encore enfouies dans le sein de la terre ; grâce à mes efforts, non seulement je ne serai plus désormais à charge à personne, non seulement je pourrai vivre du produit de mes sueurs, et ne dépendre que de moi seul et du Maître des humains, mais d'autres me seront redevables de leur subsistance ! Déjà, par mon travail, je vais être utile à mes semblables !...

Ô jeunes gens pleins de force et d'intelligence, qui passez vos plus belles années dans les bras de l'oisiveté, qui redoutez le travail comme l'esclave redoute sa chaîne, vous ne savez pas de quel bonheur vous êtes privés ! Cette inquiétude vague, ces ennuis, ces dégoûts qui vous obsèdent, cette tristesse insurmontable qui parfois vous accable, ces désirs insatiables de changements et de nouveautés, ces passions tyranniques qui vous rendent malheureux, tout cela disparaîtrait comme par enchantement sous l'influence du travail. Il existe au-dedans de chaque homme un feu secret destiné à mettre en mouvement toute la machine qui compose son être ; ce feu secret qui, comprimé au-dedans de l'homme oisif, y exerce les ravages intérieurs les plus funestes et produit bientôt sa destruction totale, devient chez l'homme actif et laborieux la source des plus beaux sentiments, le mobile des plus nobles actions.

# XVIII

## Une voix de la cité

*Troisième lettre de Gustave Charmenil*

« Mon cher ami,

« L'histoire de ta récente aventure m'a beaucoup intéressé, et je te félicite sincèrement d'avoir échappé au danger qui te menaçait : je t'avoue que j'ai tremblé un instant pour ta vie, et si je n'avais bien reconnu ton écriture j'aurais presque été tenté de te croire mort. Je ne te souhaite pas souvent des aventures comme celle-là.

« Tu t'imagines que tout ce que tu me racontes de tes travaux, de tes procédés d'abattage, de brûlage, d'ensemencement, ne peut que me faire bâiller ; au contraire, mon ami, tous ces détails m'intéressent vivement ; tu peux me croire. Je n'ai pas encore eu le temps de faire une longue étude de la politique, mais j'en suis déjà depuis longtemps venu à la conclusion que les hommes les plus utiles parmi nous sont précisément les hommes de ta classe, c'est-à-dire les travailleurs intelligents, courageux, persévérants, qui ne tirent pas comme nous leurs moyens d'existence de la bourse des autres, mais du sein de la terre ; qui ne se bornent pas à consommer ce que les autres produisent, mais qui produisent eux-mêmes. Oui, mon ami, quand je songe aux immenses ressources que possède notre pays, je voudrais voir surgir de tous côtés des milliers de jeunes gens à l'âme ardente, forte, énergique comme la tienne. En peu d'années, notre pays deviendrait un pays modèle, tant sous le rapport moral que sous le rapport matériel.

« Ma dernière lettre t'a chagriné, me dis-tu : tu crois que je ne suis pas heureux. Quant à être parfaitement heureux, je n'ai certainement pas cette prétention ; mais je ne suis pas encore tout à fait découragé. Ce qui me console dans ma pénurie et mes embarras, c'est que je ne crois pas encore avoir de graves reproches à me faire.

« Venons-en maintenant aux conseils que tu me donnes : — "Tu n'es pas fait pour le monde, me dis-tu, et à ta place je me ferais prêtre, j'irais évangéliser les infidèles." — Ah ! mon cher ami, je te remercie bien de la haute opinion que tu as de moi, mais l'idée seule des devoirs du prêtre m'a toujours fait trembler. À mes yeux, le prêtre, et en particulier le missionnaire qui va passer les belles années de sa jeunesse au milieu des peuplades barbares, non pour faire fortune comme les chercheurs d'or ou les traitants, ni pour se faire un nom comme les explorateurs de contrées nouvelles, mais dans le seul but de faire du bien, de faire connaître et adorer le vrai Dieu, tout en répandant les bienfaits de la civilisation dans des contrées lointaines — qui pour cela se résigne courageusement à toutes sortes de privations physiques et morales, se nourrissant de racines, couchant en plein air ou au milieu des neiges, n'ayant jamais un cœur ami à qui confier ses souffrances —, celui-là, dis-je, est, suivant moi, plus digne du titre de héros que tous ceux que l'histoire décore pompeusement de ce nom ; ou plutôt ce titre ne suffit pas, car le vrai prêtre est pour ainsi dire au-dessus de l'humanité, puisqu'il est l'intermédiaire entre Dieu et les hommes.

« Ne sois donc pas surpris si je recule à la pensée d'embrasser cet état. Peut-être aussi as-tu le tort, mon cher ami, de me mesurer un peu à ta taille, de me supposer un courage à la hauteur du tien. Plût à Dieu qu'il en fût ainsi ! Mais je me connais trop bien ; je sais trop toutes mes faiblesses, et je préfère encore végéter et souffrir que de m'exposer à déshonorer le sacerdoce par une froide indifférence ou de coupables écarts.

« Mais j'ai une grande nouvelle à t'apprendre : ma *Belle inconnue* ne m'est plus inconnue ; je sais son nom, elle m'a parlé, elle m'a dit quelques mots, et ces mots retentissent encore harmonieusement dans mes oreilles. Ne va pas m'accuser d'inconséquence et dire que j'ai failli à mes bonnes résolutions ; la chose s'est faite d'elle-même, et sans qu'il y ait eu de ma faute. Voici comment.

« Il y a eu dernièrement un grand bazar à Montréal. Tu as souvent entendu parler de bazars, tu en as même sans doute lu quelque chose dans les gazettes, mais tu ne sais peut-être pas au juste ce que c'est. On pourrait définir cela une conspiration ourdie par un certain nombre de jolies femmes pour dévaliser les riches au profit des pauvres. Les dames qui peuvent donner du temps à la couture, à la broderie, et qui se sentent dans le cœur un peu de compassion pour les malheureux, travaillent souvent pendant deux ou trois mois pour pouvoir offrir à un bazar deux ou trois articles de goût qui seront achetés à prix d'or par quelque riche bienfaisant. C'est, suivant moi, une excellente institution. Bon nombre de jolies citadines, — je ne parle pas de celles dont la vie, suivant certains malins scribes toujours prêts à médire, se passe à "s'habiller, babiller et se déshabiller", mais de celles mêmes qui étant très bonnes, très sensibles, très vertueuses ont cependant été élevées dans l'opulence et l'oisiveté — se trouveraient peut-être sans cela à ne savoir trop que répondre au Souverain Juge au jour où il leur demandera ce qu'elles ont fait sur la terre pour le bien de l'humanité.

« Eh bien ! il faut te dire que ma *Belle inconnue* était à ce bazar ; j'en étais sûr, elle est de toutes les œuvres charitables, et il faut avouer que sa coopération n'est pas à dédaigner ; il doit être difficile de résister à un sourire comme le sien.

« Il me prit donc une envie furieuse, irrésistible, d'y aller faire une visite. Je te confierai bien volontiers — puisqu'entre amis, il faut être franc — que c'était pour le moins autant dans le but de voir ma belle inconnue que pour faire la charité. Tu sais déjà que mes finances ne sont pas dans l'état le plus florissant. J'avais justement deux écus dans ma bourse ; c'était tout ce que je possédais au monde, en richesse métallique. Je résolus d'en sacrifier la moitié. J'allais donner trente sous d'entrée et acheter quelque chose avec l'autre trente sous. Si je pouvais, me disais-je à moi-même, obtenir quelque objet fabriqué de ses mains ! Et là-dessus je bâtissais des châteaux en Espagne.

« Je me rendis donc, un bon soir, au bazar en question. La salle, magnifiquement décorée, était déjà remplie d'acheteurs, d'acheteuses, de curieux, de curieuses ; il y avait de la musique, des rafraîchissements ; les tables étaient couvertes d'objets de luxe, d'articles de toilette ou d'ameublement, de joujoux, en un mot de tout ce qui pouvait tenter les personnes généreuses et même les indifférents.

« Au milieu de toute cette foule j'aperçus de loin ma belle inconnue. Ô mon ami, qu'elle était belle ! Jusquelà je ne l'avais vue que coiffée (et il faut dire que les *chapeaux* ne sont pas toujours un ornement) ; elle avait une magnifique chevelure, et sa figure, vue ainsi le soir dans une salle resplendissante de lumières, dépassait encore en beauté tout ce qu'elle m'avait paru jusqu'alors.

« Il me semblait éprouver en la voyant ce sentiment d'amour et d'admiration que ressentait Télémaque pour la belle nymphe Eucharis à la cour de la déesse Calypso. Tu vois que je n'ai pas encore oublié mon Télémaque. Elle était sans cesse entourée ou suivie d'une foule de jeunes galants qui se disputaient ses sourires et ses regards. Bientôt je l'aperçus qui faisait le tour de la salle, avec un papier à la main, accompagnée de monsieur X***, un de nos premiers avocats, qui paraissait être assez en faveur auprès d'elle.

« À mesure qu'elle avançait vers l'endroit où j'étais, le cœur me battait davantage. Enfin elle arriva bientôt si près de moi que j'entendis le frôlement de sa robe ; ma vue se troubla... je ne voyais plus rien... seulement j'entendis son cavalier lui dire :

« — Mademoiselle Du Moulin ! Monsieur *de* Charmenil ! »

« Je saluai machinalement, sans regarder, je tremblais comme une feuille.

« L'avocat m'expliqua, en riant probablement de ma figure pâle et de mon air déconcerté, que mademoiselle Du Moulin voulait tirer à la loterie une petite tasse à thé en porcelaine.

« S'apercevant sans doute de mon trouble et voulant me mettre plus à l'aise, ma belle inconnue (car c'était bien elle qui s'appelait mademoiselle Du Moulin) dit alors d'un ton que je n'oublierai jamais :

« — Oh ! je suis sûre que M. de Charmenil n'aime pas les tasses *athées*, en appuyant sur le mot *athées*. »

« Je ne compris pas le jeu de mots.

« La mise était de trente sous. J'étais tellement hors de moi que je donnai non seulement mon trente sous, mais aussi mon autre écu que j'avais dans ma poche. Je laissai presque aussitôt la salle du bazar pour retourner chez moi. Une fois dans la rue je repris un peu mon sang-froid, et me mis à songer à la phrase que m'avait adressée ma déesse :

« — M. de Charmenil, j'en suis sûre, n'aime pas les tasses à thé (athées.)

« Je compris enfin le calembour. Mais, nouvelle perplexité : que voulait-elle dire ? Est-ce qu'elle m'aurait remarqué par hasard à l'église, et qu'elle faisait allusion à mes sentiments religieux ? Cette question m'intriguait beaucoup, et je passai plusieurs jours à la discuter avec moi-même. J'en serais encore peut-être à disséquer chaque mot de la phrase en question si un nouvel incident ne fût venu me faire oublier jusqu'à un certain point le premier. Imagine-toi qu'environ huit jours après le jour du bazar je reçus à ma maison de pension un petit billet ainsi conçu :

*Madame Du Moulin prie M. de Charmenil de lui faire l'honneur de venir passer la soirée chez elle mardi le 10 courant.*

« Cette invitation faillit me faire perdre la tête. Je fus tout le jour à me poser la question : irai-je ou n'irai-je pas à ce bal ? Je ne dormis pas de la nuit suivante ; mais je me levai le matin bien décidé d'accepter l'invitation de madame Du Moulin, et je répondis en conséquence. Croirais-tu que j'ai fait la folie de m'endetter d'une assez forte somme chez un tailleur pour pouvoir m'habiller convenablement ?

« J'ai donc assisté à la soirée en question. C'était ce qu'on appelle un grand bal, le premier auquel j'aie assisté dans ma vie, et c'était hier au soir ; tu vois que je n'ai pas encore eu le temps d'en rien oublier.

« Suivant l'usage, je me rendis assez tard dans la soirée ; ces bals ne s'ouvrent généralement que vers dix heures, c'est-à-dire à l'heure où les honnêtes gens se mettent au lit.

« Les danses étaient déjà commencées. Les salles et les passages étaient remplis d'invités et d'invitées ; on ne pouvait circuler qu'avec peine.

« Je ne connaissais personne ; mais heureusement que mademoiselle Du Moulin m'aperçut, et qu'elle fut assez bonne pour s'avancer vers moi et m'offrir de me présenter à monsieur et madame Du Moulin. Je fus un peu moins timide cette fois, quoique le cœur me tremblât encore bien fort.

« Le coup d'œil était magnifique. L'éclat des lampes et des bougies, les vases de fleurs artistement disposés sur les corniches, les glaces qui couvraient les murs et dans lesquels se reflétaient les toilettes des danseuses, la richesse et la variété de ces toilettes, tout semblait calculé pour éblouir les yeux. C'était quelque chose de féerique, au moins pour moi qui n'avais encore rien vu en ce genre. Quelques-unes des danseuses portaient sur leurs personnes, tant en robes, dentelles, rubans, qu'en fleurs, plumes, bijoux, etc., pour une valeur fabuleuse. Je ne jurerais pas que les mémoires de la marchande de mode et du bijoutier eussent été complètement acquittés, mais ce n'est pas là la question. Les rafraîchissements abondaient, et des vins, des crèmes, des glaces, etc., furent servis à profusion durant tout le cours de la soirée.

« Grâce à la fermeté de madame Du Moulin, aucune

valse ni polka ne fut dansée, au grand désappointement d'un certain nombre de jeunes galants à moustaches qui ne trouvaient pas les contredanses assez émouvantes.

« Heureusement que dans ces grands bals les danseurs ne manquent pas et qu'on peut sans être remarqué jouer le rôle de spectateur ; car à mon grand regret je ne sais pas encore danser. À dire le vrai, je ne pouvais guère contribuer à l'amusement de la soirée ; je ne puis même pas m'habituer à ce qu'on appelle l'exercice de la galanterie. En causant avec des dames, même avec des jeunes filles de dix-huit, vingt, vingt-cinq ans, j'ai la manie de leur parler comme on parle à des personnes raisonnables, tandis que le bon goût exige qu'on leur parle à peu près comme à des enfants, et qu'on se creuse le cerveau pendant une heure, s'il le faut, pourvu qu'on en fasse sortir une parole aimable ou flatteuse.

« En général il est bien connu que ces grands bals sont beaucoup moins amusants que les petites soirées intimes, et je te dirai en confidence que le bal de madame Du Moulin ne me paraît pas avoir fait exception à la règle. Sur cent cinquante à deux cents invités, à peine paraissait-il s'en trouver cinq ou six qui fussent sur un pied d'intimité ; un bon nombre semblaient se rencontrer là pour la première fois. Je remarquai que plusieurs dames passèrent toute la nuit assises à la même place, sans dire un mot à personne ou, comme on dit maintenant, à faire tapisserie. Quelques-unes, il est vrai, préféraient peut-être rester ainsi dans leur glorieux isolement que de se trouver en tête à tête avec un marchand, un étudiant ou un commis de bureau ; car il faut te dire, mon cher, qu'il existe dans la société de nos villes certains préjugés, certaines prétentions aristocratiques qui pourraient te paraître assez étranges. Telle grande dame, fille d'un négociant ou d'un artisan enrichi, ne regardera que d'un air dédaigneux telle autre dame qui ne sera pas alliée comme elle, par son mari, à telle ou telle famille. Il serait assez difficile de dire sur quel fondement reposent ces distinctions ; ce ne peut être sur le degré d'intelligence ou d'éducation, car, avec les moyens d'instruction que nous avons aujourd'hui, les enfants des classes professionnelles, commerciales ou industrielles ont à peu près les mêmes chances de perfectionnement intellectuel ; ce ne peut être non plus sur la naissance, car la plus parfaite égalité existe à cet égard dans notre jeune pays.

« On dit qu'aux États-Unis, le pays démocratique par excellence, ces prétentions existent d'une manière beaucoup plus ridicule que parmi nous.

« Ce sont donc de ces petites misères qui se rencontrent en tous pays et dans toutes les sociétés. Vous êtes heureux cependant à la campagne d'ignorer tout cela. Les seules distinctions qui existent parmi vous sont fondées sur le degré de respectabilité, sur l'âge et le caractère, comme le prescrivent d'ailleurs la raison et le bon sens.

« Sais-tu à quoi je songeais principalement en regardant cette foule joyeuse sauter, danser, boire, s'amuser ? Je songeais à toi, mon cher ami ; je songeais à tous ceux qui comme toi vivent dans les bois, exposés à toutes sortes de privations physiques et morales, travaillant jour et nuit pour tirer leur subsistance du sein de la terre. J'étais d'abord porté à m'apitoyer sur votre sort ; mais en y réfléchissant je me suis dit : quel bonheur après tout peut-on trouver dans ces amusements frivoles ? La plupart de ceux qui paraissent aujourd'hui si gais seront probablement demain beaucoup moins heureux que mon ami Jean Rivard. Tu n'auras peut-être jamais l'occasion, durant ta vie, d'assister à aucune de ces grandes fêtes mondaines ;

mais console-toi, tu ne perdras pas grand-chose. Parmi les hommes sérieux qui assistaient au bal d'hier soir, ceux qui ne jouaient pas aux cartes paraissaient mortellement s'ennuyer. Les plus heureux dans tout cela me semblent être les jeunes filles qui peuvent dire après la soirée : je n'ai pas manqué une seule danse.

« Tu vois par là que je ne suis pas fort épris des bals. En effet je suis un peu, je te l'avoue, du sentiment de cet écrivain moraliste qui prétend que les bals ont été inventés pour le soulagement des malheureux, et que ceux qui se plaisent dans leur intérieur domestique, ou dans la compagnie de quelques amis intimes, ont tout à perdre en y allant.

« Je ne voudrais pas prétendre néanmoins m'être ennuyé à la soirée de madame Du Moulin ; quand je n'aurais eu aucun autre sujet d'amusement, que la présence de ma ci-devant belle inconnue, cela seul eût suffi pour m'empêcher de compter les heures. Quel plaisir je goûtais à la voir danser ! Sa démarche légère et modeste, ses mouvements gracieux, et jusqu'à son air d'indifférence, tout me charmait chez elle.

« Mais ce qui me ravit plus que tout le reste, ce fut de l'entendre chanter, en s'accompagnant sur le piano. Tu sais que j'ai toujours été fou de la musique et du chant ! Eh bien ! imagine-toi la voix la plus douce, la plus harmonieuse, et en même temps la plus flexible et la plus expressive qui se puisse entendre ! Je pouvais facilement saisir et comprendre chaque mot qu'elle prononçait, chose étonnante de nos jours où il semble être de mode d'éviter autant que possible d'être compris. Il est même arrivé à ce sujet un quiproquo assez comique. Une demoiselle venait de chanter avec beaucoup de force et d'emphase la chanson

elle avait même eu beaucoup de succès, et plusieurs personnes s'empressaient de la féliciter, lorsqu'un jeune galant s'approchant : "Maintenant, dit-il en s'inclinant, mademoiselle nous fera-t-elle le plaisir de chanter quelque chose en français ?"

« Imagine-toi l'envie de rire des assistants ; il croyait tout bonnement qu'elle venait de chanter une chanson italienne.

« Mademoiselle Du Moulin m'a paru être aussi une musicienne consommée.

« Je ne te parlerai pas du souper : c'était, mon cher, tout ce qu'on peut imaginer de plus splendide. Le prix des vins, des viandes, salades, pâtisseries, crèmes, et gelées de toutes sortes consommés dans cette circonstance eût certainement suffi à nourrir plusieurs familles de colons durant toute une année.

« Ce n'était pas de bon goût d'avoir une idée comme celle-là dans une telle circonstance. Mais, malgré moi, elle me poursuivait, m'obsédait et me faisait mal au cœur.

« Vers la fin du bal, voyant mademoiselle Du Moulin seule dans un coin, je me hasardai à faire quelques pas dans cette direction. Aussitôt qu'elle m'aperçut, elle fut la première à m'adresser la parole sur un ton engageant :

— Est-ce que vous ne dansez pas, monsieur ?

— Mademoiselle, je regrette de vous dire que je n'ai pas cet avantage ; je le regrette d'autant plus que cela me prive d'un moyen de me rendre agréable auprès des dames.

— Oh ! mais, monsieur, les dames ne sont pas

aussi frivoles que vous semblez le croire, et il n'est pas difficile de les intéresser autrement ; beaucoup d'autres talents sont même à leurs yeux préférables à celui-là. Par exemple, un grand nombre de dames de mes amies préfèrent la poésie à la danse, et au reste des beaux-arts.

« À ce mot de poésie je ne pus m'empêcher de rougir ; elle s'en aperçut et ajouta en souriant :

— Je ne veux faire aucune allusion personnelle, ajouta-t-elle, quoique j'aie entendu dire plus d'une fois que M. de Charmenil faisait de jolis vers.

— Vraiment, mademoiselle, vous me rendez tout confus : comment a-t-on pu vous apprendre que je faisais des vers, lorsque je suis à cet égard aussi discret que l'est une jeune fille à l'égard de ses billets doux ? Mais puisque vous l'avez dit, je ne vous cacherai pas qu'en effet je me permets quelquefois de faire des rimes, non pour amuser le public, mais pour me distraire l'esprit et me soulager le cœur.

— Pourquoi donc alors ne les publiez-vous pas ? Vous pourriez vous faire un nom. C'est une si belle chose que la gloire littéraire !...

— Mais, mademoiselle, dans notre pays, celui qui voudrait s'obstiner à être poète serait à peu près sûr d'aller mourir à l'hôpital. Ce n'est pas une perspective bien amusante. En outre, mademoiselle, que pourrais-je dire qui n'ait été dit cent fois, et beaucoup mieux que je ne puis le dire ? Je suis bien flatté de la haute opinion que vous avez de moi ; mais vous pouvez m'en croire, si je me lançais dans cette carrière, je ne pourrais être qu'un pâle imitateur, et ceux-là, vous le savez, sont déjà assez nombreux. Je ne veux pas être du nombre de ces poètes qui suent sang et eau pour faire des rimes, et passer, comme ils disent, à la postérité, tandis que leur réputation n'ira probablement jamais au-delà des limites de leur canton.

— Mais, si tous disaient comme vous, monsieur, personne n'écrirait.

— Ce ne serait peut-être pas un grand malheur après tout. Notre siècle ne peut guère se vanter, il me semble, de ses progrès en littérature, et je crois que la lecture des grandes œuvres des siècles passés est encore plus intéressante, et surtout plus profitable que celle de la plupart des poètes et littérateurs modernes.

— Mais est-ce que vous n'aimez pas Chateaubriand et Lamartine ? Ce sont mes auteurs favoris.

— Au contraire, je les aime et les admire beaucoup, au moins dans certaines de leurs œuvres, mais...

« J'allais répondre plus longuement lorsque M. X***, l'avocat qui accompagnait mademoiselle Du Moulin au bazar, vint la prier pour une contredanse.

« Elle se leva lentement et je crus voir — peut-être me suis-je fait illusion — qu'elle s'éloignait à regret.

« Il me semble que j'avais une foule de choses à lui dire ; le cœur me débordait ; mais il était déjà quatre heures du matin et je pris le parti de me retirer.

« Le goût de ma ci-devant belle inconnue pour la littérature et la poésie me la montrait sous un nouveau jour. Je m'étais toujours dit que je n'aimerais jamais qu'une femme qui, sans être une savante, serait au moins en état de me comprendre, et partagerait jusqu'à un certain point mes goûts littéraires et philosophiques ; je trouvais encore cette femme dans mademoiselle Du Moulin.

« Ne sois donc pas surpris si son image est plus que jamais gravée dans mon esprit, et si pendant les deux ou trois heures que j'ai pu sommeiller à mon retour, sa figure angélique est venue embellir mes songes.

« Mais, ô mon cher ami, maintenant que je réfléchis froidement et que je songe à ma position, je me demande : à quoi bon ? à quoi puis-je prétendre ? que peut-on attendre de moi ?

« Encore une fois, mon ami, qu'il est triste d'aimer lorsqu'on est pauvre !

« Oh ! si jamais j'ai des enfants — et j'espère que j'aurai ce bonheur, ne serait-ce que dans quinze ou vingt ans — je veux travailler à leur épargner les tortures que je ressens. Si je ne suis pas en état de les établir à l'âge où leur cœur parlera, j'en ferai des hommes comme toi, mon ami. La vie du cultivateur est, après tout, la plus rationnelle.

« J'ai été employé de temps en temps comme copiste, depuis que je t'ai écrit, mais tout cela est bien précaire. — Adieu.

« Tout à toi,

« Gustave Charmenil »

— Oh ! oh ! se dit Jean Rivard, après avoir lu cette longue lettre, voilà mon ami Gustave lancé dans la haute société. D'après tout ce qu'il m'a déjà dit du monde, de ses vanités, de ses frivolités, de son égoïsme, je crains bien qu'il ne se prépare des mécomptes. Mais laissons faire : s'il n'a jamais à s'en repentir, personne n'en sera plus heureux que moi.

Jean Rivard ne rêva toute la nuit suivante que bals, danses, chant, musique, fleurs, ce qui ne l'empêcha pas toutefois de s'éveiller avec l'aurore et de songer en se levant à ses travaux de la journée, à sa mère, à sa Louise, et à un événement très important dont nous allons maintenant parler.

# XIX

## Une seconde visite à Grandpré

On était à la fin d'octobre. Jean Rivard informa ses deux compagnons qu'il allait partir de nouveau pour Grandpré.

Son intention était d'embrasser encore une fois sa bonne mère et ses frères et sœurs, de retirer, s'il était possible, le reste de son patrimoine, puis de disposer d'avance, de la manière la plus avantageuse, des produits qu'il aurait à vendre (car il faut se rappeler que c'est par anticipation que nous avons déjà parlé de son revenu de l'année), et enfin de se pourvoir de divers effets, objets de toilette, comestibles et ustensiles, dont les uns étaient devenus indispensables et les autres fort utiles.

Sa visite avait aussi un autre but que mes jeunes lecteurs ou lectrices, s'il s'en trouve qui aient voulu suivre notre héros jusqu'ici, comprendront facilement.

Avant son départ, il annonça à ses deux hommes, devenus l'un et l'autre ses créanciers pour d'assez fortes sommes, qu'il les paierait à son retour. Lachance parut satisfait, et offrit même de contracter pour un nouveau terme de six mois. Quant à Pierre Gagnon, il paraissait, contre son habitude, tout à fait soucieux ; il avait évidemment quelque chose sur le cœur, et Jean Rivard craignit même un instant qu'il ne parlât de quitter son service. Mais cette appréhension était sans fondement ; ce qui rendait Pierre Gagnon sérieux, c'est que lui aussi avait son projet en tête. En effet, ayant trouvé l'occasion de parler à son maître en particulier :

« Monsieur Jean, lui dit-il, je n'ai pas besoin pour le moment des quinze louis que vous me devez, et je peux vous attendre encore un an, mais à une condition : c'est qu'en passant à Lacasseville, vous achèterez pour moi le lot de cent arpents qui se trouve au sud du vôtre... C'est une idée que j'ai depuis longtemps, ajouta-t-il ; je travaillerai encore pour vous pendant un an ou deux, après quoi je commencerai à défricher de temps en temps pour mon compte. Qui sait si je ne deviendrai pas indépendant moi aussi ?

— Oui, oui, mon ami, répondit Jean Rivard sans hésiter, j'accepte avec plaisir l'offre que tu me fais. Ton idée est excellente, et elle me plaît d'autant plus que je serai sûr d'avoir en toi un voisin comme on n'en trouve pas souvent. Va ! je connais assez ton énergie et ta persévérance pour être certain d'avance que tu réussiras même au-delà de tes espérances. »

Jean Rivard partit de sa cabane et se rendit à Lacasseville où il s'arrêta quelque temps pour y négocier la vente de ses produits, y régler diverses petites affaires et saluer son ami et protecteur M. Lacasse auquel il avait voué dans son cœur une éternelle reconnaissance ; après quoi il se fit conduire en voiture jusqu'aux établissements du bord du fleuve. Rendu là, il loua un canot pour traverser le lac Saint-Pierre. Notre héros maniait fort bien l'aviron, et ne craignit pas de s'aventurer seul sur les flots. Assis au bout de sa nacelle, il partit en chantant gaiement :

*Batelier, dit Lisette,*
*Je voudrais passer l'eau.*

et les autres chansons que lui avait apprises son ami Pierre. L'atmosphère était si parfaitement calme et la surface du lac si tranquille que la traversée se fit en très peu de temps.

Au moment où Jean Rivard débarquait sur la rive nord, le soleil pouvait avoir un quart d'heure de haut ; ses rayons inondaient la plaine et se reflétaient de tous côtés sur les clochers et les toits de fer-blanc. Il voyait à sa droite l'église de Grandpré, et à sa gauche celle de la paroisse voisine, toutes deux s'élevant majestueusement dans la vallée, et dominant les habitations ; elles apparaissaient comme enveloppées dans un nuage d'encens. Les longues suites de maisons, assises l'une à côté de l'autre, quelquefois à double et à triple rang, et remplissant les trois lieues qui séparaient les deux clochers, se déroulaient à ses regards. Quoique à une assez grande distance il pouvait distinguer parfaitement la maison de sa mère, avec le hangar, le fournil, la grange et les autres bâtiments de la ferme nouvellement blanchis à la chaux, ainsi que la maison de brique voisine, celle du père François Routier, et les arbres du jardin. Ce spectacle, intéressant même pour un étranger, était ravissant pour Jean Rivard. Il lui passa comme un frisson de joie par tout le corps, il sentit son cœur se dilater de bonheur, et partit de suite à travers champs, fossés et clôtures pour se rendre à la maison paternelle. Il était léger comme l'air et semblait voler plutôt que marcher.

À mesure qu'il approchait des habitations, il entendait plus distinctement les voix humaines et les cris des animaux ; peu à peu certains sons qui ne lui étaient pas étrangers vinrent frapper ses oreilles ; bientôt même il se sentit comme électrisé par le jappement de Café, le vieux chien de la maison et son ancien ami, qui allait et venait de tous côtés, se démenant en tous sens, sans qu'on pût savoir à qui il en voulait. Le bon chien ne cessa de japper que lorsque, accourant derrière la maison, il reconnut son ami d'enfance qu'il n'avait vu depuis si longtemps ; il l'accabla de témoignages d'amitié, l'empêchant presque d'avancer à force de frôlements et de caresses. Ce bon animal descendait probablement d'Argus, le fameux chien qui reconnut son maître Ulysse après vingt ans d'absence et dont le divin Homère a fait connaître l'histoire à la postérité.

Comme on vient de le voir, la maison de la veuve Rivard étant bâtie sur le côté sud du chemin, c'était par le côté faisant face au fleuve que Jean devait entrer. Or, on était juste à l'heure où le crépuscule faisant place à la nuit, l'atmosphère revêt une teinte d'un gris foncé qui ne permet guère de distinguer les objets à distance. La soirée était magnifique ; une température douce, presque tiède, un air pur et serein, invitaient à prendre le frais, et toute la famille Rivard, depuis la mère jusqu'au petit Léon qui n'avait pas encore quatre ans, était sur le devant de la maison, les uns assis sur le perron, causant de choses et d'autres, les autres jouant et gambadant dans le sable ou sur le gazon. Jean Rivard put ainsi entrer et parcourir même deux ou trois appartements, sans être remarqué. Les portes et les fenêtres étant ouvertes, il pouvait entendre sa mère et ses frères et sœurs converser à haute voix. Il lui prit alors fantaisie de leur faire une surprise. Sans sortir de la maison, il vint s'asseoir tranquillement près de la porte, d'où il pouvait facilement suivre la conversation.

« Ce pauvre Jean, dit bientôt la bonne mère en soupirant, je ne sais pas pourquoi il retarde si longtemps à venir nous voir ! Il devait venir au commencement du mois. Pourvu, mon Dieu, qu'il ne soit pas malade ou qu'il ne lui soit pas arrivé d'accident !...

— Oh ! pour ce qui est de Jean, maman, dit un des frères, vous n'avez pas besoin d'avoir peur, le malheur ne le connaît pas ; et quant à être malade, vous savez que ce n'est pas son habitude ; je ne vois qu'une chose qui pourrait le rendre malade, c'est de trop penser à Louise Routier, et ce n'est pas une maladie comme ça qui l'empêcherait de venir.

— Louise m'a demandé aujourd'hui quand est-ce qu'il allait venir, dit la petite Luce, la plus jeune fille de madame Rivard, qui pouvait avoir cinq ans.

— Tiens, elle ne me demande jamais ça à moi, dit un des garçons.

— C'est qu'elle a peur que tu te moques d'elle, dit un autre ; tu sais comme il ne faut pas grand-chose pour la faire rougir.

— Moi, dit Mathilde, il y a quelque chose qui me dit que Jean sera ici demain ou après-demain.

— J'espère au moins, s'empressa de dire la bonne mère que cette seule supposition rendait presque joyeuse, j'espère que vous n'avez pas mangé toutes les prunes ?

— Ah ! pour ce qui est de ça, dit Joseph, du train que ça va, Jean ferait mieux de ne pas retarder.

— Le pauvre enfant ! continua la mère, il ne mange pas grand-chose de bon dans sa cabane, au milieu des bois... il travaille toujours comme un mercenaire, il endure toutes sortes de privations... et tout cela pour ne pas m'être à charge, pour m'aider à vous établir...

Et de grosses larmes coulaient sur ses joues...

— Ne vous chagrinez pas, ma mère, dit tout à coup Jean Rivard en sortant de sa cachette et s'avançant sur le perron : il y a déjà cinq minutes que je suis dans la maison et que je vous écoute parler...

Ce fut un coup de théâtre.

— Vous voyez, ajouta-t-il de suite en l'embrassant, et en embrassant tous ses frères et sœurs, que je suis en parfaite santé, puisqu'après avoir traversé le lac tout seul dans mon canot, je me suis rendu à pied jusqu'ici, à travers les champs.

La mère Rivard resta pendant plusieurs minutes tout ébahie, tout interdite, ne pouvant en croire ses yeux, et Jean Rivard regretta presque de lui avoir causé cette surprise. Les frères et sœurs, moins énervés que leur mère, parlaient tous à la fois, et criaient à tue-tête ; ce fut pendant quelques minutes un tapage à faire peur.

Mais chacun finit par reprendre ses sens, et l'on put bientôt se parler et se considérer plus froidement.

Jean Rivard trouva sa bonne mère bien vieillie ; ses cheveux avaient blanchi et de larges rides commençaient à sillonner son front. Elle se plaignait de fréquents maux de tête et d'estomac, et les attribuait en grande partie aux inquiétudes incessantes qu'elle éprouvait sur l'avenir de ses enfants.

Le résultat de ses travaux de l'année, que Jean Rivard s'empressa de mettre sous ses yeux, en l'accompagnant de commentaires, fut pour elle un grand sujet de consolation, en même temps qu'il parut surprendre le reste de sa famille.

— Oh ! pour ce qui est de toi, mon cher Jean, dit la mère, tu as toujours eu tant de courage, je suis bien sûre que tu réussiras ; mais tes jeunes frères que je laisserai avec si peu de fortune, que deviendront-ils après ma mort ?

— Eh bien ! maman, s'empressa de dire Antoine, le troisième des frères, qui arrivait à ses dix-sept ans, si c'est cela qui vous rend malade, consolez-vous : ne puis-je pas faire comme Jean, moi aussi ? Crois-tu, Jean, qu'avec mes quatre-vingts louis d'héritage je pourrais devenir un grand propriétaire comme toi ?

— Certainement, et si tu le désires, j'achèterai pour toi le lot situé au nord du mien, qui offre à peu près les mêmes avantages. Tu passeras encore un an à la maison paternelle ; pendant ce temps-là je te ferai défricher quelques arpents de terre, et quand tu voudras, plus tard, te consacrer sérieusement à ton exploitation, tu viendras loger tout droit chez moi ; nous combinerons ensemble les moyens de te créer une existence indépendante.

— Et moi aussi, dit en riant Joseph, qui avait environ quinze ans, je veux aller m'établir au célèbre village de Louiseville.

— C'est bien, c'est bien, je retiendrai aussi un lot pour toi, et, s'il est possible, un pour chacun des plus jeunes. Qui sait si dans cinq ou six ans, vous ne serez pas tous devenus riches sans vous en apercevoir !

— Ah ça, s'écria la sœur Mathilde, allez-vous me laisser ici toute seule ? Heureusement, ajouta-t-elle sur le ton de l'incrédulité, que vous n'êtes pas encore partis.

— Oh ! moi, dit le petit Léon, je resterai avec maman. Hein ? maman, dit-il en s'approchant de ses genoux et la regardant avec ses beaux grands yeux...

Pour toute réponse, la mère l'embrassa en essuyant ses larmes.

Ces petites scènes de famille, tout en mettant à l'épreuve la sensibilité de la mère Rivard, ne laissaient pas que d'être consolantes pour elle. L'exemple de son fils aîné, et surtout ses succès, allaient avoir un bon effet sur les dispositions de ses frères ; et quelque pénible qu'il fût pour elle de se séparer ainsi des êtres les plus chers à son cœur et les plus propres à embellir son existence, elle se disait qu'il valait mieux après tout les voir moins souvent et les savoir à l'abri du besoin que d'avoir chaque jour sous ses yeux leur état de gêne, peut-être d'indigence.

Pour changer le cours de ses idées, Jean Rivard lui disait avec sa gaieté ordinaire : « Prenez courage, ma bonne mère ; dans cinq ou six ans, vous n'aurez qu'à traverser le lac, je vous enverrai mon carrosse, et vous viendrez visiter le village Rivard ; vous viendrez embrasser vos enfants, et qui sait ? peut-être vos petits-enfants... »

— Tiens, ça me fait penser, dit Mathilde, que tu ne pouvais jamais venir plus à propos ; il va y avoir demain ou après-demain une *épluchette* de blé d'inde chez notre voisin monsieur Routier ; il y aura de la danse ; tu peux croire si nous aurons du plaisir ; j'espère bien que tu viendras avec nous ?

— Tu sais bien que je ne danse pas.

— Tiens, il n'y a donc pas de maître de danse à Louiseville ? dit-elle en riant. Eh bien ! tu nous regarderas faire. En outre, ne pourras-tu pas avoir le blé d'inde rouge, tout comme un autre ?

— Mais j'y pense, dit Jean Rivard, je ne vois pas ce qui nous empêcherait d'aller faire un petit tour dès ce soir même chez nos bons voisins ?

— Et nos bonnes voisines.

Et voilà Jean Rivard parti, suivi de toute la famille, pour se rendre chez monsieur Routier où il fut, comme on le pense bien, reçu à bras ouverts et avec toutes les démonstrations de la joie la plus cordiale par le père, la mère et les enfants. Louise, qui paraissait être la plus froide, n'était cependant pas la moins émue. La conversation se prolongea fort avant dans la nuit ; on y parla de mille choses et en particulier de cette fameuse rencontre d'ours où Jean Rivard avait failli perdre la vie. On peut s'imaginer les exclamations, les cris de surprise et de frayeur qui partirent de la bouche des femmes en entendant Jean Rivard lui-même raconter toutes les circonstances de cette aventure.

On ne se sépara qu'à regret et en se promettant de se revoir le lendemain.

Ce lendemain fut employé par Jean Rivard à régler différentes affaires et à visiter ses parents et connaissances de Grandpré, sans oublier le bon curé M. Leblanc dont il gardait pieusement le souvenir dans son cœur.

Le soir de l'*épluchette*, Jean Rivard dut se rendre, accompagné de sa sœur et de ses jeunes frères, à la maison du père Routier. Cette fête ne l'intéressait cependant pas autant qu'on pourrait le croire. Il éprouvait bien naturellement le désir d'aller chez le père de sa Louise, mais il eût préféré s'y trouver en moins nombreuse compagnie et dans un autre but que celui d'y effeuiller du blé d'inde. Il avait d'ailleurs de fâcheux pressentiments qui ne se vérifièrent malheureusement que trop.

Parmi les nombreux invités se trouvait un jeune homme d'une tenue irréprochable, portant surtout, pantalons et gilet noirs sans parler d'une belle moustache cirée et d'une chevelure peignée avec le plus grand soin, ce qui le rendait naturellement le point de mire de toutes les jeunes filles. C'était un jeune marchand du nom de Duval, établi depuis peu à Grandpré, après avoir fait son apprentissage à Montréal, et qui, aimant passionnément la danse et les amusements de toutes sortes, trouvait le moyen de se faire inviter à toutes les fêtes.

Sa toilette contrastait étrangement avec celle des autres jeunes gens, presque tous fils de cultivateurs. Mais cette disparité ne nuisait en rien à l'entrain général. Un seul pourtant parmi tous ces jeunes gens paraissait embarrassé : c'était Jean Rivard. Cet embarras fut bien plus pénible encore lorsque, vers la fin de l'épluchette, le jeune et beau monsieur Duval vint gracieusement offrir à mademoiselle Louise Routier un bel épi de blé d'inde rouge... Notre défricheur, malgré toute sa vaillance, ne put supporter cette épreuve et passa brusquement dans la salle où devait commencer la danse.

Un autre ennui l'attendait là. On a déjà deviné que mademoiselle Louise Routier fut la plus recherchée de toutes les jeunes danseuses. Comme la plupart des personnes de son âge, elle aimait passionnément la danse. Elle jetait bien de temps en temps un regard sur notre défricheur qui jouait dans un coin le rôle de spectateur, mais elle ne pouvait trouver l'occasion d'aller lui dire un mot.

Ce qui causa le plus de malaise à Jean Rivard ce fut de voir sa Louise danser à plusieurs reprises avec M. Duval, qui paraissait la considérer avec beaucoup d'intérêt et auquel celle-ci semblait quelquefois sourire de la manière la plus engageante. Chacun de ses sourires était comme un coup de poignard porté au cœur de notre héros. Tous les assistants remarquaient cette préférence accordée au jeune marchand, et les femmes qui vont vite en ces matières-là s'entretenaient déjà de leur futur mariage.

Enfin, Jean Rivard n'y put tenir plus longtemps, et vers neuf heures, sous prétexte de quelque affaire, il fit ses adieux à monsieur et à madame Routier et se retira.

Jean Rivard regretta ce soir-là la solitude de sa cabane de Louiseville.

De son côté, mademoiselle Louise Routier devint toute soucieuse, du moment qu'elle s'aperçut du départ de son ami. Elle comprit qu'elle l'avait négligé et s'en fit intérieurement des reproches. Sa mère ajouta à ces reproches en lui disant qu'elle n'aurait pas dû danser avec ce jeune homme pimpant qu'elle ne connaissait que de nom.

Cette *veillée* qui devait être si amusante fut donc une cause de chagrin et de regrets pour nos jeunes amoureux.

Jean Rivard aimait sincèrement, mais il était fier et indépendant en amour comme en tout le reste. Dans son dépit, il résolut de laisser Grandpré sans dire adieu à Louise. « Je lui écrirai quand je serai rendu, se dit-il ; on peut dire sur le papier beaucoup de choses qu'on ne dirait pas de vive voix. »

Le soleil n'était pas encore levé que Jean Rivard était en route pour le canton de Bristol.

# XX

## Les voies de communication

Tombez, larmes silencieuses,
Sur une terre sans pitié.

LAMARTINE

Tous ceux qui parmi nous ont à cœur le bien-être du peuple et la prospérité du pays regardent avec raison la colonisation des terres incultes comme le moyen le plus direct et le plus sûr de parvenir à l'accomplissement de leurs vœux. Lord Elgin, ce gouverneur dont les Canadiens conserveront à jamais la mémoire, parce que dans son administration des affaires de la Province il ne se contenta pas d'être anglais mais voulut avant tout être juste, Lord Elgin disait en 1848 que la prospérité et la grandeur future du Canada « dépendaient en grande partie des avantages qu'on retirerait des terres vacantes et improductives, et que le meilleur usage qu'on en pût faire était de les couvrir d'une population de colons industrieux, moraux et contents ».

Toutes les voix canadiennes ont fait écho à celle du noble Lord, ou plutôt Lord Elgin, en énonçant cette opinion, n'était que l'écho de toutes les voix canadiennes, car depuis nombre d'années les propositions les plus diverses avaient déjà été faites pour atteindre le but en question.

Mais de tous les moyens proposés, le plus simple, le plus facile et en même temps le plus efficace, c'est, on l'a dit mille et mille fois, et il n'y a qu'une opinion sur le sujet, c'est la confection de chemins publics à travers les forêts. Ce qui prouve cela de la manière la plus évidente, c'est que partout où l'on établit de bonnes voies de communication, les routes se bordent aussitôt d'habitations, et qu'au bout de quelques mois l'épi doré remplace les arbrisseaux naissants et les chênes séculaires. Si ce moyen si rationnel eût été adopté et mis en pratique, sur une grande échelle, il y a cinquante ans, la face du pays serait entièrement changée ; ces milliers de Canadiens qui ont enrichi de leur travail les États limitrophes de l'Union américaine se seraient établis parmi nous, et auraient contribué, dans la mesure de leur nombre et de leurs forces, à développer les ressources du pays et en accroître la population.

En étudiant les causes qui ont retardé l'établissement du Bas-Canada, et fermé de vastes et fertiles contrées à des légions d'hommes forts et vaillants, on se sent agité malgré soi de sentiments d'indignation. Mais laissons là le passé ; l'histoire dira tout le mal qu'ont fait à notre population la cupidité insatiable, l'avarice impitoyable des grands et riches spéculateurs, une politique égoïste, injuste et mesquine, et la mauvaise administration, pendant trois quarts de siècle, de cette belle et intéressante colonie. Sans nous laisser aller aujourd'hui à de justes mais inutiles regrets, cherchons à réparer autant que possible les maux du passé, et ne portons nos regards que vers l'avenir.

Ce serait une bien triste histoire que celle des misères, des accidents, des malheurs de toutes sortes occasionnés par le défaut de chemins dans les cantons en voie d'établissement.

À son retour au village de Lacasseville, Jean Rivard

trouva toute la population sous le coup d'une émotion extraordinaire. Deux accidents lamentables arrivés à quelques jours d'intervalle avaient jeté comme un voile funèbre sur toute cette partie des Cantons de l'Est.

Un jeune missionnaire canadien, plein de zèle et de dévouement, s'étant, dans l'exercice de son saint ministère, aventuré dans la forêt sans guide et sans chemin, avait été surpris par les ténèbres de la nuit, et après de longs et vains efforts pour parvenir aux habitations, s'était vu condamné à périr.

On l'avait trouvé mort, au milieu d'un marécage, enfoncé dans la boue jusqu'à la ceinture... mort de froid, de misère, d'épuisement.

Missionnaire infatigable, pasteur adoré de son troupeau dispersé, sa mort inattendue avait jeté la consternation dans les cœurs et faisait encore verser des larmes.

Des deux hommes qui l'accompagnaient, l'un était mort à côté de lui, l'autre, perclus de tous ses membres, survivait pour raconter ce tragique événement.

Mais une autre nouvelle plus navrante encore, s'il est possible, avait achevé de répandre la terreur dans toutes les chaumières des environs.

Dans un des cantons avoisinant le canton de Bristol avait été s'établir un pauvre colon canadien, avec sa femme et deux enfants, dont l'un encore à la mamelle. Afin d'avoir un lot plus fertile et plus avantageux, il s'était enfoncé dans les bois jusqu'à six lieues des habitations, n'ayant de provisions que pour trois semaines. Là, il s'était bâti une cabane et avait commencé des défrichements. Au bout de trois semaines, ayant fait brûler des arbres et recueilli quelques minots de cendre, il avait transporté cette cendre sur ses épaules jusque chez le plus proche marchand dont il avait reçu en échange quelques livres de farine et un demi-minot de pois. Une fois cette maigre pitance épuisée, il avait eu recours au même moyen, accomplissant toutes les trois semaines, le corps ployé sous un lourd fardeau, un trajet de douze lieues, à travers la forêt. Pendant plus de six mois le courageux colon put subsister ainsi, lui et sa petite famille. Il était pauvre, bien pauvre, mais grâce à son dur travail, les environs de sa cabane commençaient à s'éclaircir, et il goûtait déjà un peu de bonheur en songeant que s'il passait l'hiver sans accident, sa prochaine récolte lui rapporterait assez pour qu'il n'eût plus besoin de recourir au marchand.

L'infortuné colon ne prévoyait pas l'affreux malheur qui l'attendait.

Parti un jour de sa cabane, vers la fin de novembre, les épaules chargées de deux minots de cendre, il s'était rendu comme d'habitude chez le marchand voisin et en avait obtenu la ration accoutumée, après quoi il s'était remis en route pour traverser les six lieues de forêt qui le séparaient de sa demeure. Il se sentait presque joyeux, malgré ses fatigues et sa misère. Mais à peine avait-il fait deux lieues qu'une neige floconneuse se mit à tomber ; l'atmosphère en fut bientôt obscurcie et le ciel et le soleil cachés aux regards ; en moins d'une heure, une épaisse couche blanche avait couvert le sol, les arbustes et les branches des grands arbres. Notre voyageur avait encore trois lieues à faire lorsqu'il s'aperçut, à sa grande terreur, qu'il avait perdu sa route. Les ténèbres de la nuit couvrirent bientôt la forêt, et il dut se résigner à coucher en chemin, ce qu'il n'avait jamais fait jusqu'alors. Il songeait aux inquiétudes que devait avoir sa femme et cette pensée le tourmentait plus que le soin de sa propre conservation. Le lendemain matin de bonne heure, il partit, tâchant de s'orienter le mieux possible ; mais après avoir marché tout le jour, il fut tout étonné et tout alarmé de se retrouver le soir, au soleil couchant, juste à l'endroit où il s'était arrêté la veille. Cette fois, malgré toutes ses fatigues il ne put fermer l'œil de la nuit. Je n'essaierai pas de dépeindre ses angoisses ; elles se conçoivent mieux qu'elles ne peuvent se décrire. Il marcha encore toute la journée du lendemain, s'arrêtant de temps en temps pour crier au secours sans presque aucun espoir de se faire entendre. Enfin, disons pour abréger, que ce ne fut que le troisième jour au matin que le malheureux colon aperçut de loin sa petite *éclaircie* et son humble cabane au milieu.

Son cœur palpita de joie lorsqu'il songea qu'il allait revoir les objets de son affection, sa femme, la compagne de sa misère et de ses travaux, et ses petits enfants auxquels il apportait de quoi manger.

Mais, ô douleur ! pitié pour le pauvre colon !...

Qu'aperçut-il en ouvrant la porte de sa cabane ?

Sa pauvre femme étendue morte !... son plus petit enfant encore dans ses bras, mais n'ayant plus la force de crier... puis l'aîné s'efforçant d'éveiller sa mère et demandant en pleurant un petit morceau de pain !...

Il est dans la vie de l'homme des souffrances morales si affreuses, des douleurs tellement déchirantes qu'elles semblent au-dessus des forces humaines et que la plume se refuse à les décrire.

Ces deux événements arrivés coup sur coup produisirent une telle sensation qu'on se mit de tous côtés à signer des requêtes demandant l'établissement de voies de communication à travers les Cantons de l'Est. Pendant que Jean Rivard était encore à Lacasseville, le bruit courut que le gouvernement allait construire un chemin qui traverserait le canton de Bristol dans toute son étendue. Le marchand qui avait acheté les produits de Jean Rivard en se chargeant des frais de transport, étant en même temps représentant du peuple dans l'assemblée législative, sollicitait, paraissait-il, cette mesure avec tant de zèle, et il était secondé si vigoureusement par l'Honorable Robert Smith, membre du conseil législatif et copropriétaire du canton de Bristol, qu'on assurait que le gouvernement ne pourrait résister et allait affecter quelques centaines de louis à la confection de chemins dans cette partie du pays.

Ce n'était encore qu'une rumeur, mais Jean Rivard soupçonna qu'elle pouvait avoir quelque fondement parce que dans l'entrevue qu'il eut alors avec l'Honorable Robert Smith, au sujet des lots qu'il voulait acheter pour ses jeunes frères et Pierre Gagnon, on l'informa que le prix de chaque lot n'était plus de vingt-cinq louis, mais de cinquante. Les délais accordés pour le paiement du prix lui permirent toutefois de s'acquitter de ses promesses.

D'ailleurs, aux yeux de Jean Rivard, la confection d'un chemin à travers la forêt devait avoir l'effet d'accroître considérablement la valeur du terrain.

Le retour de Jean Rivard à Louiseville fut salué par des acclamations, non seulement de la part de ses deux hommes qui commençaient à s'ennuyer de n'avoir plus leur chef, mais par la famille Landry et les colons voisins qui attendaient avec impatience des nouvelles de Grandpré où ils avaient laissé nombre de parents et d'amis. Aussi fut-il interrogé de toutes manières sur les accidents, les maladies, et sur les mariages passés, présents et futurs. Il lui fallut, pour satisfaire à la curiosité générale, faire l'histoire complète de Grandpré durant les derniers six mois.

Mais ce qui causa la plus vive sensation, ce fut la rumeur dont on vient de parler, celle de la confection d'un chemin public à travers le canton de Bristol. Cette nouvelle fut le sujet des plus grandes réjouissances.

Oh ! si les hommes qui sont à la tête des affaires, qui tiennent dans leurs mains les destinées du pays, le malheur ou le bonheur des populations, savaient toutes les douces émotions que fait naître au sein de ces pauvres et courageuses familles une simple rumeur comme celle-là !... Pour ces populations éparses au milieu des forêts, la question des voies de communication n'est pas seulement une question de bien-être et de progrès, c'est une question vitale, et le gouvernement qui s'occupe avec zèle de cette partie de l'administration publique, tout en agissant dans des vues de saine économie politique, remplit encore un devoir de justice et d'humanité.

# XXI

## Encore un hiver dans les bois

Jean Rivard se remit avec courage à ses travaux de défrichement. Cette année, il n'allait plus à tâtons ; il avait acquis une certaine expérience, et il pouvait calculer d'avance, sans se tromper d'un chiffre, ce que lui coûterait la mise en culture de chaque arpent de terre nouvelle.

Durant les mois d'automne, il put, à l'aide de ses hommes et de ses bœufs, relever, brûler et nettoyer les dix arpents de forêt abattus dans le cours de l'été.

L'hiver s'écoula rapidement ; une partie du temps fut employée à battre et à vanner le grain, et l'autre partie aux travaux de défrichement, ou, comme disait Pierre Gagnon, à guerroyer contre les géants de la forêt. Les veillées se passaient en lectures ou en conversations joignant le plus souvent l'utile à l'agréable. Jean Rivard avait apporté, lors de son dernier voyage à Grandpré, plusieurs nouveaux volumes que lui avaient prêtés M. le curé Leblanc et son ami M. Lacasse, et comme les jeunes Landry montraient autant de goût que Pierre Gagnon pour cette sorte de passe-temps, on put lire, durant les longues soirées de l'hiver, un bon nombre d'ouvrages, entre autres, *Mes Prisons*, de Silvio Pellico, et un recueil de voyages autour du monde et dans les mers polaires, lecture que Jean Rivard accompagnait de quelques notions géographiques. Ces récits d'aventures périlleuses, de souffrances horribles, de privations inouïes, intéressaient excessivement l'imagination de nos jeunes défricheurs. En parlant de la Terre, de son étendue, de ses habitants, de ses divisions, de la position qu'elle occupe dans l'univers, Jean Rivard était naturellement conduit à parler d'astronomie, et bien que ses connaissances en cette matière fussent assez bornées, il réussissait, avec l'aide de ses livres, à exciter vivement la curiosité de ses auditeurs. Il fallait voir quelle figure faisaient Pierre Gagnon et ses compagnons lorsqu'ils entendaient dire que la Terre marche et tourne sur elle-même ; que la lune est à quatre-vingt-cinq mille lieues de nous ; qu'elle a, comme la Terre, des montagnes, des plaines, des volcans ; que le soleil, centre du monde, est à trente-huit millions de lieues et qu'il est environ quatorze cent mille fois plus gros que le globe que nous habitons ; que les milliers d'étoiles que nous apercevons dans le firmament, étagées les unes sur les autres jusque dans les profondeurs du ciel, sont encore infiniment plus loin de nous, etc., etc. Il fallait entendre les exclamations poussées de tous côtés dans le rustique auditoire ! Souvent, entraînés par un mouvement involontaire, tous sortaient de la cabane, et debout, la tête nue, les yeux tournés vers la voûte resplendissante, restaient ainsi plusieurs minutes à contempler, au milieu de la nuit, le grand ouvrage du Créateur ; s'il arrivait alors qu'en rentrant dans l'habitation, quelqu'un proposât de faire la prière du soir en commun, un cri général d'assentiment se faisait entendre, et l'encens de la prière s'élevait du fond de l'humble chaumière vers le trône de Celui qui règne par-delà tous les cieux.

La cabane de Jean Rivard devint trop petite pour la société qui la fréquentait, car il faut dire que le canton de

Bristol s'établissait avec une rapidité sans exemple dans les annales de la colonisation. Chaque jour de nouveaux défricheurs faisaient leur apparition à Louiseville, considéré d'un commun accord comme le chef-lieu du canton. La rumeur de la confection prochaine d'un chemin public s'était répandue avec la rapidité de l'éclair dans toutes les anciennes paroisses du district des Trois-Rivières, et des centaines de jeunes gens, des familles entières, s'établissaient avec empressement au milieu de ces magnifiques forêts. Dans l'espace de quelques mois, la moitié des lots du canton furent vendus, quoique le prix en eût été d'abord doublé, puis triplé et même quadruplé dans la partie dont l'Honorable Robert Smith était le propriétaire. Un grand nombre de familles n'attendaient que l'ouverture du chemin pour se rendre sur leurs lots.

Naturellement les jeunes défricheurs allaient faire visite à Jean Rivard qu'ils regardaient comme le chef de la colonie et qui, par son expérience, était déjà en état de leur donner d'utiles renseignements. En effet, non seulement Jean Rivard leur donnait des conseils dont ils faisaient leur profit, mais il leur parlait avec tant de force et d'enthousiasme qu'il donnait du courage aux plus pusillanimes ; ceux qui passaient une heure avec lui retournaient à leur travail avec un surcroît d'ardeur et d'énergie.

« Vous voulez, répétait-il à chacun d'eux, parvenir à l'indépendance ? Vous avez pour cela une recette infaillible : abattez chaque année dix arpents de forêt et dans cinq ou six ans votre but sera atteint. Un peu de courage et de persévérance, voilà en définitive ce qu'il nous faut pour acquérir l'aisance et le bonheur qui en découle. »

Sa parole chaleureuse et pleine de conviction produisait un effet magique.

Lorsque, le soir, sa modeste demeure était remplie de ces jeunes gens pleins de vigueur et d'intelligence, il aimait à les entretenir des destinées futures de leur canton.

« Avant dix ans, disait-il avec feu, avant cinq ans, peut-être, le canton de Bristol sera déjà une place importante sur la carte du Canada ; ces quelques huttes maintenant éparses au milieu des bois seront converties en maisons élégantes ; nous aurons un village de plusieurs mille âmes ; qui sait ? peut-être une ville. Des magasins, des ateliers, des boutiques, des moulins auront surgi comme par enchantement ; nous aurons notre médecin, notre notaire, au centre du canton s'élèvera le Temple du Seigneur, et à côté, la maison d'école... »

Ces simples paroles faisaient venir les larmes aux yeux de ses naïfs auditeurs auxquels elles rappelaient involontairement le souvenir touchant du clocher de la paroisse.

Vers la fin du mois de mars, nos défricheurs suspendirent un moment leurs travaux pour se livrer de nouveau à la fabrication du sucre d'érable, occupation d'autant plus agréable à Jean Rivard qu'elle faisait diversion à ses autres travaux et lui laissait d'assez longs loisirs qu'il donnait à la lecture ou à la rêverie. Ils entaillèrent une centaine d'érables de plus qu'ils n'avaient fait le printemps d'avant, et, grâce à leur expérience, peut-être aussi à une température plus favorable, ils fabriquèrent en moins d'un mois près de six cents livres de sucre d'un grain pur et clair, et plusieurs gallons d'un sirop exquis.

Les diverses opérations de cette industrie leur furent beaucoup plus faciles qu'elles ne l'avaient été l'année précédente ; ils purent même introduire dans la fabrication du sucre certaines améliorations dont ils recueillirent un avantage immédiat.

Il est deux choses importantes que je ne dois pas omettre de mentionner ici : la première, c'est que nos défricheurs continuèrent, comme ils avaient fait dès leur entrée dans la forêt, à mettre en réserve toutes les pièces d'arbres qui, au besoin, pouvaient servir à la construction d'une maison, Jean Rivard n'ignorant pas que tôt ou tard cette précaution lui serait utile ; le second, c'est que Jean Rivard et mademoiselle Louise Routier, ayant échangé plusieurs lettres dans le cours de l'hiver, avaient fini par s'entendre à merveille ; et, comme c'est l'ordinaire, les jeunes amoureux s'aimaient plus tendrement que jamais.

Qu'on nous permette de rapporter ici quelques lignes extraites de leur correspondance.

### De Jean Rivard à Louise

« *Vous* avez sans doute compris que si je suis parti de chez votre père, le soir de votre *épluchette*, sans vous faire mes adieux, c'est que je craignais de vous faire perdre un instant de plaisir. Vous paraissiez vous amuser si bien, vous étiez si gaie, si folâtre, qu'il eût été vraiment cruel de ma part de vous attrister par mon air sérieux et froid. D'ailleurs je vous avouerai franchement que le beau jeune homme à moustaches qui, dans cette soirée, a eu l'insigne honneur d'attirer presque seul votre attention, avait des avantages si apparents sur moi comme sur tous les autres jeunes gens, au moins par sa toilette, sa belle chevelure, et surtout son beau talent de danseur, que vraiment force m'était de lui céder le pas, sous peine d'encourir la perte de vos bonnes grâces et des siennes, et peut-être de me rendre ridicule. Je mentirais si je vous disais que cette préférence marquée de votre part ne m'a fait aucune peine. Je ne connais pas ce monsieur Duval, mais je puis vous affirmer sans crainte qu'il ne vous aime pas autant que moi ; il paraît s'aimer trop lui-même pour aimer beaucoup une autre personne. Malheureusement pour moi, il a de beaux habits, il vend de belles marchandises, soie, rubans, dentelles, et les jeunes filles aiment tant toutes ces choses-là ! Il a de belles mains blanches et les miennes sont durcies par le travail. De plus, il demeure si près de vous, il peut vous voir tous les jours, il vous fait sans doute de beaux cadeaux, il vous donne de jolis bouquets, il vous accompagne chez vous après vêpres, etc. ; et moi, qui suis à plus de vingt lieues de vous, je ne puis rien de tout cela. On dit que les absents ont toujours tort : il est donc probable que, à l'heure qu'il est, vous ne pensez déjà plus à moi... »

### De Louise Routier à Jean Rivard

« Je ne comprends pas comment vous avez pu croire que je pouvais m'amuser à ce beau jeune homme à moustaches qui venait chez nous pour la première fois quand vous l'y avez rencontré, et qui n'y est pas revenu depuis, et dont le principal mérite, il paraît, est de savoir danser à la perfection. Je ne suis encore qu'une petite fille, mais, croyez-moi, je sais faire la distinction entre les jeunes gens qui ont un esprit solide, du courage, et toutes sortes de belles qualités et ceux qui n'ont que des prétentions vaniteuses, ou qui ont, comme on dit, leur esprit dans le bout des orteils. Si je vous semble légère quelquefois, je ne le suis pas au point de préférer celui qui a de jolies mains blanches, parce qu'elles sont oisives, à celui dont le teint est bruni par le soleil, parce qu'il ne redoute pas le travail. Je regarde au cœur et à la tête avant de regarder aux mains.

. . . . . . . . . . . . . . . . . . . . . . . . . . . . . .

« Pour moi, je vous avoue que je n'ai pas fait beaucoup d'attention à ce que me disait ce monsieur ; je sais seulement que ses phrases étaient parsemées de mots anglais que je n'aurais pas pu comprendre quand même je l'aurais voulu. S'il croyait que je lui souriais, il se trompait. Si je paraissais contente, c'était de danser ; je suis si folle pour cela. J'espère bien que je deviendrai plus sage avec l'âge. Vous avez dû me trouver bien étourdie ce soir-là ? Mais aussi pourquoi êtes-vous parti si tôt ? Si j'ai des reproches à me faire, vous en avez vous aussi, pour être parti comme vous avez fait, sans nous dire un petit mot d'adieu.

« Ah ! vous regretteriez, j'en suis sûre, votre méchante bouderie, si vous saviez que vous m'avez fait pleurer. »

. . . . . . . . . . . . . . . . . . . . . . . . . . . . . .

On comprend qu'après de pareilles explications, la réconciliation ne pouvait tarder.

Jean Rivard se donna beaucoup de soin, à l'époque de la fabrication du sucre, pour confectionner, au moyen d'un élégant petit moule en bois travaillé de ses mains, un joli cœur de sucre évidemment destiné à servir de cadeau. Quand le moment vint de procéder à cette intéressante opération, ce fut Jean Rivard lui-même qui nettoya l'intérieur de la chaudière avec du sable fin, qui y coula la liqueur, qui l'écuma durant l'ébullition, et qui la déposa dans le petit moule de bois après sa transformation en sucre.

Ce cœur, on devine sans peine à qui Jean Rivard le

destinait. Il fut expédié de suite à Lacasseville, et la première voiture qui partit de ce village pour Grandpré l'emporta, accompagné d'une petite lettre délicatement tournée.

Il ne faut pas non plus omettre de dire ici pour l'édification de nos lecteurs que nos trois défricheurs trouvèrent moyen, vers la fin de la Semaine Sainte, de se rendre à Lacasseville pour y accomplir le précepte adressé à tous les membres de cette belle et vaste association — l'Église catholique romaine — de communier au moins une fois l'an. Les cérémonies si touchantes de cette grande Semaine produisirent sur eux une impression d'autant plus vive qu'ils avaient été longtemps privés du bonheur si doux aux âmes religieuses d'assister aux offices divins.

« Parlez-moi de ça, s'écria Pierre Gagnon en sortant de l'église, ça fait du bien des dimanches comme ça. Tonnerre d'un nom ! ça me faisait penser à Grandpré. Sais-tu une chose, Lachance ? C'est que ça me faisait si drôlement en dedans que j'ai quasiment *braillé* !...

— Et moi *étou*, dit Lachance, à qui pourtant il arrivait rarement de parler de ses impressions.

— Laissez faire, leur dit Jean Rivard, si je réussis dans mes projets, j'espère qu'au printemps prochain nous n'aurons pas besoin de venir à Lacasseville pour faire nos pâques. Nous aurons une chapelle plus près de nous.

— Oh ! je connais ça, murmura tout bas, Pierre Gagnon en clignant de l'œil à Lachance, ça sera la chapelle de Sainte-Louise !...

Cette fois Jean Rivard trouva deux lettres à son adresse au bureau de poste de Lacasseville. La suscription de la plus petite était d'une écriture en pattes de mouche qu'il reconnut sans peine et dont la seule vue produisit sur sa figure un épanouissement de bonheur. La seconde, plus volumineuse, était de son ami et correspondant ordinaire, Gustave Charmenil.

Toutes deux l'intéressaient vivement, mais la première étant plus courte, c'est elle qui dut avoir la préférence. Nous n'en citerons que les lignes suivantes :

« Merci, mon bon ami, du joli cœur de sucre que vous m'avez envoyé. Il avait l'air si bon que j'ai été presque tentée de le manger. Mais, manger votre cœur ! ce serait cruel, n'est-ce pas ? C'est pour le coup que vous auriez eu raison de bouder. Je l'ai donc serré soigneusement dans ma petite armoire, et je le regarde de temps en temps pour voir s'il est toujours le même. La dernière fois que je l'ai vu, il paraissait bien dur ! S'il ne s'amollit pas, je pourrais bien lui faire un mauvais parti : je n'aime pas les cœurs durs... »

Le reste de la lettre se composait de petites nouvelles de Grandpré, qui n'auraient aucun intérêt pour les lecteurs.

La lettre de Gustave Charmenil n'était pas tout à fait aussi gaie, comme on va le voir.

*Quatrième lettre de Gustave Charmenil*

« Mon cher ami,

« Tu ne saurais croire combien ta dernière lettre m'a soulagé ! Je l'ai lue et relue, pour me donner du courage et me rattacher à la vie. En la lisant je me suis répété souvent : oui, c'est bien vrai, un véritable ami est un trésor, et, malgré moi, ce vers souvent cité d'un de nos grands poètes me revenait à l'esprit :

*L'amitié d'un grand homme est un présent des dieux.*

181

« Ne crois pas que je veuille badiner en te décorant du titre de grand homme ; tu sais que je ne suis ni flatteur, ni railleur. À mes yeux, mon cher Jean, tu mérites cette appellation à plus juste titre que les trois quarts de ces prétendus grands hommes dont l'histoire nous raconte les hauts faits. Tu es un grand homme à la manière antique, par le courage, la simplicité, la grandeur d'âme, la noblesse et l'indépendance de caractère ; du temps des premiers Romains, on t'eût arraché à tes défrichements pour te porter aux premières charges de la République. Réclame, si tu veux, mon cher ami, mais c'est vrai ce que je te dis là. Oh ! tout ce que je regrette, c'est de ne pouvoir passer mes jours auprès de toi. Ici, mon cher, dans l'espace de plus de trois ans, je n'ai pu encore me faire un ami ; au fond, je crois que les seuls vrais amis, les seuls amis de cœur, sont les amis d'enfance, les amis du collège. L'amitié de ceux-là est éternelle, parce qu'elle est sincère et désintéressée. Depuis plusieurs mois, je vis dans un isolement complet. Le moindre rapport avec la société, vois-tu, m'entraînerait à quelque dépense au-dessus de mes moyens. Je vais régulièrement chaque jour de ma pension à mon bureau, puis de mon bureau à ma pension. C'est ici que je passe généralement mes soirées en compagnie de quelques auteurs favoris que je prends dans la bibliothèque de mon patron. La maîtresse de maison et ses deux jeunes filles aiment beaucoup entendre lire, et je lis quelquefois tout haut pour elles. L'une des jeunes filles particulièrement est très intelligente et douée d'une rare sensibilité. Il m'arriva l'autre jour en causant avec elle de dire "que je ne serais pas fâché de mourir", et à ma grande surprise elle se mit à pleurer à chaudes larmes. Je regrettai cette parole inconvenante, et me hâtai de changer le sujet de la conversation. Mais cela te prouve que mes idées ne sont pas fort gaies. En effet, mon cher, ma disposition naturelle à la mélancolie semble s'accroître de jour en jour. Je fais, autant que possible, bonne contenance, mais je souffre. Je reviens toujours sur ce triste sujet, n'est-ce pas ? Je suis comme ces pauvres hypocondriaques qui ne parlent que de leurs souffrances ? Mais si je me montre avec toi si personnel, si égoïste, ne va pas croire que je sois ainsi avec tout le monde. Je te dirai même que tu es le seul à qui j'aie jamais rien confié de mes déboires, de mes dégoûts, parce que toi, vois-tu, je te sais bon et indulgent, et je suis sûr de ta discrétion. Avec toi, je puis parler de moi aussi longtemps que je voudrai, sans crainte de devenir fastidieux. Laisse-moi donc encore t'entretenir un peu de mes misères ; tu n'en comprendras que mieux combien tu dois bénir ton étoile et remercier la Providence de t'avoir inspiré si bien.

« Il faut que je te rapporte un trait dont le souvenir me fait encore mal au cœur. Je t'ai déjà dit que les lettres que je reçois de mes amis sont une de mes plus douces jouissances. À part les tiennes qui me font toujours du bien, j'en reçois encore de quelques autres de mes amis et en particulier de deux de nos anciens professeurs, aux conseils desquels j'attache beaucoup d'importance. Ces lettres, quand elles me viennent par la poste, me sont remises par un homme chargé de percevoir en même temps le prix du port et quelques sous pour ses honoraires. Or, il m'arriva dernièrement de recevoir ainsi une lettre assez pesante, dont le port s'élevait à trente-deux sous. C'était beaucoup pour moi ; je réunis tous mes fonds sans pouvoir former plus de vingt sous. Il me manquait encore douze sous : comment faire ? Je ne pouvais pourtant pas refuser cette lettre ; elle pouvait être fort importante.

« En cherchant parmi mes effets pour voir si je ne

trouverais pas quelque chose dont je pusse disposer, je ne trouvai qu'un tout petit volume, un petit *Pensez-y-bien*, qui m'avait été donné par notre ancien directeur de collège. C'était le seul livre qui me restât. J'aurais pourtant bien voulu le garder ; c'était un souvenir d'ami ; je l'aimais, ce petit livre, il m'avait suivi partout. Mais je me dis : je vais le mettre en gage et je le rachèterai aussitôt que j'aurai de l'argent.

« Je retirai donc ma lettre de la poste ; elle ne valait pas le sacrifice que j'avais fait. C'était une longue correspondance qu'un notaire de campagne envoyait à une gazette, et qu'il me priait de vouloir bien *retoucher*.

« Aussitôt que j'eus la somme nécessaire, je courus pour racheter mon petit *Pensez-y-bien* : mais il était trop tard... il était vendu... on ne savait à qui...

« Je me détournai, et malgré moi une larme me tomba des yeux.

« Ô ma bonne mère ! si vous aviez connu alors tout ce que je souffrais, comme vous auriez pleuré ! Mais je me suis toujours soigneusement gardé de faire connaître mon état de gêne à mes parents ; ils ignorent encore toutes les anxiétés qui m'ont accablé, tous les déboires que j'ai essuyés. Que veux-tu ? je connais leur bon cœur ; ils auraient hypothéqué leurs propriétés pour me tirer d'embarras, et que seraient devenus leurs autres enfants ?

« Oh ! combien de fois j'ai désiré me voir simple journalier, homme de métier travailleur, vivant de ses bras ou, encore mieux, laborieux défricheur comme toi !

« La vie des bois me plairait d'autant plus que je suis devenu d'une sauvagerie dont tu n'as pas idée. Je fuis la vue des hommes. Si par hasard en passant dans les rues je vois venir de loin quelque personne de ma connaissance, je prends une voie écartée pour n'avoir pas l'occasion d'en être vu. Je m'imagine que tous ceux qui me rencontrent sont au fait de ma misère ; si j'ai un accroc à mon pantalon, ou une fissure à ma botte, je me figure que tout le monde a les yeux là ; je rougis presque à la vue d'un étranger.

« Quelle affreuse situation !

« Il y a de l'orgueil dans tout cela, me diras-tu ? Cela se peut ; mais, dans ce cas, mon cher, je suis bien puni de mon péché.

« Croirais-tu que dans mon désespoir, j'en suis même venu à la pensée de m'expatrier... d'aller quelque part où je ne suis pas connu travailler des bras, si je ne puis d'aucune manière tirer parti de mon éducation ? Oui, à l'heure qu'il est, si j'avais été assez riche pour me faire conduire à la frontière, je foulerais probablement une autre terre que celle de la patrie, je mangerais le pain amer de l'étranger. »

> *Je me suis écrié dans ma douleur profonde :*
> *Allons, fuyons au bout du monde...*
> *Pourquoi traîner dans mon pays*
> *Des jours de misère et d'ennuis ?*
>
> . . .
>
> *Au lieu de ces moments d'ivresse,*
> *De ces heures de joie et de félicité*
> *Que nous avions rêvés dans nos jours de jeunesse,*
> *J'avais devant mes yeux l'aspect de la détresse*
> *L'image de la pauvreté...*
>
> *Que de jours j'ai passés sans dire une parole,*
> *Le front appuyé sur ma main !*
> *Sans avoir de personne un seul mot qui console,*
> *Et refoulant toujours ma douleur dans mon sein...*

*Combien de fois, errant, rêveur et solitaire,*
*N'ai-je pas envié le sort du travailleur*
*Qui, pauvre, harassé, tout baigné de sueur,*
*À la fin d'un long jour de travail, de misère,*
*Retourne à son humble chaumière !...*

*Il trouve pour le recevoir*
*Sur le seuil de sa porte une épouse chérie*
*Et de joyeux enfants heureux de le revoir.*
. . .

« Oh ! pardonne, mon ami, à ma lyre depuis long-temps détendue, ces quelques notes plaintives. J'ai dit adieu et pour toujours à la poésie que j'aimais tant. Cette fatale nécessité de gagner de l'argent, qui fait le tourment de chaque minute de mon existence, a desséché mon imagination, éteint ma verve et ma gaieté ; elle a ruiné ma santé.

« J'aurai terminé dans le cours de l'automne prochain mes quatre années de cléricature ; je serai proba-blement, "après un brillant examen", suivant l'expression consacrée, admis à la pratique de la loi ; je serai membre du barreau, et quand on m'écrira, ou qu'on parlera de ma personne, je serai appelé invariablement "Gustave Charmenil, Écuier, Avocat" ; ce sera peut-être là la plus grande satisfaction que je retirerai de mes études légales. Je t'avoue que je redoute presque le moment de mon admission à la pratique. J'aurai à payer une certaine somme au gouvernement, à ouvrir un bureau, à le meu-bler, à m'acheter quelques livres, à faire des dépenses de toilette : à cela, mes ressources pécuniaires s'épuiseront bientôt. Je n'ai pas à craindre toutefois de me voir de longtemps obsédé par la clientèle ; mes rapports avec les hommes d'affaires, durant ma cléricature, ont été restreints, et je n'ai ni parents ni amis en état de me pousser. En outre, la cléricature que j'ai faite n'est guère propre à me donner une réputation d'habileté. Obligé d'écrire pour les gazettes, de traduire, de copier, d'enseigner le français et de faire mille autres choses, je n'ai pu apporter qu'une médiocre attention à l'étude de la pratique et de la procédure, et les questions les plus simples en apparence sont celles qui m'embarrasseront davantage. Tu vois que la perspective qui s'ouvre devant moi n'a rien de bien riant, comparée à l'heureux avenir qui t'attend.

« Ah ! je sais bien que si j'étais comme certains jeunes gens de ma classe, je pourrais facilement me tirer d'embarras. Je me mettrais en pension dans un des hôtels fashionables, sauf à en partir sans payer, au bout de six mois ; je me ferais habiller à crédit chez les tailleurs, les cordonniers, je ferais des comptes chez le plus grand nombre possible de marchands ; puis, à l'expiration de mon crédit, j'enverrais paître mes créanciers. Cela ne m'empêcherait pas de passer pour un *gentleman* ; au contraire. Avec mes beaux habits et mes libres allures je serais sûr d'en imposer aux badauds qui malheureusement sont presque toujours en majorité.

« Je connais de jeunes avocats qui se sont fait une clientèle de cette façon ; pour en être payés, leurs créanciers se trouvaient forcés de les employer.

« Mais que veux-tu ? Ce rôle n'est pas dans mon caractère. M'endetter sans être sûr de m'acquitter au jour de l'échéance, ce serait me créer des inquiétudes mortelles.

« Pardonne-moi, mon bon ami, si je ne te dis rien aujourd'hui de mes affaires de cœur. J'ai tant de tristesse dans l'âme que je ne puis même m'arrêter à des rêves de bonheur. D'ailleurs que pourrais-je t'apprendre que tu ne devines déjà ? Ce que j'aimerais mieux pouvoir dire, ce

187

seraient les paroles de Job : « J'ai fait un pacte avec mes yeux pour ne jamais regarder une vierge. »

« Mais toi, mon cher ami, parle-moi de ta Louise ; ne crains pas de m'ennuyer. Votre mariage est-il arrêté ? Et pour quelle époque ? Que tu es heureux ! Le jour où j'apprendrai que vous êtes unis sera l'un des plus beaux de ma vie.

« Ton ami dévoué,

« Gustave Charmenil »

Plusieurs fois, en lisant cette lettre, Jean Rivard sentit ses yeux se remplir de larmes. Naturellement sensible, sympathique, il eût donné tout au monde pour adoucir les chagrins de son ami. Pendant quelques moments il fut en proie à une vive agitation ; il allait et venait, se passant la main sur le front, relisait quelques passages de la lettre, et se détournait de nouveau pour essuyer ses yeux. Enfin, il parut tout à coup avoir pris une détermination, et ne voulant pas retourner à Louiseville avant de répondre quelques mots à la lettre qu'il venait de lire, il demanda au maître de poste une feuille de papier, et écrivit :

« Mon cher Gustave,

« Ta dernière lettre m'a rendu triste. Je vois bien que tu es malheureux ! Et dire pourtant qu'avec un peu d'argent tu pourrais être si heureux ! Ce que c'est ! comme le bonheur tient souvent à peu de chose ! Je voudrais bien avoir un peu plus de temps pour t'écrire et te dire toute mon amitié pour toi, mais il faut que je parte immédiatement si je veux me rendre à ma cabane avant la nuit. Je ne veux pas partir pourtant avant de te dire une idée qui m'est venue en lisant ta lettre. Je voudrais te proposer un arrangement. Tu sais que je suis presque riche déjà. Badinage à part, j'ai, ce printemps, près de cinq cents livres de sucre à vendre, ce qui me rapportera au moins vingt piastres ; je pourrai me passer de cette somme : je te la prêterai. Ce sera peu de chose, il est vrai, mais si ma récolte prochaine est aussi bonne que celle de l'année dernière, j'aurai une bonne quantité de grains à vendre vers la fin de l'automne, et je pourrai mettre une jolie somme de côté, que je te prêterai encore ; tu me rendras tout cela quand tu seras avocat, ou plus tard quand tu seras représentant du peuple. N'est-ce pas que ce sera une bonne affaire pour nous deux ? Dis-moi que tu acceptes, mon cher Gustave, et avant quinze jours tu recevras de mes nouvelles.

« Je n'ai pas le temps de t'en dire plus.

« Ton ami pour la vie,

« Jean Rivard »

Les quinze jours n'étaient pas expirés qu'une lettre arrivée de Montréal à Lacasseville, à l'adresse de Jean Rivard, fut transmise de cabane en cabane jusqu'à Louiseville. Elle se lisait ainsi :

« Ah ça ! mon ami, est-ce bien de toi que j'ai reçu une lettre dans laquelle on m'offre de l'argent ? Si c'est de toi, en vérité, pour qui me prends-tu donc ? Me crois-tu le plus vil des hommes pour que je veuille accepter ce que tu me proposes ? Quoi ! tu auras travaillé comme un mercenaire pendant près de deux ans, tu te seras privé de tous les plaisirs de ton âge, vivant loin de toute société, loin de ta mère, de ta famille, de tes amis, afin de pouvoir plus tôt t'établir et te marier... et ce sera moi qui recueillerai les premiers fruits de tes sueurs ? Ah ! Dieu merci, mon ami, je ne suis pas encore descendu jusque-là. Je suis plus pauvre que bien d'autres, mais j'ai du cœur autant que qui que ce soit. Je ne te pardonnerais pas, si je ne savais qu'en me faisant cette proposition, tu t'es laissé guider, moins par la réflexion que par une impulsion spontanée ; mais ta démarche va me priver à l'avenir d'une consolation qui me restait, celle d'épancher mes chagrins dans le sein d'un ami. Tu es le seul à qui j'aie jamais fait part de mes mécomptes, de mes embarras, parce qu'avec toi au moins je croyais pouvoir me plaindre sans paraître rien demander. Pouvais-je croire que tu prendrais mes confidences pour des demandes d'argent ? Va, je te pardonne, parce que je connais le fond de ton âme ; mais, une fois pour toutes, mon ami, qu'il ne soit plus question d'offre semblable entre nous : mon amitié est à ce prix.

« Tranquillise-toi d'ailleurs sur mon sort ; j'ai réussi dernièrement à me procurer du travail, et je suis maintenant sans inquiétude sur mon avenir.

« Adieu,

« Ton ami,

« Gustave Charmenil »

Jean Rivard pleura de nouveau en recevant cette réponse, mais il comprit qu'il était inutile d'insister, et tout ce qu'il put faire fut de compatir en silence aux peines de son ami.

.

# XXII

## La grande nouvelle

Les semailles du printemps étaient à peine finies qu'une nouvelle extraordinaire partie de Lacasseville, et transmise d'habitation en habitation à travers le canton de Bristol, vint mettre en émoi toute la petite population dispersée dans cette forêt séquestrée pour ainsi dire du reste du monde. Ce qui n'avait été jusqu'alors qu'un bruit, qu'une rumeur plus ou moins fondée, était enfin devenu un fait accompli : le gouvernement provincial avait ordonné la confection d'un chemin public à travers le canton de Bristol. Les arrangements préliminaires étaient déjà arrêtés, les journaliers étaient engagés, les contremaîtres nommés, l'honorable conseiller législatif Robert Smith, propriétaire du canton, et le représentant Arnold, celui qui avait acheté d'avance la potasse en se chargeant des frais de transport, étaient eux-mêmes à la tête de l'entreprise, et avaient la gestion des fonds affectés à la confection du chemin. Bientôt même on apprit que la route était tracée, les travaux commencés, les premiers arbres abattus, et que les travailleurs s'avançaient à grandes journées à travers l'épaisseur des bois. Les nouvelles de la prise de Sébastopol, de la découverte des mines d'or de la Californie, ou des révolutions qui ont éclaté depuis quelques années dans l'Ancien et le Nouveau Monde, n'ont causé nulle part une sensation plus vive, plus profonde, que n'en causa, chez les premiers colons du canton de Bristol, l'événement dont nous parlons. Malgré l'éloignement des habitations, on se réunissait de tous côtés pour en parler ; des gens qui ne se connaissaient pas, qui ne s'étaient jamais vus jusque-là, s'entretenaient de la chose comme d'un bonheur commun, comme d'un heureux événement de famille ; il y eut des feux de joie, des démonstrations, des réjouissances publiques ; une vie nouvelle semblait animer toute cette petite population.

Une activité extraordinaire se manifesta immédiatement dans toute l'étendue du canton ; de nouveaux défricheurs arrivèrent ; tous les lots situés sur la route qui n'avaient pas encore été concédés le furent dans l'espace de quelques jours.

On peut se faire une idée de la sensation que produisit cette nouvelle sur Jean Rivard. Il en fut comme étourdi ; pendant plusieurs nuits son sommeil, d'ordinaire paisible, se ressentit de la secousse qu'éprouva son esprit. Il passait des heures entières à rêver aux changements qu'allait nécessairement subir sa condition. De fait, cet événement en apparence si simple devait exercer la plus grande influence sur la fortune et les destinées de notre héros.

À ses yeux, la valeur de sa propriété était au moins triplée.

Bientôt un projet ambitieux, dont il se garda bien cependant de faire part à personne, s'empara de son esprit, et ne le quitta ni jour ni nuit. Disons en confidence au lecteur quel était ce projet que Jean Rivard caressait en secret, et dont la pensée lui procurait les plus douces jouissances qu'il eût encore éprouvées depuis le commencement de son séjour dans les bois.

« Me voilà, se disait-il à part lui, avec plus de trente arpents de terre en culture ; tout annonce que ma récolte de cette année sera fructueuse, abondante, et me rapportera bien au-delà du nécessaire. Avec ce surplus et le produit de ma potasse, je vais pouvoir acquitter toutes mes dettes et consacrer en outre une petite somme à l'amélioration de ma propriété. »

C'étaient déjà là des réflexions fort consolantes, des supputations très encourageantes. Mais une idée qui lui semblait présomptueuse venait immédiatement après :

« Pourquoi donc, ajoutait-il en se parlant à lui-même, ne pourrais-je pas dès cette année me bâtir une maison décente ? Avec un chemin comme celui que nous aurons, ne puis-je pas transporter facilement de Lacasseville à Louiseville les planches, les briques, la chaux et tous les autres matériaux nécessaires ? Et si après tout il me manquait quelque chose, ne pourrais-je pas, en exposant à mes créanciers l'état de mes affaires et les légitimes espérances que je fonde sur l'avenir, obtenir d'eux une prolongation de crédit ? »

De toute cette série de considérations à une idée encore plus ambitieuse et plus riante, il n'y avait qu'un pas. Une fois la cage construite, ne fallait-il pas un oiseau pour l'embellir et l'égayer ? Et cet oiseau se présentait à l'imagination de notre héros sous la figure d'une belle et fraîche jeune fille aux yeux bleus que nos lecteurs connaissent déjà.

« De fait, se disait-il enfin, pourquoi ne pourrai-je pas me marier dès cet automne ? Ce sera une année plus tôt que je n'avais prévu, mais une année de bonheur dans la vie n'est pas à dédaigner... »

La première fois que cette pensée se fit jour dans son cerveau, son cœur battit avec force pendant plusieurs minutes. Il n'osait s'abandonner à ce rêve enchanteur, craignant d'être le jouet d'une illusion. Toutefois, en réfléchissant de nouveau à ce projet, en l'envisageant de sang-froid et à tête reposée, il lui sembla de plus en plus réalisable, et notre héros ne fut pas longtemps avant d'avoir tout arrêté dans son esprit.

On a déjà vu que Jean Rivard n'avait pas l'habitude de remettre au lendemain ce qu'il pouvait faire la veille. Il était homme d'action dans toute la force du mot. Aussi, se rendre à Lacasseville, communiquer ses projets à son ami M. Lacasse, se rendre de là à Grandpré, y conclure différentes affaires, s'assurer les moyens de se bâtir dans l'automne et même dans l'été s'il le désirait, demander la main de mademoiselle Routier pour cette époque tant désirée — tout cela fut l'affaire de moins d'une semaine.

Grâce à l'activité infatigable de notre héros, cette semaine fut bien remplie et dut faire époque dans sa vie.

Son entrevue avec la famille Routier fut des plus satisfaisantes. Jean Rivard fut traité comme méritait de l'être un jeune homme de cœur, et se crut autorisé à demander Louise en mariage, ce qu'il fit tout en expliquant que son intention n'était pas de se marier avant la fin de l'automne.

Le père Routier répondit au jeune défricheur en lui faisant les compliments le plus flatteurs sur son courage et sa bonne conduite, ajoutant qu'il espérait que la Providence continuerait à bénir ses travaux, et que sa prochaine récolte lui permettrait de pourvoir amplement aux besoins et à l'entretien d'un ménage — que dans tous les cas la seule objection qu'il pût faire n'avait rapport qu'à l'époque fixée pour ce grand événement, si toutefois, ajouta le père en souriant et en regardant sa fille, si toutefois

Louise ne change pas d'idée... elle est encore jeune... et les filles sont si changeantes !...

— Ah ! papa !... s'écria involontairement la jeune fille en devenant rouge comme une fraise, et en levant vers son père des regards suppliants où se lisaient en même temps le reproche et la contrainte.

Cette naïve exclamation, et le mouvement spontané, dépourvu de coquetterie, qui l'accompagna, en dirent plus à Jean Rivard que n'auraient pu le faire les lettres les plus tendres.

Ce fut la réponse la plus éloquente, la plus touchante qu'il pût désirer à sa demande en mariage.

Notre héros repartit cette fois de Grandpré plus gai qu'à l'ordinaire, malgré les adieux toujours pénibles qu'il dut faire à sa mère et au reste de la famille. Mais la séparation fut moins cruelle, puisque l'absence devait être plus courte.

Avant de partir de Grandpré, Jean Rivard reçut une proposition qui, dans les circonstances, lui était on ne peut plus acceptable. La mère Guilmette, pauvre veuve d'environ cinquante ans, qui demeurait dans la famille Rivard depuis plus de vingt ans, qui avait vu Jean naître, grandir, s'élever, et s'était attachée à lui avec une affection presque maternelle, voyant que notre jeune défricheur allait avoir durant les mois de l'été et de l'automne un surcroît de travail, offrit courageusement de l'accompagner pour lui servir de ménagère.

Le manque de chemin avait jusque-là empêché Jean Rivard de songer à emmener une ménagère dans son établissement ; mais l'heure était venue où il pouvait sans inconvénient se procurer ce confort.

Le nouveau chemin du canton de Bristol se trouvait déjà achevé jusqu'à l'habitation de Jean Rivard et celui-ci, pour la première fois, put se rendre en voiture jusqu'au seuil de sa porte.

Notre héros avait fait l'acquisition d'un cheval et d'une petite charrette de voyage.

Pierre Gagnon ne se possédait plus de joie en voyant arriver son Empereur assis à côté de la mère Guilmette.

Cette dernière était une ancienne connaissance de Pierre Gagnon qui, plus d'une fois, avait pris plaisir à la plaisanter et à la taquiner. Il se proposait bien de l'attaquer de nouveau, car la mère Guilmette entendait raillerie et ne laissait jamais passer une parole sans y répondre.

Pierre Gagnon avait plusieurs autres raisons d'être satisfait de ce changement. D'abord il allait faire jaser tant et plus la bonne femme sur tout ce qui s'était passé à Grandpré durant les derniers six mois — car sous ce rapport Jean Rivard n'était pas encore aussi communicatif que le désirait Pierre Gagnon —, il allait pouvoir raconter, rire, badiner, à son cœur content. Mais ce qui valait encore mieux, il allait être déchargé de ses fonctions de cuisiner, de blanchisseur, et surtout du soin de traire la Caille. Toutes ces diverses charges se trouvaient de droit dévolues à la mère Guilmette, qui allait en outre avoir le soin des poules, du petit porc et du jardinage.

La vieille ménagère ne se trouva pas d'abord à l'aise, comme on le pense bien, dans la cabane de Jean Rivard. Elle y manquait de beaucoup de choses fort commodes dans le ménage ; la fraîche laiterie de madame Rivard à Grandpré, l'antique et grand dressoir, les armoires de toutes sortes, les buffets, le linge blanc comme la neige, tout cela revenait bien de temps à autre se représenter à sa mémoire comme pour contraster avec ce qui l'entourait ; peu à peu cependant elle s'habitua à son nouveau genre de vie, et grâce à l'obligeance de Pierre Gagnon qui tout en la raillant sans cesse était toujours disposé à lui rendre mille petits services, à aller quérir son eau à la rivière, allumer son feu, confectionner tous les jours, pour sa commodité, quelques meubles de son invention, elle put introduire en peu de temps des améliorations importantes dans la régie intérieure de l'établissement.

Puis elle se consolait en songeant à la maison nouvelle qu'elle aurait dans l'automne et dont Jean Rivard et ses hommes s'entretenaient tous les jours devant elle.

Vu l'exiguïté de l'habitation, déjà trop encombrée, Jean Rivard et ses deux hommes avaient depuis le printemps converti la grange en dortoir ; ils dormaient là chaque nuit sur leurs lits de paille mieux que les rois dans leurs alcôves moelleuses ; et la mère Guilmette disposait seule en reine et maîtresse de toute la cabane de Jean Rivard.

# XXIII

## La corvée

Sans avoir le vaste génie de Napoléon, Jean Rivard semblait avoir la même confiance en son étoile.

Ainsi, dès qu'il eut obtenu la main de Louise, et
avant même de connaître le résultat de sa prochaine récolte, il résolut de se bâtir une maison. Cette entreprise
avait, comme on l'a déjà dit, été depuis longtemps le sujet
de ses rêves. Bien des fois il en avait causé avec ses
compagnons de travail. Il en avait tracé le plan sur le
papier ; et les divers détails de la construction, les divisions du bâtiment, les dimensions de chaque appartement,
le plus ou moins de solidité à donner à l'édifice, et plusieurs autres questions de même nature occupaient son
esprit depuis plus d'un an. Aussi, au moment dont nous
parlons, son plan était-il déjà parfaitement arrêté.

Toutes les pièces destinées à la charpente de l'édifice avaient été coupées, équarries et tirées sur la place ; et
en revenant de Grandpré, Jean Rivard avait acheté à Lacasseville les planches et les madriers, la chaux, les portes,
les fenêtres et les ferrures nécessaires à la construction.

Quant au bardeau pour la toiture, il avait été fait à
temps perdu par nos défricheurs durant l'hiver et les journées de mauvais temps.

Jean Rivard engagea d'abord les services d'un *tailleur* qui, en trois ou quatre jours, aidé de ses deux hommes, put tracer et préparer tout le bois nécessaire.

Quand les matériaux furent prêts et qu'il ne fut plus question que de *lever*, Jean Rivard résolut, suivant la coutume canadienne, d'appeler une *corvée*.

Le mot « corvée », d'après tous les dictionnaires de la langue française, s'emploie pour désigner un travail gratuit et forcé qui n'est fait qu'à regret, comme, par exemple, la corvée seigneuriale, les corvées de voirie, etc., regardées partout comme des servitudes. Mais il a dans le langage canadien un sens de plus qui date sans doute des premiers temps de l'établissement du pays.

Dans les paroisses canadiennes, lorsqu'un *habitant**
veut lever une maison, une grange, un bâtiment quel-conque exigeant l'emploi d'un grand nombre de bras, il invite ses voisins à lui donner un coup de main. C'est un travail gratuit, mais qui s'accomplit toujours avec plaisir. Ce service d'ailleurs sera rendu tôt ou tard par celui qui le reçoit ; c'est une dette d'honneur, une dette sacrée que personne ne se dispense de payer.

Ces réunions de voisins sont toujours amusantes ; les paroles, les cris, les chants, tout respire la gaieté. Dans ces occasions, les tables sont chargées de mets solides, et avant l'institution de la tempérance le rhum de la Jamaïque n'y faisait pas défaut.

Une fois l'œuvre accomplie, on plante sur le faîte de l'édifice ce qu'on appelle le « bouquet », c'est-à-dire quelques branches d'arbre, dans la direction desquelles les

---

\* C'est avec intention que je me sers de ce mot qui date aussi des premiers temps de la colonisation de la Nouvelle-France et qui restera dans le langage canadien.

jeunes gens s'amusent à faire des décharges de mousqueterie. C'est une fête des plus joyeuses pour la jeunesse.

Mais dans les nouveaux établissements, où l'on sent plus que partout ailleurs le besoin de s'entraider, la corvée a, s'il est possible, quelque chose de plus amical, de plus fraternel ; on s'y porte avec encore plus d'empressement dans les anciennes et riches paroisses des bords du Saint-Laurent. Chez ces pauvres mais courageux défricheurs, la parole divine « aimez-vous les uns les autres » va droit au cœur. Parmi eux la corvée est un devoir dont on s'acquitte non seulement sans murmurer, mais en quelque sorte comme d'un acte de religion.

Ainsi, quoique Jean Rivard n'eût invité, pour l'aider à lever sa maison, que les hommes de la famille Landry et quelques autres des plus proches voisins, il vit, le lundi matin, arriver avec eux plus de trente autres colons établis de distance en distance à quelques milles de son habitation, lesquels ayant appris des jeunes Landry la circonstance de la corvée, s'empressaient de venir exécuter leur quote-part de travail. Il ne fut pas peu surpris de rencontrer parmi eux plusieurs jeunes gens qu'il avait connus intimement à Grandpré, dont quelques-uns même avaient été ses compagnons d'école et de catéchisme. Les anciens camarades se serrèrent cordialement la main, se promettant bien de continuer à être amis à l'avenir comme ils l'avaient été par le passé.

Chacun avait apporté avec soi sa hache et ses outils, et l'on se mit de suite à l'œuvre. Le bruit de l'égoïne et de la scie, les coups de la hache et du marteau, les cris et les chants des travailleurs, tout se faisait entendre en même temps ; l'écho de la forêt n'avait pas un instant de répit. Jean Rivard ne pouvait s'empêcher de s'arrêter de temps à autre pour contempler cette petite armée d'hommes laborieux, et lorsqu'il songeait que moins de deux ans auparavant il était seul avec Pierre Gagnon dans cette forêt encore vierge, ce qu'il avait maintenant sous ses yeux lui paraissait un rêve.

L'imagination de Pierre Gagnon s'exaltait aussi à la vue de ce progrès, et ses souvenirs historiques se représentaient en foule à sa mémoire. La maison qu'on était en train d'ériger n'était rien moins que le Palais de l'Empereur ; c'était Fontainebleau ou le Luxembourg, qu'on allait décorer pour recevoir l'Impératrice Marie-Louise.

Malgré les rires, les chants et les bavardages, l'ouvrage progressa si rapidement que dès le soir même du premier jour la maison était déjà debout.

La vieille ménagère de Jean Rivard eut fort à faire ce jour-là. Heureusement que la veille au soir Jean Rivard, ayant été faire la chasse aux tourtes, avait rapporté quelques douzaines de cet excellent gibier ; il put ainsi offrir à ses convives quelque chose de plus que l'éternel lard salé. Une soupe aux tourtes aux petits pois n'est pas à dédaigner. Le jardin de Jean Rivard offrait déjà d'ailleurs des légumes en abondance. La mère Guilmette dut renoncer toutefois à écrémer son lait ce jour-là, et ses beaux vaisseaux de lait caillé disparaissaient l'un après l'autre, en dépit des regards mélancoliques qu'elle leur lançait en les déposant sur la table. Ce qui contribuait aussi un peu sans doute à la faveur particulière accordée à ce dessert, c'est que chaque terrinée était couverte d'une couche de sucre d'érable, assaisonnement qui ne déplaît pas à la plupart des goûts canadiens.

Dans la soirée, les jeunes gens s'amusèrent à tirer à poudre sur le bouquet de la bâtisse ; et Pierre Gagnon chanta son répertoire de chansons.

Une question assez délicate se présenta dans le cours de cette soirée. Jean Rivard eût bien voulu offrir à ses nombreux voisins, en les remerciant de leurs bons services, quelque autre rafraîchissement que l'eau de la rivière de Louiseville ou le lait de la Caille ; il s'était même procuré, à cette intention, quelques gallons de *whisky*, destinés à être bus au succès et à la prospérité de la nouvelle colonie. Mais le père Landry, qui avait plus d'expérience que Jean Rivard, et qui craignait pour ses grands garçons le goût de cette liqueur traîtresse, lui représenta avec tant de force et de conviction les maux de toutes sortes, les malheurs, les crimes, la pauvreté, les maladies engendrées par la boisson ; il lui exposa avec tant de sens et de raison le mauvais effet que produirait sur tous les habitants du canton l'exemple donné ainsi par celui qui en était considéré comme le chef, que Jean Rivard finit par se laisser convaincre, et dès le lendemain les deux cruches de whisky repartirent pour Lacasseville.

Un menuisier et un maçon furent employés pendant une quinzaine de jours à compléter l'intérieur de la maison.


Rien de plus simple que le plan de la demeure de Jean Rivard.

Elle était complètement en bois ; elle avait trente pieds sur trente, un seul étage, avec en outre cave et grenier. L'intérieur parfaitement éclairé par des fenêtres pratiquées sur tous les côtés, et rendu accessible par deux portes, l'une placée au milieu de la façade et l'autre en arrière communiquant avec la cuisine, était divisé en quatre appartements d'égale grandeur. Il y avait ainsi cuisine, chambre à dîner, chambre de compagnie et chambre à coucher. Deux petites fenêtres pratiquées dans le haut des pignons permettaient de convertir au besoin une partie du grenier en dortoir. Un simple perron exhaussé à deux pieds du sol s'étendait le long de toute la façade, et la couverture projetait juste assez pour garder des ardeurs du soleil sans assombrir l'intérieur du logis.

Tout l'extérieur devait être lambrissé, et l'intention de Jean Rivard était de la faire blanchir chaque année à la chaux pour préserver le bois des effets de la pluie et des intempéries des saisons. Les contrevents devaient être peinturés en vert ; c'était une fantaisie romanesque que voulait se donner notre héros. Il croyait aussi, et la suite démontra qu'il avait deviné juste, que cette diversité de couleurs donnerait à sa maison une apparence proprette et gaie qui ne déplairait pas à la future châtelaine.

« Avant que cette maison ne tombe en ruine, se disait-il, je serai en état de m'en bâtir une autre en brique ou en pierre. »

La situation, ou l'emplacement de sa maison, avait aussi été pour Jean Rivard l'objet de longues et fréquentes délibérations avec lui-même ; mais la ligne établie par le nouveau chemin avait mis fin à ses indécisions. Il avait fait choix d'un petite butte ou colline à pente très douce, éloignée d'une cinquantaine de pieds de la route publique ; la devanture devait faire face au soleil du midi. De la fenêtre donnant à l'ouest il pouvait entendre le murmure de la petite rivière qui traversait sa propriété. À l'est et un peu en arrière se trouvait le jardin, dont les arbres encore en germe ombrageraient plus tard le toit de sa demeure. Jean Rivard, malgré ses rudes combats contre les arbres de la forêt, était loin cependant de leur garder rancune, et il n'eut rien de plus pressé que de faire planter le long du nouveau chemin, vis-à-vis sa propriété, une suite d'arbrisseaux qui plus tard serviraient d'ornement durant la belle saison, et prêteraient à ses enfants la fraîcheur de leur ombrage. Il en planta même quelques-uns dans le parterre situé en face de sa maison, mais il se garda bien d'y ériger un bosquet touffu, car il aimait avant tout l'éclat brillant et vivifiant de la lumière, et il n'oubliait pas l'aphorisme hygiénique : que « là où n'entre pas le soleil le médecin y entre ».

# XXIV

## Un chapitre scabreux

Au risque d'encourir à jamais la disgrâce des poètes, je me permettrai d'exposer dans un tableau concis le résultat des opérations agricoles de notre héros durant l'année 1845, et de faire connaître l'état de ses affaires au moment où la question de son mariage fut définitivement résolue.

Jean Rivard aurait pu ajouter aux quinze arpents défrichés et semés l'année précédente vingt autres arpents nouvellement abattus, ce qui lui avait constitué pour l'année 1845 une étendue de trente-cinq arpents de terre en culture. Je ne m'arrêterai pas aux détails et procédés des semailles et des récoltes qui furent à peu près les mêmes que ceux de la première année, avec cette différence toutefois qu'ils parurent beaucoup plus simples et plus faciles, grâce sans doute à l'habitude, et grâce aussi peut-être à l'usage de quelques ustensiles nouveaux que la confection du chemin public avait permis à Jean Rivard d'importer à Louiseville.

Le tableau suivant fera voir d'un coup d'œil la manière dont Jean Rivard avait réparti ses semences, et (par anticipation) le résultat de sa récolte, ainsi que la valeur en argent représentée par la quantité de grains récoltés :

| | | | | | |
|---|---|---|---|---|---|
| 8 arpents semés en blé rapportèrent 160 minots, valant | | | | | £40 00 |
| 8 | " | en avoine | " | 300 | " | 15 00 |
| 3 | " | en orge | " | 60 | " | 9 00 |
| 3 | " | en pois | " | 30 | " | 4 00 |
| 3 | " | en sarrasin | " | 90 | " | 10 00 |
| 6 | " | en patates | " | 1000 | " | 40 00 |
| 3 | " en foin et en légumes divers, pour une valeur de | | | | 24 00 |

En outre, un arpent ensemencé en légumes de table et servant de jardin potager rapporta pour une valeur d'environ    8 00
Ajoutons à cela que la cendre des vingt arpents nouvellement défrichés avait produit huit barils de potasse représentant une valeur d'au moins    50 00

Total*    200 00

Jean Rivard calculait qu'en prenant sur ce total tout ce que requerraient les besoins de sa maison durant l'année suivante, et en retenant de chaque espèce de grains et de légumes la proportion nécessaire aux semailles du printemps suivant, il lui resterait encore pour une valeur d'au moins cent louis qu'il pourrait consacrer au paiement de ses dettes et à l'amélioration de sa propriété. Ses dettes se composaient des arrérages de gages de ses hommes, et

---

* Les personnes qui seraient tentées de croire exagérés les chiffres que nous venons de donner sont priées de relire l'intéressante brochure des missionnaires publiée en 1851, où elles trouveront des exemples de succès encore plus étonnants que ceux de Jean Rivard. Elles y liront, par exemple, pages 15 et 16 :

« Il existe dans Shipton un cultivateur ; il y a vingt ans il n'était que journalier. Veut-on savoir le montant des produits de sa terre dont il peut disposer annuellement ? Citons l'année présente qui ne montre rien de plus que les années dernières. Nous ne pouvons donner que des chiffres approximatifs, mais nous pouvons assurer qu'ils ne sont pas

de ses comptes courants avec les marchands de Lacasse-ville, chez lesquels il avait acheté les ferrures, les planches, la chaux et les autres matériaux employés à la construction de sa maison. Le tout pouvait s'élever à une somme de soixante-dix à quatre-vingts louis, de sorte qu'il lui restait, d'après ses calculs, une vingtaine de louis qu'il pourrait consacrer aux frais d'ameublement de sa maison et aux petites dépenses devant nécessairement résulter de son prochain mariage.

Disons tout de suite, à la peine d'anticiper encore sur les événements, que les opérations du battage et du vannage furent cette année de beaucoup simplifiées.

Grâce toujours au nouveau chemin, le père Landry avait pu aller chercher son moulin à battre laissé jusque-là à Grandpré, et ce moulin servit à tour de rôle à toute la population du canton de Bristol. En quelques jours, tout le grain de Jean Rivard fut battu, vanné, et une grande partie expédiée chez le marchand.

---

exagérés. Cet heureux cultivateur a vendu, depuis l'automne, des animaux pour un montant de £25 00 ; du lard pour £22 10 0 ; du beurre pour £50 à £60. Le foin dont il peut disposer lui aura rapporté £20 à £30 et les patates £20 10 à peu près. Ainsi les produits de sa ferme lui procurent chaque année la jolie somme d'environ £200. Nous prions le lecteur de remarquer que tous les articles ci-dessus mentionnés sont un surplus de produits en sus de ce qu'il emploie à la subsistance de la famille.

« Trois autres cultivateurs établis au même lieu et à peu près dans le même temps ont eu un succès à peu près semblable. »

M. N. Piché, missionnaire, écrivait en 1860 au journal *L'Ordre* des lettres fort intéressantes, dont nous extrayons ce qui suit, tout en regrettant de ne pouvoir les citer en entier :

Quelle bénédiction que cette machine à battre ! quel travail long, fatigant, ennuyeux, malsain, elle épargne au cultivateur ! Et pour celui qui, comme Jean Rivard, sait employer utilement chaque heure de la journée, quel immense avantage offre l'emploi de cette machine expéditive !

Consacrons maintenant quelque lignes à l'inventaire de la fortune de Jean Rivard, à l'époque de son mariage, c'est-à-dire deux ans après son entrée dans la forêt.

On a déjà vu que notre défricheur avait la louable habitude de mettre par écrit tous les faits, tous les résultats qui pouvaient l'éclairer dans ses opérations journalières. Aussi avait-il pu, dès la première année, dire au juste ce que lui avait rapporté de profit net chaque arpent de chaque espèce de semence. Tout était calculé avec exactitude et précision, et il lui était facile de faire en tout temps un inventaire fidèle de ses dettes actives et passives.

--------

« Missionnaire depuis cinq ans dans les Augmentations de Kildare et le township de Cathcart, formant la paroisse du Bienheureux-Alphonse, tout à fait au nord du comté de Joliette, j'ai fait tout en mon pouvoir pour favoriser la colonisation dans cette mission. Je me suis appliqué à connaître quels moyens pécuniaires avaient ceux qui sont autrefois venus s'établir dans ce township. J'ai vu ouvrir et agrandir les terres de chaque colon, et j'ai été surpris de l'augmentation de leurs revenus et par conséquent des richesses des habitants.

« Il y a, dans cette mission, près de 200 propriétaires résidents, Canadiens et Irlandais. Presque tous les lots du township Cathcart sont occupés ; les six premiers rangs le sont tous, et il y a des habitants jusqu'au 10e rang. Il n'y avait personne résidant dans ce township, il y a 17 à 18 ans. Tous

Je n'ennuierai pas le lecteur en exposant dans tous ses détails le bilan de notre défricheur. Je me contenterai de dire que, après avoir calculé l'accroissement de valeur donnée à sa propriété par ses travaux de défrichement, après avoir supputé le prix de ses animaux, ustensiles, articles d'ameublement, puis les produits de sa récolte et de sa potasserie, et en avoir déduit le chiffre des dépenses, y compris les gages de ses deux hommes, il se trouvait, dès la première année, avoir augmenté sa richesse d'une somme d'au moins quatre-vingts louis.

N'est-ce pas là déjà un fait encourageant ?

Mais le résultat de la seconde année fut encore plus satisfaisant. Grâce à ses nouveaux défrichements, grâce surtout à la confection du nouveau chemin public, la valeur des cent acres de terre qu'il avait achetés au prix de six cents francs s'était élevée jusqu'à la somme d'au moins trois cents louis. Sa maison, sa grange, ses animaux, ses

---

les colons qui y sont venus s'établir étaient dans la plus grande pauvreté, dénués de tout, manquant même bien souvent des choses les plus nécessaires à la vie, et plusieurs d'entre eux chargés de dettes.

« C'étaient pour la plupart de bons pères de familles qui, étant obligés de gagner leur vie et celles de leurs enfants, chez les cultivateurs des anciennes et vieilles paroisses, n'ayant aucune espérance d'établir près d'eux leurs enfants, craignant au contraire qu'ils n'allassent en pays étrangers, ont prit le chemin de la montagne. Leurs haches et leur courage étaient tout ce qu'ils avaient. Que de misères ils ont eu à endurer les premières années ! Ils n'étaient logés que dans de pauvres cabanes, ne se nourrissaient que bien misérablement ! Ils étaient obligés de transporter sur leurs dos leurs provisions, des 4 et 6 milles. Mais aussi qu'ils étaient bien récompensés de leurs peines, leurs misères, et surtout de tant

ustensiles agricoles, ses effets de ménage et sa récolte constituaient une autre valeur d'au moins deux cents louis.

Total : cinq cents louis.

Et toutes ses dettes étaient payées.

Voilà ce qu'avait produit, en moins de deux années, à l'aide du travail et de l'intelligence, un patrimoine de cinquante louis !

Combien, parmi la multitude de jeunes gens qui chaque année embrassent le commerce ou les professions libérales, combien peuvent se glorifier, dès le début, d'un aussi beau succès ?

---

de privations, aussitôt qu'ils pouvaient confier quelques grains à cette terre arrosée de leurs sueurs. Des récoltes abondantes étaient leurs récompenses et les engageaient à ouvrir davantage ces terres pour semer beaucoup plus l'année suivante. C'est ainsi qu'après trois ou quatre ans ces pauvres colons récoltaient assez pour nourrir leurs familles l'hiver suivant. Quelle joie pour ces familles entières d'avoir un *chez-soi*, une récolte abondante, de ne plus être obligées de gagner leur pain, par leur travail de tous les jours, chez un étranger, obligées de se plier au caprice des uns des autres. Et tout cela dans 4 ou 5 ans. Ces pères de familles ayant pris 3 ou 4 cents acres de terres ont ensuite établi leurs enfants, et se sont ainsi assurés que ces derniers ne les laisseraient pas. Quelle consolation pour leurs vieux jours ! Dans toute ma mission, il y a au-dessus de 100 familles venues pour s'établir, il n'y a que 12 à 15 ans, qui vivent maintenant à l'aise. Beaucoup ont payé leurs dettes, quelques-uns même qui n'avaient absolument rien il y a 12 à 15 ans peuvent maintenant vivre avec la rente seule de leur argent. Je pourrais parler plus au long de ces avantages sans tomber dans l'exagération. Je serais même heureux si quelques amis de la colonisation visitaient les colons de mon township. »

Jean Rivard lui-même en était étonné. Il répétait souvent le vers du poète :

*Grâce au ciel, mon bonheur passe mon espérance.*

Mais si le passé ne lui offrait rien que d'encourageant, l'avenir se présentait encore sous de plus riantes couleurs. Pour le défricheur, aussi bien que pour l'industriel ou l'homme de profession, tout dépend du premier

---

Nombre de faits de même nature pourraient être cités au besoin. On trouve aussi dans une brochure récemment publiée par le Secrétaire du Bureau d'Agriculture l'évaluation suivante de ce que peut rapporter au bout de deux ans une terre de 100 acres :

### DÉPENSES

| | |
|---|---|
| Prix de 100 acres de terre à 3s 3d | £ 16 5 0 |
| Pour faire défricher, clôturer, et ensemencer, | |
| à £ 3 10 par acre | £ 350 0 0 |
| Pour construire une petite maison | £ 50 0 0 |
| Pour deux paires de bœufs, avec attelage | £ 34 0 0 |
| Chaudière à potasse, etc. | £ 10 0 0 |
| Fabrication de la potasse, barils, etc. | £ 40 0 0 |
| Seconde année, pension et gages de 3 hommes, et de | |
| 5 durant les récoltes, entretien des bœufs, etc. | £ 180 0 0 |
| | £ 680 5 0 |

### RECETTES

| | |
|---|---|
| Potasse, 20 barils à $ 6 | £ 120 0 0 |
| Bois de pin, savoir cent arbres à 6s | £ 30 0 0 |
| Première récolte de blé, 2000 minots à 5s | 500 0 0 |
| Seconde récolte, orge, seigle, avoine, pois | |
| et patates, £ 3 par acre | 300 0 0 |
| | £ 950 0 0 |
| Surplus, après la seconde récolte, sans compter | |
| la terre | 269 15 0 |

pas. Dans toutes les carrières, les commencements sont hérissés de difficultés et d'ennuis ; dans celle du défricheur plus peut-être que dans aucune autre. Mais celui qui, comme notre héros, a pu sans presque aucun capital, par sa seule énergie, sa persévérance, sa force de volonté, son intelligence et son travail, franchir tous les obstacles et atteindre au premier succès, peut dire sans crainte : l'avenir est à moi.

Jean Rivard avait pleine confiance dans la Providence qui l'avait protégé jusque-là ; que Dieu me laisse la santé, disait-il, et ma fortune s'accroîtra d'année en année ; chaque jour de mon travail augmentera ma richesse ; et avant dix ans je verrai mon rêve se réaliser, ma prédiction s'accomplir.

C'est en faisant ces réflexions et en se livrant à ces espérances que Jean Rivard partit de Louiseville au commencement du mois d'octobre pour se rendre à Grandpré, laissant à sa maison son engagé Lachance.

Il emmenait avec lui, pour la faire assister à ses noces, sa vieille et respectable ménagère, la mère Guilmette, qui s'était toujours montrée pour lui pleine d'attention et de dévouement. Il emmenait aussi son fidèle serviteur et compagnon Pierre Gagnon.

« C'est bien le moins, disait-il à celui-ci, que tu assistes à mes noces, puisque sans toi je ne me marierais pas. »

Ce brave et rustique Pierre Gagnon, malgré sa froideur apparente, ressentait vivement ces marques de bonté ; cette dernière était de nature à le toucher plus qu'aucune autre, car elle allait lui permettre de revoir, lui aussi, après deux ans d'absence, ses anciens amis de Grandpré qu'il n'avait pu oublier au milieu de ses travaux les plus durs et de ses plus folles gaietés.

Mais il ne voulut pas partir sans se faire suivre de sa gentille Dulcinée qui n'aurait supporté que très difficilement l'absence de son maître. Pierre Gagnon d'ailleurs était fier de son élève et ne voulait pas manquer une aussi belle occasion de la produire dans le monde.

En passant au bureau de poste de Lacasseville, Jean Rivard y trouva une nouvelle lettre de son ami Gustave qu'il s'empressa de décacheter :

### Cinquième lettre de Gustave Charmenil

« Mon cher ami,

« Je regrette beaucoup que des circonstances imprévues ne me permettent pas d'accepter l'invitation que tu me fais d'assister à tes noces. Heureux mortel ! je serais jaloux de toi, si je ne connaissais ton bon cœur et si je ne savais que tu as mérité cent fois par ton travail et ton courage le bonheur dont tu vas jouir. Te voilà établi, avec un moyen d'existence assuré, une belle et vertueuse compagne pour égayer tes jours... que peux-tu désirer de plus ?

« Et mon ancienne belle inconnue, dont tu t'informes encore dans chacune de tes lettres ?... Ah ! mon cher ami, je puis maintenant t'annoncer une nouvelle que je n'aurais pas eu la force de t'écrire, il y a un mois... Elle est... mariée ! Oui, mon cher ami, malgré ma première détermination bien arrêtée, j'avais fini, comme tu sais, par la connaître, lui parler, et apprendre sur son compte diverses particularités qui me la faisaient aimer davantage. Je me surprenais à faire encore malgré moi d'inutiles et chimériques projets, lorsqu'un dimanche du mois dernier, ne la voyant pas dans l'église à sa place ordinaire, et alarmé déjà de cette absence inusitée, j'entendis tout à coup au prône le prêtre annoncer parmi les promesses de mariage celle de M. X***, avocat, et de mademoiselle Joséphine Esther Adéline Du Moulin ! Je fus frappé comme de la foudre, et j'eus toutes les peines du monde à cacher à mes voisins les émotions terribles qui m'agitaient ; le cœur me battait à me rompre la poitrine.

« Chaque jour depuis, mon cher ami, je maudis malgré moi un état où les plus belles années de la vie se passent dans la privation des plaisirs du cœur, où le jeune homme doit tenir ensevelis au-dedans de lui-même les plus beaux sentiments de la nature, exposé sans cesse à se perdre au milieu des flots agités de cette mer orageuse qu'on appelle le monde.

« Mais c'est assez me désoler quand je ne devrais que te féliciter. J'espère que j'aurai un jour le plaisir d'accomplir ce devoir en personne. En attendant, je demeure, mon cher ami,

« Ton ami dévoué,

« Gustave Charmenil »

# XXV

## Le mariage et la noce

Enfin, le dimanche cinq octobre 1845, monsieur le curé de Grandpré fit au prône, avec toute la solennité accoutumée, la publication des bans qui suit :

> « Il y a promesse de mariage entre Jean Rivard, ci-devant de cette paroisse, maintenant domicilié dans le canton de Bristol, fils majeur de feu Jean-Baptiste Rivard et d'Eulalie Boucher, ses père et mère de cette paroisse, d'une part ; et Louise Routier, fille mineure de François Routier et de Marguerite Fortin, ses père et mère aussi de cette paroisse, d'autre part. C'est pour la première et dernière publication. »

Le contrat de mariage avait été signé la veille par-devant maître Boudreau, notaire de Grandpré. On y avait stipulé communauté de biens entre les deux futurs époux, douaire coutumier en faveur de l'épouse, don mutuel en faveur du survivant des deux conjoints. Le père Routier avait donné à sa fille, en avancement d'hoirie, une somme de six cents francs en argent, une vache, deux mères moutonnes, dix poules, un lit garni, une armoire, un rouet, sans compter le trousseau qui n'avait rien, il est vrai, d'aussi riche que les trousseaux de la plupart de nos jeunes citadines, mais qui en revanche se composait d'objets plus utiles et plus durables et devait être par conséquent plus profitable à la communauté.

Mais la partie plus précieuse de la dot de mademoiselle Routier consistait dans ses habitudes d'industrie, d'ordre et d'économie. Elle avait été élevée par une mère de talent, et surtout de jugement, qui avait compris que l'un des principaux devoirs était d'initier de bonne heure sa fille à tout ce qui concerne les soins domestiques. Aussi était-elle, quoique n'ayant pas encore vingt ans, parfaitement au fait de tous les devoirs d'une maîtresse de maison. Elle pouvait présider à la cuisine et au besoin s'occuper des moindres détails de la basse-cour. Elle pouvait en outre coudre et tailler elle-même tout son linge de corps et de ménage, et confectionner sans le secours de personne ses divers effets de toilette. Aucune affaire d'intérieur ne lui était étrangère.

Pour le père Routier et surtout pour madame Routier, le mariage de Louise et son départ de la maison étaient loin d'être considérés comme un avantage ; c'était au contraire un sacrifice de plus d'un genre. Louise n'appartenait pas à cette classe de la société où la jeune fille douée d'intelligence, de force et de santé est cependant regardée comme une cause de dépenses plutôt que comme une source de richesse, où (chose pénible à dire !) elle est en quelque sorte comme un fardeau dans la maison de son père ! Erreur impardonnable dans l'éducation de la famille, qui laisse incultes et sans utilité des facultés que Dieu donne à toutes ses créatures pour les développer, les perfectionner et les faire servir au bonheur général.

Si l'on songe maintenant à toutes les autres qualités de mademoiselle Routier, à sa gaieté, à l'amabilité de son caractère, à sa sensibilité et, par-dessus tout, à sa nature aimante et dévouée, on admettra que Jean Rivard avait été aussi heureux dans le choix de sa femme que dans tout le reste.

Mardi, le sept octobre, à sept heures du matin, une procession composée d'environ quarante *calèches*, traînées chacune par un cheval fringant, brillamment enharnaché, se dirigeait de la maison de monsieur François Routier vers l'église paroissiale de Grandpré.

C'était la noce de Jean Rivard.

Dans la première voiture on voyait la mariée, vêtue de blanc, accompagnée de son père ; venait ensuite une autre voiture avec le garçon et la fille d'honneur, ou comme on dit plus généralement, le suivant et la suivante, dans la personne du frère aîné de Louise Routier, et celle de mademoiselle Mathilde Rivard avec laquelle nous avons déjà fait connaissance. Il eût été sans doute facile pour mademoiselle Routier d'avoir un plus grand nombre de filles d'honneur, mais elle se contenta volontiers d'une seule. Les parents, amis et connaissances des deux futurs venaient ensuite ; puis enfin, dans la dernière calèche, se trouvait, vêtu de noir, le marié accompagné d'un oncle qui lui servait de père.

En apercevant cette longue suite de voitures sur la route de Grandpré, les femmes et les enfants se précipitaient vers les portes et les fenêtres des maisons, en s'écriant : voilà la noce. Les gens occupés aux travaux des champs s'arrêtaient un instant pour les regarder passer.

Arrivés à l'église, le fiancé et la fiancée furent conduits par la main, par leurs pères respectifs, jusqu'au pied des balustres.

Après la messe et la cérémonie nuptiale, toute l'assistance se rendit à la sacristie où fut signé l'engagement irrévocable.

Sortis de la sacristie, les deux fiancés, devenus mari et femme, montèrent dans la même voiture, et prirent les devants, leurs pères respectifs occupant cette fois la calèche de derrière.

Il y avait dans le carillon des cloches, dans la propreté coquette des voitures, des chevaux et des attelages, dans les paroles, la tenue, la parure et les manières de tous les gens de la noce un air de gaieté difficile à décrire.

Si quelque lecteur ou lectrice désirait obtenir de plus amples renseignements sur la toilette de la mariée et celle de sa fille d'honneur, je serais obligé de confesser mon ignorance ; toutefois, à en juger d'après ce qui se pratiquait alors en pareille circonstance dans la classe agricole, je pourrais affirmer sans crainte que l'habillement complet de mademoiselle Routier, qui était mise à ravir, ne coûtait pas cent francs, et celui de sa suivante encore moins. Cette question d'ailleurs, tout importante qu'elle fût à leurs yeux (auraient-elles été femmes sans cela ?), ne les avait nullement empêchées de dormir.

Et les cadeaux de noces, cause d'insomnies et de palpitations de cœur chez la jeune citadine, sujet inépuisable de conversation, d'orgueil et d'admiration, à peine en fut-il question dans la famille Routier, ce qui pourtant ne nuisit en rien, j'en suis sûr, au bonheur futur du jeune ménage.

De retour chez monsieur Routier — car c'est là que devait se passer le premier jour des noces —, le jeune couple dut, suivant l'usage, embrasser l'un après l'autre tous les invités de la noce, à commencer par les pères, mères, frères, sœurs, et autres proches parents. Près de deux cents baisers furent ainsi dépensés dans l'espace de quelques minutes, au milieu des rires, des éclats de voix et d'un mouvement général.

Le repas n'étant pas encore servi, on alla faire un tour de voiture, après quoi les invités vinrent tous s'asseoir à une longue table, à peu près dans l'ordre suivant : le marié et la mariée occupaient le haut bout de la table appelé la place d'honneur ; à leur droite le suivant et la suivante, et à gauche les père et mère de chacun des époux. Les autres convives se placèrent dans l'ordre qu'ils jugèrent convenable.

La table était dressée cette fois dans la grande chambre de compagnie, ce qui n'arrivait que dans les circonstances extraordinaires. Elle était littéralement chargée de mets de toutes sortes, surtout de viandes, dont les pièces énormes, d'un aspect appétissant, faisaient venir l'eau à la bouche et flamboyer les yeux des convives.

Pas n'est besoin de dire que l'on fit honneur au festin. Je ne voudrais pas même entreprendre d'énumérer les morceaux qui furent dépecés, servis et engloutis dans cette mémorable occasion.

Pour les petites bouches, plus friandes que gourmandes, il y avait force confitures aux fraises, aux prunes, aux melons, tartes de toutes sortes, crème au sucre d'érable : mets délicieux, s'il en est.

Parmi les hommes, quelques-uns regrettèrent, sans oser toutefois s'en plaindre tout haut, l'absence de spiritueux ; un petit verre de bon rhum, comme on en buvait autrefois, n'eût, suivant eux, rien dérangé à la tête. Mais depuis quelques années, grâce aux prédications de quelques prêtres zélés, des sociétés de tempérance s'étaient établies dans toutes les villes et paroisses du Bas-Canada ; et durant les chaleurs de l'été, le sirop de vinaigre, la petite bière d'épinette, et dans quelques maisons, le vin de *gadelle* remplaçaient invariablement les liqueurs fortes du « bon vieux temps. »

Le père Routier, qui n'avait pourtant aucun péché d'ivrognerie à se reprocher, avait cru, pour donner l'exemple à ses enfants qui commençaient à grandir, devoir prendre un des premiers l'engagement de s'abstenir de boissons spiritueuses, et la croix de bois teint en noir était un des objets qui frappaient le plus les regards en entrant dans la maison.

Malgré cela, le repas fut gai, et devint même peu à peu bruyant. Ce qu'on appelle dans le grand monde les règles du bon ton et de la bonne tenue n'y étaient peut-être pas rigoureusement observées en tous points, mais en revanche on s'y ennuyait moins. Les femmes n'y passaient pas leur temps à s'examiner pour se critiquer réciproquement ensuite, et les hommes causaient et badinaient sans arrière-pensée. Il était facile de voir que la vanité, cette grande plaie de nos villes, n'était que pour très peu de chose dans les apprêts de cette réunion intéressante. Le sans-gêne, la bonne humeur, l'entrain, la franche gaieté qui régnaient dans toute l'assemblée des convives formaient un des plus beaux tableaux de mœurs qui se puissent imaginer.

Plusieurs des invités renommés pour leurs belles voix chantèrent pendant le repas diverses chansons populaires, chansons d'amour, chansons à boire, chansons comiques, etc., auxquelles toute l'assistance répondait en chœur. « Vive la Canadienne » n'y fut pas oubliée, non plus que « La claire fontaine » et nos autres chants nationaux.

Les premiers violons de la paroisse avaient été retenus d'avance, et les danses commencèrent de bonne heure dans l'après-midi. Le bal fut ouvert par le marié et la mariée (Jean Rivard avait dû apprendre à danser pour la circonstance), et par le garçon et la fille d'honneur qui dansèrent un *reel* à quatre ; vinrent ensuite des cotillons, des gigues, des galopades, des menuets, des danses rondes, et nombre d'autres danses dont les noms sont à peine connus aujourd'hui et qu'on ne danse plus dans nos réunions sociales, quoiqu'elles soient de beaucoup plus intéressantes, au dire de certains connaisseurs, que la plupart des danses maintenant à la mode dans les salons canadiens.

La mariée avait la tête ceinte d'une couronne blanche qui servait à la distinguer des autres ; sa fille d'honneur en avait une aussi, mais d'un goût plus simple et plus modeste.

La toilette de toutes les jeunes filles du bal se distinguait par une simplicité charmante. Les blanches épaules étaient soigneusement voilées aux regards indiscrets, les robes montantes ne laissant voir que des figures où se peignaient la candeur et la joie. Point de joyaux de prix, point d'autres ornements de tête que quelques fleurs naturelles. Et tout cela n'empêchait pas la plupart d'entre elles d'être ravissantes de beauté, non de cette beauté artificielle, effet de l'art et d'arrangements étudiés, mais de cette fraîcheur, indice d'un sang riche et d'une santé florissante.

Notre ami Pierre Gagnon qui, depuis surtout qu'il avait sauvé la vie à son jeune maître, était le favori de la famille Routier aussi bien que de la famille Rivard, prit part comme tous les autres aux danses et aux chansons. Il réussit même, dans le cours de la soirée, à faire faire, au son de sa *bombarde*, quelques pas cadencés à sa gentille Dulcinée, au grand amusement de toute la réunion.

Les danses se prolongèrent fort avant dans la nuit et la soirée se termina par des jeux.

Le lendemain, les gens de la noce se rendirent chez la mère du marié, la veuve Jean-Baptiste Rivard.

Il y avait là un convive de plus que la veille : c'était le vénérable M. l'abbé Leblanc, curé de Grandpré, qui, n'ayant pu être présent à la fête, le premier jour des noces, s'était fait un plaisir de venir assister au dernier dîner que son jeune ami devait prendre à Grandpré, avant de partir pour sa future résidence du canton de Bristol.

Par respect pour le vénérable convive, le repas fut un peu moins bruyant que la veille, quoique la gaieté ne cessât de régner.

Vers la fin du dîner, le digne curé se levant : « Mes jeunes amis, dit-il en s'adressant aux mariés, permettez-moi de vous offrir encore un fois, avant votre départ, mes plus sincères félicitations. C'est un beau et touchant spectacle que celui de deux jeunes personnes dans toute la fraîcheur de leur printemps, qui se jurent, comme vous l'avez fait, devant Dieu et devant les hommes, d'être l'une à l'autre pour la vie, dans la santé comme dans la maladie, dans la bonne fortune comme dans l'adversité. Mais nulle part ce spectacle où le jeune homme et la jeune femme, en formant ce nœud indissoluble, se vouent en même temps à une vie de labeur et de renoncement, et se résignent courageusement, suivant les paroles de l'Écriture, "à gagner leur pain à la sueur de leur front."

« Je ne serais pas sincère si je vous disais que je vous vois avec indifférence quitter cette paroisse où vous êtes nés. Je vous ai baptisés tous deux, je vous ai préparés tous deux à recevoir le pain des anges, tous deux enfin je vous ai unis par ce lien à la fois si sacré et si doux du mariage chrétien ; vous m'êtes chers à plus d'un titre, et en quelque lieu que vous portiez vos pas, mes vœux et mes bénédictions vous accompagneront. Ce qui me console en quelque sorte en me séparant de vous, c'est que la carrière que vous allez parcourir est plus propre qu'aucune autre à assurer le bonheur de l'homme. Tout en tirant du sein de la terre, par un travail modéré, les choses nécessaires à la vie matérielle, vous allez continuer à développer vos forces et votre intelligence, et à exercer, dans une juste mesure, toutes les facultés physiques et morales que Dieu vous a départies ; vous vous procurerez ainsi la santé du corps et de l'esprit et ce contentement de l'âme que les sages regardent avec raison comme la première condition du bonheur terrestre.

« Si en considération de mes cheveux blancs, et de ma bonne et constante amitié, vous me permettez de vous adresser quelques conseils, je vous dirai :

« Conservez jusqu'à la fin de vos jours cette aimable gaieté qui semble être l'apanage exclusif de la jeunesse ; aimez-vous toujours d'un amour tendre et dévoué ; jouissez en paix de tous les plaisirs du cœur, et si le ciel, bénissant votre union, vous accorde des enfants, transmettez-leur intact le bel héritage que vous avez reçu de vos ancêtres ; faites-en des chrétiens pleins d'honneur et de foi, de braves et dignes citoyens.

« Vous, mon jeune ami, ne vous laissez jamais séduire par l'appât des honneurs et des richesses. Tenez à l'estime de vos concitoyens, et si dans le cours de votre carrière qui sera longue, je l'espère, vous êtes appelé à remplir des fonctions publiques, ne refusez pas vos services à cette société dont vous faites partie ; mais que le devoir et non la vanité soit le mobile de vos actions. L'orgueil, le désir de s'élever, d'acquérir des distinctions illusoires, fait le malheur d'un grand nombre d'individus et par contrecoup celui de la société. C'est souvent parmi les hommes obscurs et inconnus que se trouvent les vrais sages, les âmes magnanimes, les nobles cœurs, les créatures d'élite les plus dignes du respect et de l'admiration de leurs semblables. Rappelez-vous toujours cette belle sentence de Fénelon : "Les vrais biens sont la santé, la force, le courage, la paix, l'union des familles, la liberté de tous les citoyens, le simple nécessaire, l'habitude du travail, l'émulation pour la vertu et la soumission aux lois." L'aisance, cette médiocrité que les poètes nous vantent avec raison, est préférable à une grande fortune. Il est permis et même louable de faire des économies pour les jours de la vieillesse et pour l'éducation des enfants ; mais quelque richesse que vous amassiez, fuyez le luxe et l'ostentation ; vivez simplement, modestement, tout en faisant le bien autour de vous, vous souvenant toujours que cette vie n'est qu'un court passage sur la terre :

« C'est là, mes chers enfants, le secret du bonheur. »

Et les jeunes mariés, après les adieux d'usage, où les pleurs ne manquèrent pas de couler, partirent pour leur future demeure du canton de Bristol.

FIN

# JEAN RIVARD, ÉCONOMISTE

*Pour faire suite à Jean Rivard, le Défricheur*

# I

## La lune de miel*

Sans la femme, l'homme serait rude, grossier, solitaire. La femme suspend autour de lui les fleurs
de la vie, comme ces lianes des forêts qui déco-
rent le tronc des chênes de leurs guirlandes parfu-
mées. Enfin l'époux chrétien et son épouse vivent,
renaissent et meurent ensemble ; ensemble ils élèvent les fruits de leur union ; en poussière ils re-
tournent ensemble et se retrouvent ensemble par-
delà les limites du tombeau.

CHATEAUBRIAND

Transportez-vous au centre du canton de Bristol. Voyez-
vous dans l'épaisseur de la forêt, cette petite *éclaircie* de
trente à quarante acres, encore parsemée de souches
noirâtres ? Voyez-vous, au milieu, sur la colline, cette
maisonnette blanche, à l'apparence proprette et gaie ?

C'est là le gîte modeste de Jean Rivard et de Louise
Routier.

La maison est meublée simplement, économiquement, mais tout y est si bien rangé, si propre, si clair,
qu'on reçoit, en y entrant, comme un reflet du bonheur de

* Cette seconde partie de *Jean Rivard* a été publiée
pour la première fois dans *Le Foyer Canadien*, en 1864.

ceux qui l'habitent. Douze chaises de bois et une couple de fauteuils ont remplacé les bancs grossiers de la cabane primitive ; une table de bois de pin, d'une certaine élégance, recouverte d'une toile cirée, sert de table à dîner ; le lit large et moelleux apporté par Louise a remplacé le grabat des deux années précédentes ; quelques lisières de tapis de catalogne, fabriqué à Grandpré par Louise Routier elle-même, couvrent le plancher de la petite chambre de compagnie. C'est aussi dans cette dernière chambre que se trouve le *buffet* ou l'armoire contenant le linge de ménage.

La chambre à coucher des jeunes époux ne se distingue par aucun meuble ou ornement superflu. À part le lit et l'armoire de Louise, une couple de chaises et le miroir indispensable, on n'y voit qu'un petit bénitier et un crucifix en bois peint suspendus à la tête du lit, et un cadre modeste représentant la sainte Vierge et l'enfant Jésus.

Dans la salle à dîner, à part les chaises, la table et le garde-manger, on ne voit qu'une pendule qui peut avoir coûté de cinq à dix chelins, et la croix de tempérance, accolées sur la cloison.

Toute modeste cependant que soit cette habitation, elle peut passer pour splendide comparée à celle qu'occupait Jean Rivard durant les deux premières années de son séjour dans la forêt.

J'entends ici le lecteur s'écrier : « Quelle cruauté ! quel égoïsme de la part de Jean Rivard ! Comment n'avait-il pas prévu que la jeune fille élevée dans une riche et populeuse campagne, entourée de parents affectionnés, d'aimables et joyeux voisins, reculerait d'effroi devant cette sombre forêt, devant ces souches lugubres et cette nature sauvage ? »

Détrompez-vous, lecteur ; la vue des grands arbres sur lesquels les yeux s'arrêtaient de tous côtés, la tranquillité de cette solitude, n'effrayèrent nullement l'imagination de la jeune femme. L'asile modeste qu'elle allait embellir par sa présence, et où elle devait gouverner en reine et maîtresse, était propre, gai, confortable ; elle ne l'eût pas échangé contre la plus riche villa. D'ailleurs, qui ne sait que les lieux où l'on aime ont toujours un aspect charmant ?

*On ne vit qu'où l'on aime et la patrie est là.*

Il faut bien se rappeler aussi que Louise ne s'était pas mariée afin de mener plus facilement une vie frivole et dissipée, courir les bals et les soirées, et briller dans le monde par une toilette extravagante. Je ne voudrais pas prétendre qu'elle eût perdu en se mariant ce besoin de plaire et d'être aimée qui semble inné chez la femme ; mais elle avait fait un mariage d'inclination, elle se sentait aimée de celui qu'elle aimait, et cela lui suffisait pour être heureuse.

Jean Rivard l'aimait en effet de toute l'ardeur de son âme, cette jeune femme si belle, si douce, si pieuse, qui lui avait confié le bonheur de toute sa vie ; il l'aimait de cet amour fondé sur l'estime autant que sur les qualités extérieures, qui, loin de s'éteindre par la possession, ne fait que s'accroître avec le temps.

On ne sera donc pas étonné quand je dirai que Louise, qui, antérieurement à son mariage, n'était jamais sortie de sa paroisse, n'éprouva pas le moins du monde cette nostalgie dont souffrent si souvent les personnes qui s'éloignent pour la première fois de leur endroit natal. Elle pensait bien, il est vrai, à sa bonne mère, à son père, à ses frères et sœurs, mais ce n'était que pour mieux éprouver la puissance du commandement divin : la jeune fille quittera son père et sa mère pour suivre son époux. Elle se sentait comme fascinée, comme irrésistiblement attachée à cet homme au cœur chaud, aux sentiments chevaleresques, qu'elle avait choisi pour son protecteur et son maître, et qu'elle désirait de tout son cœur rendre heureux.

En entrant en ménage Louise s'empara du ministère de l'intérieur, exercé d'abord par notre ami Pierre Gagnon, puis par la mère Guilmette, et elle en remplit les devoirs avec une rare habileté. Elle était aidée dans ses fonctions domestiques par l'ancienne servante de sa mère, la fille Françoise, qui, pour des motifs qu'on connaîtra plus tard, avait non seulement consenti mais même demandé avec instance à suivre mademoiselle Louise dans le canton de Bristol.

Durant les premières semaines qui suivirent son mariage, Jean Rivard se donna plus de bon temps qu'à l'ordinaire. Sa principale occupation fut de nettoyer les alentours de sa demeure, de les enjoliver, de faire à l'intérieur diverses améliorations réclamées avec instance par la nouvelle ménagère. Il fit pareillement de chaque côté du chemin public et sur toute la largeur de sa propriété une plantation d'arbres de différentes sortes qui devaient plus tard orner, embellir et égayer sa résidence. On a déjà vu que Jean Rivard aimait beaucoup les arbres ; il était même à cet égard quelque peu artiste. Il ne les aimait pas seulement pour l'ombrage qu'ils offrent, mais aussi pour le coup d'œil, pour l'effet, pour la beauté qu'ils donnent au paysage. C'est un goût malheureusement trop rare chez le cultivateur canadien, qui ne recherche en tout que l'utile, et qui souvent passera devant les plus beaux panoramas champêtres sans manifester la moindre émotion.

Soit effet d'une nature plus artistique ou d'un esprit plus cultivé, Jean Rivard faisait exception à la règle. Il mettait autant d'attention à bien tailler ses arbres, à disposer symétriquement ses plantations autour de sa demeure qu'il en accordait au soin de ses animaux et aux autres détails de son exploitation.

Parmi les travaux d'une utilité plus immédiate auxquels il se consacra durant ces quelques semaines, fut le creusement d'un puits qu'il construisit à mi-chemin entre sa grange et sa maison ; ce puits qui fournissait en abondance une eau claire et fraîche répondait aux besoins de la cuisine et servait en même temps à abreuver les animaux.

Il construisit aussi un four de moyenne grandeur qui devait remplacer le chaudron dans la cuisson du pain ; ce four bâti en brique, avec un mélange de glaise et de mortier, ne lui coûta guère plus de deux ou trois jours de travail.

Tout en travaillant au dehors, Jean Rivard rentrait souvent à sa maison ; mais ce n'était que pour un instant ; à peine le temps de dire un mot ou de donner un baiser. Louise d'ailleurs pouvait le plus souvent l'apercevoir de la fenêtre, et si son absence se prolongeait, elle-même allait le joindre et causer avec lui, tout en continuant son travail de couture.

Jean Rivard était d'une bonne humeur constante ; nul souci n'assombrissait sa figure. Sous ce rapport il était devenu l'égal de Pierre Gagnon, si ce n'est que sa gaieté était moins burlesque et moins bruyante.

Il faut bien admettre aussi que notre jeune couple possédait déjà en grande partie ce qui sert à constituer le bonheur. Unis par les liens d'une affection réciproque, parfaitement assortis sous le rapport de la fortune, de

233

l'intelligence et de la position sociale, exempts d'inquiétudes sur les besoins matériels de la vie, pleins de santé,
de courage et d'espoir, l'avenir leur apparaissait sous les
plus riantes couleurs. Tous deux se berçaient des illusions
charmantes de la jeunesse et se promettaient de longues
années de calme et de bonheur. Le séjour des cités, les
richesses, les grandeurs, la vie fastueuse des hautes classes
de la société n'auraient jamais pu leur procurer ce contentement du cœur, cette félicité sans mélange. Là, les époux
ne s'appartiennent pas ; ils sont les esclaves des exigences
sociales ; il leur faut recevoir et rendre des visites, s'occuper sans cesse de détails de toilette, d'ameublement, de
réception, vivre enfin beaucoup plus pour la curiosité
publique que pour leur propre satisfaction.

Rien de tout cela ne préoccupait nos jeunes mariés,
et on peut dire qu'ils étaient tout entiers l'un à l'autre.

Leur lune de miel fut longue, paisible et douce.

# II

## L'exploitation

Tu travailleras à la sueur de ton front.

GENÈSE

Bientôt Jean Rivard se consacra avec plus d'ardeur et d'énergie que jamais à la réalisation de son rêve favori, la création d'un établissement digne de figurer à côté des plus beaux établissements agricoles du pays.

Pour cela, on le comprend, il lui restait beaucoup à faire.

Mais je prie le lecteur de ne pas s'épouvanter. Je n'entreprendrai pas de raconter en détail les opérations agricoles de Jean Rivard. La vie de l'homme des champs est souvent pleine de charmes, mais il faut l'avouer, elle est généralement monotone. Les travaux de la ferme se succèdent régulièrement comme les quatre saisons de l'année. Les poètes ont beau d'ailleurs nous entretenir de tous les charmes de la vie champêtre, des ravissants aspects des paysages, de la verdure des prairies, du murmure des ruisseaux, des parfums des plantes, du ramage des oiseaux ; ils ont beau nous parler des chants joyeux du laboureur, des animaux qui gambadent dans les gras pâturages, des jattes de lait frais qui couvrent la table des moissonneurs dans les chaudes journées d'été, des fruits vermeils qui pendent aux branches des arbres ; — il y a dans l'existence de l'homme des champs une partie toute matérielle, toute positive, où la plus riche imagination cherchera vainement un grain de poésie.

Je ne donnerai donc qu'une idée assez générale de la manière dont Jean Rivard conduisit ses opérations et des résultats qu'il en obtint.

Son plan de campagne était tracé depuis longtemps, il n'avait qu'à le suivre avec persévérance.

Il connaissait parfaitement chacun des cent acres de terre qui composaient sa propriété. Il les avait maintes fois parcourus en tous sens ; il en avait même tracé sur le papier, pour son usage particulier, un petit plan indiquant la nature du sol, les ondulations du terrain, les différentes espèces de bois qui le couvraient. Ici c'était une colline, là un petit bas-fond qu'il faudrait conserver. C'est ce qu'il appelait complaisamment la carte de son royaume.

Il la regardait chaque jour avec un intérêt toujours croissant.

Après son mariage, cet attachement à sa propriété s'accrut encore davantage et devint une espèce de passion. Il n'eût pas échangé son domaine pour tous les trésors du Pérou.

Le cultivateur canadien ne fait rien sans consulter sa femme ; c'est un des traits caractéristiques des mœurs de nos campagnes ; et Jean Rivard était canadien en cela comme en tout le reste.

À peine les deux époux étaient-ils installés dans leur nouvelle habitation, que Jean Rivard s'empressa d'initier sa Louise à tous ses projets, de la faire confidente de toutes ses entreprises.

« Tu sais, lui dit-il entre autres choses, en lui montrant la carte de son royaume, tu sais qu'en me frayant, il y a deux ans, un chemin dans cette région inculte, j'ai juré qu'avant dix ans ce lot vaudrait au moins deux mille louis. Je tiens à faire honneur à mes engagements. Il faut que dans huit ans, tous ces arbres que tu vois soient coupés, brûlés, et que leur cendre soit convertie en potasse ; à l'exception toutefois de notre érablière et d'une étendue de quinze acres que nous garderons en forêt pour les besoins de la maison, pour le chauffage et pour la fabrication des meubles, outils ou ustensiles nécessaires à l'exploitation de la ferme. »

Jean Rivard se remit donc vaillamment à l'ouvrage, abattant, bûchant, brûlant, nettoyant chaque année plusieurs arpents de forêt.

Pierre Gagnon, sur le compte duquel nous reviendrons plus tard, n'était pas assidûment à son service ; Lachance était allé s'établir dans une autre partie des Cantons de l'Est ; mais Jean Rivard avait pu sans peine se procurer les services d'autres bûcherons.

J'ai déjà dit les procédés de défrichement, les fatigues, les misères qui y sont attachées, je ne reviendrai pas sur ce sujet ; je dirai seulement que les ressources de notre défricheur lui permettant désormais de se procurer au besoin l'assistance de plusieurs paires de bœufs et de quelques nouveaux ustensiles, le déboisement de son lot devenait une chose comparativement facile.

Grâce à sa force physique qui s'était considérablement développée par l'exercice et à sa merveilleuse dextérité que l'expérience rendait de jour en jour plus surprenante, il ne craignait plus de succomber sous le poids du travail, et sous son habile direction, tout marchait avec une rapidité, une régularité remarquables.

En outre, depuis que Jean Rivard avait pour charmer ses loisirs une compagne intelligente et affectionnée, la vie ne lui semblait plus aussi rude. Lorsque, après cinq ou six heures de travail, il retournait à sa maison, et qu'il apercevait de loin sur le seuil de sa porte sa Louise qui le regardait venir, ses fatigues s'évanouissaient ; il rentrait chez lui l'homme le plus heureux de la terre.

Son habitation lui semblait un petit paradis terrestre.

Environ un an après son mariage, par une nuit sombre et orageuse, une voiture partie de la maison de notre défricheur se rendit tout d'un trait à celle du père Landry, d'où elle ramena madame Landry. Et le lendemain matin on apprit que madame Rivard avait mis au monde un fils.

C'était pour les jeunes époux l'accomplissement de leurs vœux, le complément de leur bonheur. La mère désirant que son enfant fût baptisé sans retard, il fallut le transporter à trois lieues de là, au village de Lacasseville.

Il n'est pas besoin de dire que Louise se consacra tout entière au soin de son nourrisson. Pendant plus de trois mois il ne vécut que de son lait. Jour et nuit elle était attentive à ses besoins ; à son moindre mouvement, elle volait au berceau. Avec quel bonheur elle arrêtait ses yeux sur cette figure dont la beauté, aux yeux de la jeune mère, égalait celle des anges ! Avec quelle indicible jouissance elle le voyait chaque jour croître et se développer !

Ses beaux grands yeux noirs s'épanouirent peu à peu. Au bout de quelques semaines il commençait à sourire et à gazouiller, musique si douce aux oreilles d'une mère !

Que d'heures délicieuses les jeunes époux passèrent ensemble à aimer et contempler ce premier fruit de leur amour !

Grâce aux soins maternels, à la bonne constitution qu'il avait héritée de ses parents, et à l'air vivifiant de la forêt, le petit Louis grandit plein de vigueur et de santé.

# III

## Rivardville

Pendant ce temps-là, le canton de Bristol, et en particulier l'endroit où s'était établi Jean Rivard, faisait des progrès remarquables.

Une des choses les plus intéressantes pour l'observateur intelligent, surtout pour l'économiste et l'homme d'État, c'est, à coup sûr, l'établissement graduel d'un canton, la formation d'une paroisse, d'un village, d'une ville.

De même qu'on voit l'enfant naître, croître et se développer jusqu'à ce qu'il soit devenu homme, de même Jean Rivard vit au sein de la forêt vierge les habitations sortir de terre, s'étendre de tous côtés, et former peu à peu cette populeuse et florissante paroisse qui fut bientôt connue sous le nom de Rivardville.

À peine le canton comptait-il une centaine de cabanes de défricheurs qu'un grand nombre de familles arrivèrent des bords du Saint-Laurent pour s'établir en permanence dans cette nouvelle contrée. On vit arriver tour à tour l'ouvrier, faisant à la fois les fonctions d'entrepreneur, de constructeur, de *meublier*, de maçon, de voiturier ; le cordonnier, le forgeron s'aidant d'abord de la culture de quelques arpents de terre ; le petit négociant, détaillant, pour la commodité des nouveaux colons, la farine, le lard, les pois et des choses moins indispensables, comme pipes, tabac, allumettes, bouts de rubans, et recevant en échange grains de toutes sortes, bois de sciage et de chauffage, cendre à potasse, œufs, volailles, etc., qu'il revendait à son tour dans les villes ou villages voisins.

Les notes suivantes extraites de diverses lettres adressées de temps à autre par Jean Rivard à ses frères ou à ses amis donneront une idée de cette immigration graduelle dans la forêt de Bristol.

« *20 juillet*. — Un nouveau colon, Pierre Larose, est arrivé ce matin dans l'intention de s'établir ici. Il se propose de cultiver, et de faire du bardeau. Il prétend pouvoir faire ces deux choses à la fois. Tant mieux. La fabrication de bardeau est une excellente industrie. Nous avons la matière première sous la main, et d'ici à longtemps cet objet de consommation sera en grande demande dans notre localité. Il est même probable qu'on pourrait l'exporter avec avantage. »

« *14 août*. — Un ouvrier, fabricant de meubles, est arrivé hier du district des Trois-Rivières dans le dessein d'acheter un lopin de terre. Il a trois garçons qui grandissent, il veut en faire des cultivateurs. En même temps qu'il défrichera et exploitera son lot de terre, il fabriquera, dans sa boutique, tous les articles d'ameublement qui pourront se vendre ici ou dans les environs, tels que chaises, lits, tables, sofas, etc. Les matériaux ne coûtant rien, il prétend pouvoir fabriquer ces objets à bien moins de frais qu'à la ville. "Avec ma terre et ma boutique," me dit cet homme, "je suis à peu près sûr de ne jamais perdre de temps." Ces seuls mots m'ont donné de lui une idée avantageuse et je souhaite de tout mon cœur qu'il devienne un des nôtres. »

« *25 août*. — Encore un ouvrier qui vient grossir notre colonie. M. J. B. Leduc, charron, vient d'acheter un lot à environ un mille d'ici. Il veut cultiver, avec ses enfants, en même temps qu'il exercera son métier de charron, quand l'occasion s'en présentera. Nous avons dans notre canton un grand besoin de voitures de toutes sortes, et je suis sûr que M. Leduc aura peine à répondre aux commandes qui lui viendront de tous côtés.

M. Leduc me paraît un homme intelligent et fort respectable, et je suis heureux de le voir s'établir au milieu de nous. »

« *2 septembre*. — J'ai reçu ce soir la visite d'un jeune homme de Montréal, qui désire s'établir ici comme marchand. Il me paraît assez intelligent, mais je n'ai pas hésité à désapprouver son projet. Nous avons déjà deux petits négociants dans le canton de Bristol, c'est assez ; c'est même trop pour le moment. Avant d'échanger, il faut produire. Une des causes de la gêne dans nos campagnes, c'est le trop grand nombre de commerçants. Les cultivateurs y trouvent trop facilement le moyen de s'endetter, en faisant l'achat de choses inutiles. Le marchand, s'il n'a pas un grand fonds d'honnêteté, vendra ses marchandises à un prix exorbitant ou prêtera à gros intérêt, ruinant ainsi, en peu d'années, d'honnêtes pères de familles qui mériteraient un meilleur sort. »

« *10 septembre*. — Ouf ! quel ennui ! voilà un importun, qui, sous prétexte de me demander conseil sur le projet qu'il a de s'établir dans le canton, me fait perdre près d'une heure à me parler de chevaux. Avec quel enthousiasme il m'a raconté l'histoire de tous les chevaux qu'il a achetés depuis qu'il est au monde ! C'est, je suppose, un maquignon de profession. J'espère au moins que notre canton n'aura pas l'honneur de compter ce maquignon au nombre de ses habitants. »

241

« *6 octobre.* — Oh ! certes, voilà que notre localité devient célèbre ! Un docteur vient s'offrir pour soigner nos malades ! Jusqu'à présent nous avons dû courir à Lacasseville chaque fois qu'il a fallu avoir un médecin, ce qui n'est pas arrivé très souvent, Dieu merci ! Madame Landry, qui a prêté volontiers son assistance aux femmes, a presque toujours remplacé le docteur. Quoique je ne ressemble guère au grand Napoléon, soit dit sans vouloir démentir Pierre Gagnon, je pense comme lui que le monde n'en irait pas plus mal, s'il n'y avait pas autant de médecins. Le bon air, l'exercice, la diète sont les meilleurs médecins dans les trois quarts des maladies. Je ne puis cacher toutefois qu'un chirurgien habile ne serait pas inutile dans une place nouvelle comme la nôtre, où des accidents de diverses sortes, fractures de membres, brûlures, coupures, arrivent au moment où on s'y attend le moins.

« Je n'ai donc pas rejeté les offres de notre jeune postulant ; mais après lui avoir exposé le peu de ressources de notre canton, l'état de gêne de la plupart des habitants, je l'ai engagé à prendre un lot de terre, et à cultiver tout en exerçant son art, chaque fois que l'occasion s'en présentera. Il m'a paru goûter assez bien ce conseil, et je ne serais pas surpris de voir avant peu le canton de Bristol sous la protection d'un médecin. »

Ces quelques extraits nous font comprendre le mouvement de la colonisation dans cette région livrée aux bras des défricheurs. Huit jours se passaient à peine sans que le canton de Bristol fût le théâtre d'un progrès nouveau.

Le médecin en question ne tarda pas à s'établir dans le voisinage de Jean Rivard. Mais un autre personnage, dont nous devons dire quelques mots, émigra aussi vers cette époque dans le canton de Bristol, sans toutefois prendre conseil de Jean Rivard. Il venait d'une des anciennes paroisses des bords du Saint-Laurent, d'où sans doute on l'avait vu partir sans regret, car il était difficile d'imaginer un être plus maussade. C'était l'esprit de contradiction incarné, le génie de l'opposition en chair et en os. Quoiqu'il approchât de la quarantaine, il n'avait encore rien fait pour lui-même, tous ses efforts ayant été employés à entraver les mesures des autres. Il avait gaspillé en procès un héritage qui eût suffi à le rendre indépendant sous le rapport de la fortune. Sa manie de plaider et de contredire l'avait fait surnommer depuis longtemps le Plaideur ou le *Plaideux*, et on le désignait communément sous l'appellation de Gendreau-le-Plaideux.

Au lieu de se réformer en vieillissant, il devenait de plus en plus insupportable. Contrecarrer les desseins d'autrui, dénaturer les meilleures intentions, nuire à la réussite des projets les plus utiles, s'agiter, crier, tempêter, chaque fois qu'il s'agissait de quelqu'un ou de quelque chose, telle semblait être sa mission.

Hâbleur de première force, il passait ses journées à disserter à tort et à travers, sur la politique d'abord, puis sur les affaires locales et municipales, les affaires d'école, les affaires de fabrique, et si ces projets lui faisaient défaut, tant pis pour les personnes, c'étaient elles qui passaient au sas de sa critique.

Dans la paroisse où il demeurait avant d'émigrer à Bristol, il avait été pendant vingt ans en guerre avec ses voisins pour des questions de bornage, de *découvert*, de cours d'eau, pour de prétendus dommages causés par des animaux ou des volailles, et pour mille autres réclamations que son esprit fertile se plaisait à inventer.

Ces tracasseries qui font le désespoir des gens paisibles étaient pour lui une source de jouissances. Il se trouvait là dans son élément. Une église à bâtir, un site à choisir, une évaluation à faire, un chemin public à tracer, une école à établir, des magistrats à faire nommer, des officiers de voirie à élire, toutes ces circonstances étaient autant de bonnes fortunes pour notre homme.

Un fait assez curieux peut servir à faire comprendre jusqu'à quel point cet individu poussait l'esprit de contra-diction. En quittant sa paroisse natale, où il avait réussi, on ne sait comment, à se faire élire conseiller municipal, il refusa de donner sa démission en disant à ses collè-gues : « Je reviendrai peut-être ! en tout cas, soyez avertis que je m'oppose à tout ce qui se fera dans le conseil en mon absence. »

C'était là l'homme que Jean Rivard allait avoir à combattre.

Jean Rivard, comme on le sait déjà, n'était pas dé-pourvu d'énergie, il ne se laissait pas d'ordinaire décou-rager par les obstacles. Mais bien qu'il eût fait résolument la guerre à la forêt, il n'était pas ce qu'on appelle un ferrailleur ; il ne combattait pas pour le plaisir de combat-tre ; toute opposition injuste, frivole, le chagrinait, parce qu'elle était à ses yeux une cause de faiblesse. Rien au contraire ne lui donnait autant de satisfaction que l'unani-mité d'opinion sur une question quelconque.

L'union, l'union, disait-il sans cesse, c'est elle qui fait la force des sociétés, comme elle fait le bonheur des familles.

Il ne redoutait rien tant que de voir la discorde s'in-troduire dans la petite communauté qui était venue dans cette forêt chercher la paix et le bonheur.

Il eût donc indubitablement préféré ne pas avoir le voisinage de Gendreau-le-plaideux ; mais il lui fallut cette fois encore faire contre mauvaise fortune bon cœur et prendre son parti de ce qu'il ne pouvait empêcher.

Une circonstance, assez peu importante au fond, lui révéla bientôt les ennuis auxquels il devait s'attendre dans les questions d'une portée plus sérieuse.

On se rappelle qu'à l'époque des amours de Jean Rivard et de Louise Routier, la localité qu'avait choisie notre héros pour y faire son établissement était quelquefois désignée sous le nom de Louiseville.

Cette appellation pourtant ne fut jamais guère en usage que dans la famille ou le cercle intime de Jean Rivard. Le plus souvent, lorsqu'on parlait de cette partie du canton de Bristol, on disait tout bonnement « Chez Jean Rivard », ou « Au Ruisseau de Jean Rivard », par allusion à la petite rivière qui traversait le lot de notre défricheur.

Mais depuis que Jean Rivard n'était plus seul dans la localité, ces dernières appellations paraissaient insuffisantes.

Il fut donc proposé, dans une assemblée qui eut lieu un dimanche après la messe, et à laquelle assistaient la plus grande partie des habitants du canton, qu'à l'avenir cette localité portât le nom de « Rivardville ».

« Je sais bien », dit, dans une courte allocution, le père Landry, président de cette assemblée, « je sais bien que nos enfants n'oublieront jamais celui qui le premier s'est frayé un chemin à travers la forêt du canton de Bristol. C'est à lui qu'ils devront l'aisance et le bonheur dont ils jouiront sans doute par la suite. Mais nous qui connaissons plus particulièrement tout ce que nous devons au courage, à l'énergie de notre jeune chef, empressons-nous de lui offrir un témoignage de reconnaissance et de respect, en donnant son nom à cette localité dont il est, de fait, le véritable fondateur. Honneur à Jean Rivard ! et que les environs de sa demeure, s'ils deviennent plus tard ville ou village, soient un monument durable de sa valeur, qu'ils disent à la postérité ce que peut opérer le travail uni à la persévérance. »

Ces simples paroles retentirent dans le cœur de tous les assistants.

« Hourra pour Jean Rivard ! » s'écria-t-on de toutes parts.

Jean Rivard et Gendreau-le-Plaideux furent les seuls qui s'opposèrent à cette proposition, le premier par modestie, le second par esprit de contradiction.

Gendreau ne voyait pas pourquoi l'on ne conservait pas l'ancien nom de Bristol qu'il trouvait de beaucoup préférable à celui de Rivardville, et il prit de là occasion de faire une tirade contre la manie des changements et des innovations.

Ses paroles n'eurent rien d'insultant, mais firent comprendre ce qu'on devait attendre de lui dans la suite.

Il fut résolu, malgré cela, que la localité prendrait incessamment le nom de Rivardville, et que, une fois érigée en paroisse, elle serait mise, avec la sanction des autorités ecclésiastiques, sous l'invocation de sainte Louise.

Cette dernière partie de la proposition n'eut pour contradicteur que Gendreau-le-Plaideux, et fut ainsi considérée comme unanimement adoptée.

# IV

## Le missionnaire – L'église – La paroisse

> Vous dont la gloire sait comprendre toute gloire.
> Répondez : n'est-ce pas que la soutane noire
> Cache des cœurs vaillants à vous rendre jaloux ?
>
> Henri DE BONNIER

Dès leur arrivée dans la forêt, les jeunes mariés avaient formé le dessein d'aller, le dimanche suivant, entendre la messe à l'église de Lacasseville.

On sait que Lacasseville était à trois lieues de leur habitation.

Mais le matin de ce jour une pluie torrentielle inondait les chemins, et il avait fallu bon gré mal gré renoncer au voyage projeté.

La même chose était arrivée les deux dimanches suivants : sujet de grand chagrin pour Louise qui n'avait pas encore manqué la messe du dimanche une seule fois depuis sa première communion.

Le manque d'églises est certainement l'une des principales causes du retard de la colonisation. Partout où se porte la famille canadienne, il lui faut un temple pour adorer et prier Dieu.

Jean Rivard avait eu beau lire à sa Louise les plus beaux chapitres de l'*Imitation de Jésus-Christ*, de ce précieux petit livre qu'elle-même lui avait donné autrefois comme souvenir et qu'il conservait avec un soin religieux, il avait vu, dans ses beaux yeux qui semblaient se mouiller involontairement, qu'elle éprouvait une profonde tristesse, et il avait résolu de faire tout au monde pour y apporter remède.

En effet, il s'était rendu tout de suite à Lacasseville, accompagné du père Landry, et tous deux avaient fait tant d'instances auprès du prêtre desservant de l'endroit que celui-ci s'était engagé à écrire sans délai à son supérieur ecclésiastique pour lui exposer les besoins spirituels du canton de Bristol ; et peu de temps après Jean Rivard avait été informé qu'un jeune missionnaire qui desservait depuis un an plusieurs des cantons environnants avait reçu l'ordre d'aller une fois par mois dans le nouveau canton, y dire la messe, confesser, faire des baptêmes, etc.

Or ce jeune missionnaire n'était autre qu'Octave Doucet, l'un des plus intimes amis de collège de Jean Rivard.

Octave Doucet et Jean Rivard ne s'étaient connus qu'au collège ; mais en se voyant pour la première fois, ces deux jeunes gens s'étaient sentis comme magnétiquement attirés l'un vers l'autre ; la liaison la plus étroite n'avait pas tardé à s'établir entre eux.

Ils avaient formé ensemble les plus charmants projets. Ils devaient, en sortant du collège, s'établir à la campagne dans le voisinage l'un de l'autre, et cultiver ensemble la terre, les muses et la philosophie. Jean Rivard devait épouser la sœur d'Octave Doucet qu'il n'avait jamais vue, mais qu'il aimait parce qu'il la supposait douée de toutes les belles qualités de son ami.

Mais à l'encontre de leurs communes prévisions, Jean Rivard avait dû sortir du collège avant la fin de sa

Rhétorique, et le jeune Octave Doucet, une fois son cours terminé, avait pris la soutane. Vers le temps où Jean Rivard s'enfonçait dans la forêt, la hache à la main, Octave Doucet songeait à se faire admettre au sacerdoce et à aller évangéliser les habitants des Cantons de l'Est.

Plein de zèle et de courage, il avait lui-même sollicité la faveur de consacrer les plus belles années de sa jeunesse aux durs et pénibles travaux des missions ; et à l'époque du mariage de Jean Rivard, il y avait déjà un an qu'il annonçait la parole de Dieu dans ces régions incultes.

Les missionnaires de nos cantons n'ont pas, il est vrai, de peuplades sauvages à instruire et civiliser ; ils ne sont pas exposés comme ceux de contrées plus lointaines à être décapités, brûlés à petit feu, scalpés ou massacrés par la main des barbares, mais ils se dévouent à toutes les privations que peut endurer la nature humaine, au froid, aux fatigues, à la faim, à tous les maux qui résultent de la pauvreté, de l'isolement et d'un travail dur et constant.

Beaucoup y perdent la santé, quelques-uns même y perdent la vie.

Je n'entreprendrai pas de raconter toutes les misères qu'avait essuyées notre jeune missionnaire dans l'accomplissement de ses saintes mais pénibles fonctions. Il avait eu à desservir jusqu'à cinq missions à la fois. Il lui était arrivé de faire six sermons dans une journée, trois en français et trois en anglais, alors même qu'il en était réduit à ne prendre qu'un seul repas, vers quatre ou cinq heures de l'après-midi. Plus d'une fois il avait fait à pied, au milieu des neiges, cinq, dix, quinze lieues pour porter le bon Dieu aux malades, après quoi il n'avait eu pour se reposer de ses fatigues d'autre couche que le plancher nu de la cabane du défricheur. Plus d'une fois il avait failli périr, surpris par des tempêtes dans ses longs trajets à travers les bois. Pendant une nuit entière il avait été enseveli dans la neige, seul, loin de tout secours humain, n'ayant pour compagnons que les vents et la tempête, pour espoir que le Dieu qu'il servait et dont il portait la parole aux populations éparses dans la forêt.

Et comment vivait-il au milieu de ces peuples dénués de tout ? Comment soutenait-il sa dignité de prêtre ? Au moyen de présents, de souscriptions, de charités. Humble mendiant, il faisait lui-même une tournée dans les cantons qu'il desservait, allant de maison en maison demander du grain, du beurre, des légumes. Le dimanche, il remerciait au prône les fidèles qui l'avaient secouru. « C'était là, me disait-il plus tard, la plus dure de toutes mes épreuves. » Les fatigues corporelles qu'il endurait n'étaient rien comparées à cette nécessité de solliciter de ses ouailles les besoins de la vie matérielle en échange des secours spirituels qu'il leur dispensait avec tant de zèle.

C'était pourtant avec joie qu'il avait reçu l'ordre d'ajouter à ses travaux apostoliques, déjà considérables, la desserte du canton de Bristol, puisque, tout en remplissant les devoirs sacrés de son ministère, il allait se retrouver de temps à autre avec son ancien ami, qu'il n'avait pas oublié et dont il entendait souvent exalter le courage et l'activité.

En attendant que la localité fût en état d'ériger une chapelle convenable, c'était une simple maison en bois, construite en quelques jours par les principaux habitants du canton, qui servait de temple.

Le missionnaire apportait avec lui les vases sacrés et ses habits sacerdotaux, comme le médecin de campagne qui, dans ses visites aux malades, n'a garde d'oublier sa boîte de pharmacien.

Une petite table servait d'autel.

Madame Rivard se donnait beaucoup de soin pour orner l'humble chaumière où devait se célébrer le divin sacrifice ; malgré cela, la simplicité du lieu rappelait involontairement les temps primitifs de l'ère chrétienne.

Pendant plusieurs heures avant la messe le prêtre entendait les confessions.

Bientôt, on voyait sortir de la forêt et arriver de tous côtés hommes, femmes, enfants, désireux d'assister au Saint Sacrifice et d'entendre la parole de Dieu. Quand la maison était remplie, ceux qui n'avaient pu entrer s'agenouillaient dehors. Dans la belle saison, si le temps le permettait, le missionnaire célébrait la messe en plein air, de manière à être vu et entendu de toute la nombreuse assistance.

Il faisait beau voir le pieux recueillement, le silence religieux qui régnaient dans cette pauvre cabane convertie en temple ! Ceux qui n'ont jamais assisté au sacrifice divin que dans les cathédrales splendides, en face d'autels magnifiquement décorés, ne savent pas les jouissances intimes qu'éprouve l'âme chrétienne qui se trouve pour ainsi dire en contact avec son Créateur dans un pauvre oratoire. Chateaubriand a fait un tableau magnifique de la prière du soir récitée sur un navire, au milieu des vagues de l'océan et aux rayons dorés du soleil couchant ; il eût fait un tableau pour le moins aussi intéressant du sacrifice célébré au milieu des forêts du Canada, à l'ombre d'arbres séculaires, au bruit du chant des oiseaux, au milieu des parfums s'exhalant du feuillage verdoyant et des plantes en fleur. Une assistance composée d'humbles familles, hommes, femmes, enfants, vieillards, courbés sous le poids du travail, demandant à Dieu le pain de chaque jour, la santé, la paix, le bonheur, offre certainement quelque chose de plus touchant que le spectacle d'une réunion d'insouciants marins ou d'industriels courant à la recherche de la fortune.

Mais si la visite mensuelle du jeune missionnaire était une fête pour toute la population du canton, elle l'était doublement pour Jean Rivard, qui retrouvait ainsi un ami de cœur dans le sein duquel il pouvait épancher, comme autrefois, ses plus intimes confidences.

Madame Rivard aussi attendait chaque mois avec impatience l'arrivée de monsieur Doucet. C'était un grand bonheur pour elle que la présence d'un prêtre dans sa maison. La petite chambre qu'il habitait durant sa visite était préparée plusieurs jours à l'avance. Françoise partageait à cet égard les sentiments de sa maîtresse. Tant que le missionnaire habitait la maison, elle se sentait en sûreté, elle n'avait peur ni du tonnerre, ni des revenants, ni des sorciers ; elle redoublait d'activité pour que *monsieur le curé* ne manquât de rien.

Dès cette époque, Octave Doucet avait eu l'ambition, bien justifiable assurément, de devenir un jour curé de cette localité, dont Jean Rivard était le fondateur.

Ce jour ne tarda pas à arriver.

Moins de deux ans après, il fut chargé d'annoncer, de la part de son évêque, qu'aussitôt qu'une église convenable serait construite, et que Rivardville serait régulièrement érigé en paroisse, un prêtre y fixerait sa résidence.

Cette nouvelle fit une profonde sensation, et il y eut après la messe une assemblée publique où la question fut débattue.

Il est bien rare qu'on puisse bâtir une église en Canada sans que la discorde n'élève sa voix criarde. Le site du nouvel édifice, les matériaux dont il sera construit, les moyens à adopter pour subvenir aux frais de construction, tout devient l'objet de discussions animées. On se pique, on s'entête, on pousse l'opiniâtreté si loin, que quelquefois le décret même de l'évêque ne peut réussir à pacifier les esprits. On composerait un gros volume du récit de toutes les contestations de ce genre qui ont agité le Bas-Canada depuis son établissement. Des scandales publics, des espèces de schismes se sont produits à la suite de ces contestations.

Ces divisions si ridicules et si funestes deviennent heureusement plus rares, aujourd'hui que les esprits se livrent plus qu'autrefois à la considération des affaires publiques et que les hommes d'opposition quand même trouvent dans les questions de politique générale ou les questions locales les aliments nécessaires à l'exercice de leurs facultés.

Mais on n'était pas très avancé à cette époque dans le canton de Bristol, et ce ne fut pas chose facile que de se concerter pour fixer l'emplacement de l'église, et pour obtenir ensuite l'érection canonique et civile de la paroisse.

Gendreau-le-Plaideux fut ravi d'avoir une aussi belle occasion d'exercer son esprit de contradiction.

Il annonça d'abord qu'il s'opposerait de toutes ses forces à l'érection de la paroisse sous prétexte que, une fois Rivardville ainsi érigé civilement et canoniquement, on poursuivrait sans miséricorde les pauvres habitants endettés à la fabrique.

Il insista tellement sur ce point dans l'assemblée publique qui eut lieu à cet effet qu'un certain nombre de ses auditeurs finirent par prendre l'alarme.

Quant à l'emplacement de l'église, les terrains possédés par la famille Rivard étant situés à peu près au centre de la paroisse projetée, et formant l'endroit le plus fréquenté, puisqu'on y trouvait déjà des magasins, des boutiques, et bon nombre de maisons, semblaient naturellement désignés au choix des colons.

Aussi cet endroit fut-il spontanément proposé par le père Landry pour être le site de la future église.

Il fit connaître en même temps que le terrain nécessaire à l'emplacement de l'église, du presbytère et du cimetière, ne comprenant pas moins de cinq ou six arpents de terre en superficie, était offert gratuitement par la famille Rivard à la paroisse de Rivardville.

Malgré cela, Gendreau-le-Plaideux ne vit dans la proposition du père Landry qu'une injustice révoltante, qu'une honteuse spéculation de la part des amis de Jean Rivard. Il n'y avait, prétendait-il, pas moins de quatre ou cinq autres sites de beaucoup préférables à celui qu'on proposait. Il fit tant de bruit que Jean Rivard lui-même proposa de remettre à un dimanche subséquent la décision de cette question.

À cette nouvelle réunion, le missionnaire était présent et prit part aux délibérations. Il proposa lui-même que la paroisse de Rivardville fût composée d'une étendue d'environ trois lieues de territoire, dont il désigna les bornes ; il proposa comme emplacement de la future église une jolie éminence dominant toute la contrée environnante, située à environ dix arpents de la propriété de Jean Rivard, et faisant partie du lot de l'un de ses jeunes frères. Il fit ressortir avec tant de force et de clarté les avantages du site proposé que personne parmi ses auditeurs ne put conserver la moindre hésitation.

Gendreau-le-Plaideux lui-même se montra très modéré et se borna à balbutier quelques objections qui ne furent pas même écoutées.

Une fois d'accord sur le site, il fallut s'entendre sur

les matériaux dont la chapelle serait construite. On n'éprouva cette fois aucune opposition sérieuse ; à la recommandation du missionnaire lui-même, il fut décidé que cette église ne devant être en quelque sorte que provisoire, et la localité se composant en grande partie de pauvres défricheurs, on construirait d'abord un édifice en bois capable de contenir de douze à quinze cents personnes ; cet édifice servirait de temple jusqu'à ce que la paroisse fût en état d'en construire un en pierre ou en brique sur le modèle des grandes églises des bords du Saint-Laurent.

Quant au presbytère qui devait être aussi en bois, la construction en fut différée jusqu'à l'année suivante, Jean Rivard s'offrant volontiers de loger monsieur le curé jusqu'à cette époque.

L'église fut construite sous la direction de Jean Rivard, sans taxe, sans répartition, au moyen de corvées et de contributions volontaires ; au bout de quelques mois, elle était achevée à la satisfaction de tous.

Ce fut un beau jour pour toute la population de Rivardville que celui où la cloche de l'église se fit entendre pour la première fois, cette cloche qui, suivant les paroles d'un grand écrivain, fait naître, « à la même minute un même sentiment dans mille cœurs divers ».

L'extérieur de l'église était peint en blanc, et le petit clocher qui la surmontait s'apercevait à une grande distance. L'intérieur aussi était blanchi à la chaux, à l'exception des bancs qui paraissaient d'une couleur grisâtre. À l'entrée, et de chaque côté de la porte, on voyait un bénitier en bois peint surmonté d'une croix ; et sur l'autel quatre bouquets et six grands cierges de bois. Au fond du sanctuaire était un grand tableau, avec une gravure de chaque côté. Une petite lampe, toujours allumée, reposait sur une table à côté de l'autel. De modestes cadres représentant un chemin de croix étaient suspendus de distance en distance autour de l'humble église. Mais ce qui frappait le plus les yeux en y entrant c'était l'air de propreté qui régnait dans tout l'édifice. On se sentait heureux dans ce temple modeste, élevé au milieu des bois, à la gloire du Dieu Tout-Puissant par une population amie du travail et de la vertu.

Le cimetière qui fut soigneusement enclos adjoignait immédiatement la chapelle.

Dans le cours de l'année suivante, sur la même éminence, et à quelques pas de l'église, fut bâti le presbytère.

Dans la même année, après toutes les formalités requises, Rivardville fut canoniquement et civilement érigé en paroisse, en dépit des efforts réitérés du père Gendreau.

La paroisse, telle qu'elle existe encore dans le Bas-Canada, a existé pendant des siècles dans l'Europe catholique. Son organisation répond parfaitement aux besoins des fidèles ; et le Canadien qui s'éloigne du clocher natal n'a pas de plus grand bonheur dans sa nouvelle patrie que de se voir encore une fois membre de cette petite communauté appelée la paroisse.

Il va sans dire que M. Octave Doucet fut nommé curé de Rivardville, à la charge toutefois de desservir en même temps quelques-unes des missions environnantes.

Achevons d'esquisser ici le portrait du jeune curé.

Ce qui le distinguait surtout, c'était sa nature franche et sympathique ; on sentait, en causant avec lui, qu'il avait constamment le cœur sur les lèvres ; on ne pouvait l'aborder sans l'aimer ; et on ne s'en séparait qu'avec le désir de le voir encore. Personne n'était mieux fait pour consoler les malheureux ; aussi avait-il constamment dans sa chambre de pauvres affligés qui venaient lui raconter leurs chagrins et chercher des remèdes à leurs maux. Jamais il ne rebutait personne ; au contraire, c'était avec le doux nom d'ami, de frère, d'enfant, de père, qu'il accueillait tous ceux qui s'adressaient à lui. Sa sensibilité, la bonté de son cœur se révélaient à la moindre occasion.

C'était là le côté sérieux de sa nature, mais à ces qualités s'en joignait une autre qui contribuait encore à le faire aimer davantage : c'était une gaieté constante, non cette gaieté de circonstance, souvent affectée, qui se traduit en jeux de mots plus ou moins spirituels, mais cette joie franche, naturelle, qui éclate en rires inextinguibles, au moindre mot d'un ami. La plus légère plaisanterie le faisait rire jusqu'aux larmes. Il avait toujours quelque anecdote amusante à raconter. Aussi sa société était-elle vivement recherchée par les gens d'esprit.

Il n'avait qu'un défaut, qui faisait son désespoir, et dont il chercha vainement à se corriger : il fumait. La pipe était sa passion dominante ; et jamais passion ne donna plus de tourments à un homme, ne tyrannisa plus impitoyablement sa victime.

Jean Rivard prenait quelquefois plaisir à tourmenter son ami à propos de cette habitude inoffensive. Il entrait avec lui dans de longues dissertations pour démontrer l'influence pernicieuse du tabac sur la santé, et le tort qu'il causait au bien-être général. Suivant ses calculs, ce qui se dépensait chaque année en fumée de tabac pouvait faire subsister des milliers de familles et faire disparaître entièrement la mendicité des divers points du Bas-Canada.

Le bon Octave Doucet passait alors deux ou trois jours sans fumer ; mais il perdait sa gaieté, il allait et venait comme s'il eût été à la recherche de quelque objet perdu ; puis il finissait pas trouver sa pipe.

À la vue de l'objet aimé, le sang lui montait au cerveau, il se troublait, et ses bonnes résolutions s'évanouissaient.

On le voyait bientôt comme de plus belle se promener de long en large sur le perron de son presbytère en faisant monter vers le ciel de longues spirales de fumée.

Au fond, Jean Rivard pardonnait facilement à son ami cette légère faiblesse qui composait, à peu près, son seul amusement.

Au reste, ces petites dissertations, moitié badines moitié sérieuses, n'empêchaient pas les deux amis de s'occuper d'affaires importantes.

Il fallait voir avec quel zèle, quelle chaleur ils discutaient toutes les questions qui pouvaient exercer quelque influence sur l'avenir de Rivardville ! Jamais roi, empereur, président, dictateur ou souverain quelconque ne prit autant d'intérêt au bonheur et à la prospérité de ses sujets que n'en prenaient les deux amis au succès des habitants de leur paroisse.

Le jeune curé possédait une intelligence à la hauteur de celle de Jean Rivard, et quoiqu'il fût d'une grande piété et que ses devoirs de prêtre l'occupassent plus que tout le reste, il se faisait aussi un devoir d'étudier avec soin tout ce qui pouvait influer sur la condition matérielle des peuples dont les besoins spirituels lui étaient confiés. Il comprenait parfaitement tout ce que peuvent produire, dans l'intérêt de la morale et de la civilisation bien entendue, le travail intelligent, éclairé, l'aisance plus générale, une industrie plus perfectionnée, l'instruction pratique, le zèle pour toutes les améliorations utiles, et il ne croyait pas indigne de son ministère d'encourager chez ses ouailles ces utiles tendances, chaque fois que l'occasion s'en présentait.

On pouvait voir quelquefois les deux amis, seuls au milieu de la nuit, dans la chambre de Jean Rivard, discuter avec enthousiasme certaines mesures qui devaient contribuer à l'agrandissement de la paroisse, au développement des ressources du canton, s'entretenir avec bonheur du bien qu'ils allaient produire, des réformes qu'ils allaient opérer, des changements qu'ils allaient réaliser pour le bien de leurs semblables et la plus grande gloire de Dieu.

C'étaient le pouvoir spirituel et le pouvoir temporel se soutenant l'un par l'autre et se donnant la main.

# V

## Pierre Gagnon

On a vu tout à l'heure que Pierre Gagnon n'était plus au service de Jean Rivard. Il l'avait abandonné graduellement, et comme à regret, pour se consacrer au défrichement de son propre lopin de terre.

Nos lecteurs se rappelleront que ce lot était situé immédiatement au sud de celui de Jean Rivard.

Pierre Gagnon mettait, en travaillant pour lui-même, toute l'ardeur, toute l'énergie qu'il avait déployées au service de son maître.

Sous les efforts de son bras puissant, la clairière s'agrandissait à vue d'œil.

Il commença par abattre la forêt juste à l'endroit où il désirait placer sa future résidence, en droite ligne avec la maison de Jean Rivard, puis il continua, se disant à part lui, avec ce contentement intérieur qui ne l'abandonnait jamais : ici sera ma maison, là ma grange, plus loin mes autres bâtiments ; il désignait d'avance le jardin, les champs de légumes, le parc aux animaux et toutes les diverses parties de sa ferme.

Disons toutefois que Pierre Gagnon quittait volontiers son travail pour celui de Jean Rivard, chaque fois que celui-ci en manifestait le désir, ce qui arrivait de temps à autre, surtout à l'époque de la moisson.

Ajoutons que l'ancien maître ne refusait pas non plus ses services à l'ancien serviteur. Les bœufs de travail, les chevaux, les voitures de Jean Rivard étaient à la disposition de Pierre Gagnon. Au besoin, même, l'empereur allait donner un coup d'épaule à son ci-devant brigadier.

Sur les épargnes qu'il avait faites à Grandpré, pendant de longues années de dur travail, et sur les gages qu'il avait reçus pour ses deux dernières années de service, Pierre Gagnon avait en caisse près de quarante louis qu'il réservait pour acquitter le prix de son lopin de terre et aussi pour le jour où il entreprendrait de se bâtir une maison et des bâtiments de ferme.

En attendant, le vaillant défricheur songeait encore à autre chose. Tout en abattant les arbres, il lui arrivait de cesser quelquefois de chanter pour penser au bonheur dont jouissait son jeune maître depuis l'époque de son mariage. Il se disait que lui aussi, Pierre Gagnon, aurait un jour une compagne qui tiendrait son ménage et l'aiderait dans ses travaux.

Jusque-là notre défricheur, sans être tout à fait insensible aux grâces et aux amabilités du beau sexe, n'avait eu aucune sérieuse affaire de cœur. Il s'était contenté de *faire étriver* toutes les filles de sa connaissance. Celles-ci s'amusaient de ses drôleries et, lorsqu'il devenait trop agaçant, lui ripostaient énergiquement ; mais c'est tout ce qui s'ensuivait. Une d'elles cependant, soit que Pierre Gagnon eût montré plus de persistance à la faire endêver, soit qu'il eût laissé échapper en lui parlant quelqu'un de ces mots qui vont droit au cœur des femmes, soit enfin que la conduite ou le courage bien connus de Pierre Gagnon lui eussent inspiré une admiration plus qu'ordinaire, une d'elles s'obstinait à parler de lui et à en dire constamment du bien.

C'était Françoise, l'ancienne servante du père Routier, qui avait montré tant d'empressement à suivre Louise dans le canton de Bristol.

À entendre Françoise, Pierre Gagnon n'avait pas son pareil. Il était fin, drôle, amusant ; elle allait même jusqu'à le trouver beau, en dépit de la petite vérole dont sa figure était marquée.

Il est vrai que Pierre Gagnon soutenait à qui voulait l'entendre que ces petites cavités qui parsemaient son visage étaient de véritables grains de beauté, et que son père s'était ruiné à le faire graver de cette façon.

Mais, même en admettant cette prétention, Pierre Gagnon, de l'aveu de tous, était encore loin d'être un Adonis ; ce qui démontre bien, comme on l'a déjà dit plus d'une fois, que la beauté est chose relative, et que l'on a raison de dire avec le proverbe : des goûts et des couleurs il ne faut disputer.

« Trouvez-lui donc un seul défaut », s'écriait souvent Françoise, en s'adressant à Louise, et celle-ci avait toutes les peines du monde à calmer l'enthousiasme de sa servante.

Pierre Gagnon n'ignorait probablement pas tout à fait les sentiments de Françoise à son égard, mais il feignait de ne pas s'en douter, et se contentait le plus souvent, lorsqu'il l'apercevait de loin, d'entonner le refrain bien connu :

> *C'est la belle Françoise,*
> *Allons gué*
> *C'est la belle Françoise...*

Pierre Gagnon ne chantait pas bien, il avait même la voix quelque peu discordante, ce qui n'empêchait pas Françoise de se pâmer d'aise en l'écoutant. De même, lorsque le soir, pour se reposer de ses fatigues du jour, il faisait résonner sa *bombarde*, c'était pour elle une musique ravissante.

Le véritable amour, l'amour sérieux, profond, a semblé de tout temps incompatible avec la gaieté ; et l'on est porté à se demander si celui qui plaisante et rit à tout propos est susceptible d'aimer et d'être aimé. Assez souvent l'amour est accompagné d'un sentiment de tristesse ; on va même jusqu'à dire que l'homme le plus spirituel devient stupide quand cette passion s'empare de lui.

On pourrait croire d'après cela que Pierre Gagnon n'était pas réellement amoureux, car il est certain qu'il ne manifesta jamais la moindre disposition à la mélancolie. Mais en dépit de toutes les observations des philosophes et de tout ce qu'on pourrait dire au contraire, j'ai toute raison de croire qu'au fond Pierre Gagnon n'était pas insensible à l'amour de Françoise, et que c'est sur elle qu'il portait ses vues, lorsqu'en abattant les arbres de la forêt, il songeait au mariage.

Françoise était âgée d'environ vingt-cinq ans. Elle n'était ni belle ni laide. Elle avait une forte chevelure, des dents blanches comme l'ivoire : mais elle n'avait ni joues rosées, ni cou d'albâtre ; au contraire, son teint était bruni par le soleil, ses mains durcies par le travail, ses cheveux étaient assez souvent en désordre, car c'est à peine si la pauvre fille pouvait chaque matin consacrer cinq minutes à sa toilette. Exceptons-en toutefois les dimanches et les jours de fête où Françoise se mettait aussi belle que possible ; quoique sa taille fût loin d'être celle d'une guêpe, et que ses pieds n'eussent rien d'excessivement mignon, elle avait alors un air de santé, de propreté, de candeur, qui pouvait attirer l'attention de plus d'un homme à marier. Mais ce qui aux yeux des hommes sensés devait avoir plus de prix que toutes les qualités physiques, c'est qu'elle était d'une honnêteté, d'une probité à toute épreuve, industrieuse, laborieuse et remplie de piété. Ce que Jean Rivard et sa femme appréciaient le plus chez leur servante, c'était sa franchise ; elle ne mentait jamais. Par là même elle était d'une naïveté étonnante, et ne cachait rien de ce qui lui passait par le cœur ou par la tête. Louise s'amusait beaucoup de sa crédulité. Ne soupçonnant jamais le mensonge chez les autres, tout ce qu'elle entendait dire était pour elle parole d'Évangile.

Elle était même superstitieuse à l'excès. Elle croyait volontiers aux histoires de revenants, de sorciers, de loups-garous ; elle n'eût jamais, pour tout l'or du monde, commencé un ouvrage le vendredi. Les jeunes gens s'amusaient quelquefois à la mystifier, et se donnaient le malin plaisir de l'effrayer.

Elle prétendait avoir des apparitions. Elle vit un jour une grosse bête noire se promener dans le chemin et s'avancer jusque sur le seuil de la maison.

Mais, malgré ces petits défauts, Françoise était une fille comme on en trouve rarement de nos jours, une fille de confiance, à laquelle les clefs d'une maison pouvaient être confiées sans crainte.

On ne pouvait raisonnablement s'attendre cependant à voir Pierre Gagnon jouer auprès de Françoise le rôle d'un jeune langoureux, trembler en sa présence, ou tomber en syncope au frôlement de sa robe. Notre défricheur approchait de la trentaine, et depuis l'âge de cinq ou six ans, il avait constamment travaillé pour subvenir aux besoins matériels de la vie. Il n'avait pas eu l'imagination faussée ou exaltée par la lecture des romans. La seule histoire d'amour qu'il eût entendu lire était celle de Don Quichotte et de la belle Dulcinée, on peut affirmer qu'elle n'avait pas eu l'effet de le rendre plus romanesque. Il se représentait une femme, non comme un ange, une divinité, mais comme une aide, une compagne de travail, une personne disposée à tenir votre maison, à vous soigner dans vos maladies, à prendre soin de vos enfants, lorsque le bon Dieu vous en donne.

Mais ce qui prouve que l'indifférence de Pierre Gagnon pour Françoise n'était qu'apparente, c'est qu'il devenait de jour en jour moins railleur avec elle ; il arrivait assez souvent qu'après une kyrielle de drôleries et une bordée de rires homériques, il s'asseyait près de Françoise et passait une demi-heure à parler sérieusement.

Cette conduite inusitée de la part de notre défricheur était remarquée par les jeunes gens, qui ne manquaient pas d'en plaisanter.

Lorsque, à l'époque des foins ou de la récolte, Pierre Gagnon venait donner un coup de main à Jean Rivard, il était rare que Françoise ne trouvât pas un prétexte d'aller aux champs, aider au fanage ou à l'engerbage ; ce travail devenait un plaisir quand Pierre Gagnon y prenait part.

Personne, au dire de Françoise, ne fauchait comme Pierre Gagnon ; personne ne savait lier une gerbe de grain comme lui.

On en vint à remarquer que Pierre Gagnon qui, dans les commencements, s'amusait à jeter des poignées d'herbe à Françoise, à la faire asseoir sur des chardons, et à la rendre victime de mille autres espiègleries semblables, cessa peu à peu ces plaisanteries à son égard. On les vit même quelquefois, durant les heures de repos, assis l'un à côté de l'autre, sur une veillotte de foin.

Si quelqu'un s'avisait désormais de taquiner Françoise, comme lui-même avait fait plus d'une fois auparavant, on était sûr que Pierre Gagnon se rangeait aussitôt du parti de la pauvre fille et faisait bientôt tourner les rires en sa faveur.

Il ne pouvait plus souffrir que personne cherchât à l'effrayer au moyen de fantômes ou d'apparitions ; il réussit presque à la persuader qu'il n'existait ni sorciers, ni revenants, ni loups-garous. Comme le Scapin de Molière, il lui confessa qu'il était le principal auteur des sortilèges et des visions étranges qui l'avaient tant épouvantée dans les premières semaines de son séjour à Rivardville.

Quand Pierre Gagnon n'était pas au champ, Françoise passait ses moments de loisir à rêver en silence ou à chercher des trèfles à quatre feuilles.

Mais j'oubliais de dire un fait qui ne manqua pas d'exciter plus d'une fois les gorges-chaudes de leurs compagnons et compagnes de travail, c'est qu'on les vit tous les deux, dans la saison des fruits, passer le temps de la *repose* à cueillir des fraises, des mûres, des framboises ou des bleuets, et, chose extraordinaire, Pierre Gagnon, sous prétexte qu'il n'aimait pas les fruits, donnait tout à Françoise.

Eh bien ! le croira-t-on ? Malgré tous ces témoignages d'intérêt, malgré ces nombreuses marques d'attention et d'amitié, les gens n'étaient pas d'accord sur les sentiments de Pierre Gagnon. Les uns prétendaient qu'il ne voulait que s'amuser aux dépens de Françoise, d'autres soutenaient que son but était tout simplement de faire *manger de l'avoine*\* au petit Louison Charli qui passait,

---

\* Un vocabulaire des expressions populaires en usage dans nos campagnes ne serait pas sans intérêt. En général, ces locutions ne sont employées que par les serviteurs ou engagés, ou ceux qui n'ont reçu aucune teinture des lettres.

à tort ou à raison, pour *aller voir* la servante de Jean Rivard. Enfin le plus grand nombre s'obstinaient à dire que Pierre Gagnon ne se marierait jamais.

---

Dans la classe aisée des cultivateurs on parle un langage plus correct et qui ne diffère pas essentiellement de celui des marchands canadiens de nos villes, si ce n'est qu'il est moins parsemé d'anglicismes. Il est même remarquable que les enfants qui fréquentent les bonnes écoles améliorent en peu de temps le style et la prononciation qu'ils ont reçus de la bouche de leurs parents. Il existe chez les Canadiens, surtout chez les jeunes gens, une singulière aptitude à adopter le langage des personnes instruites avec lesquelles ils vivent en contact.

# VI

## Où l'on verra qui avait raison

Disons-le tout de suite : il ne se passa pas longtemps avant qu'il fût reconnu que Pierre Gagnon allait voir Françoise. Presque tous les dimanches il passait avec elle une partie de l'après-midi, souvent même la veillée. Le petit Louison Charli avait beau se défendre d'avoir jamais parlé à Françoise, on répétait partout qu'il avait eu *la pelle*, et ses amis l'accablaient de quolibets.

Enfin le bruit courut un jour que Pierre Gagnon et Françoise avaient échangé leurs mouchoirs. C'était le signe visible d'un engagement sérieux.

Pendant longtemps Pierre Gagnon répondait par des badinages à ceux qui le questionnaient sur ses sentiments, bien différent en cela de Françoise qui n'avait rien de plus pressé que de raconter à sa maîtresse les progrès de sa liaison ; mais lui-même finit par ne plus le nier.

Il voulut même un jour donner à Françoise une preuve irrécusable de son amitié et la reconnaître publiquement pour sa blonde. Un dimanche que le temps était magnifique, les chemins en bon état, et que Jean Rivard et sa femme allaient à Lacasseville, il proposa à Françoise de les accompagner.

Il emprunta à cet effet un des chevaux et une des voitures de Jean Rivard. Il passa bien une heure à étriller le cheval ; le collier, le harnais, la bride, tout reluisait de propreté.

Quand la voiture passa devant chez le père Landry, tout le monde se précipita à la porte et aux fenêtres. Il y eut une longue discussion dans la famille sur la question de savoir avec qui était Pierre Gagnon.

Françoise étrennait un voile pour la circonstance, ce qui empêchait de la reconnaître. On la reconnut pourtant et les filles ne manquèrent pas de dire : « Françoise doit se renfler, ça ne lui arrive pas souvent de se faire promener par les garçons. »

En dépit des remarques qu'on put faire sur son compte, Françoise trouva pourtant le chemin tout court et revint fort satisfaite de son voyage.

Cette promenade fut vraisemblablement l'épisode le plus intéressant de sa vie de fille.

Jean Rivard n'avait jamais paru faire attention à ce qui se passait entre Pierre Gagnon et sa fille Françoise ; mais Louise qui était au fait de tout et qui n'aimait pas les trop longues fréquentations se mit bientôt à presser Pierre Gagnon d'en finir.

Celui-ci ne se le fit pas dire deux fois.

Cette conduite de la part de madame Rivard est cause que nous n'avons aucune intrigue, aucune péripétie intéressante à enregistrer, dans l'histoire des amours de Pierre Gagnon et de Françoise. Tout se fit de la manière la plus simple ; point de querelle, point de brouille, partant point d'explication ni de *raccordements*, malgré le bruit que fit courir le petit Louison Charli que Pierre Gagnon et Françoise s'étaient rendu leurs mouchoirs.

La vérité est que Pierre Gagnon n'avait pas le temps d'aller chercher au loin une personne plus avenante que Françoise et que Françoise estimait trop Pierre Gagnon pour se montrer à son égard inconstante ou coquette.

Mais il était temps que Pierre Gagnon parlât de mariage à Françoise, car son silence intriguait fort la pauvre fille et la tenait dans une incertitude inquiétante.

Elle ne dormait plus sans mettre un miroir sous sa tête afin de voir en rêve celui qui lui était destiné.

Enfin, un jour que Jean Rivard était dans son champ occupé à faire brûler de l'abattis, Pierre Gagnon qui travaillait sur son propre lot laissa un moment tomber sa hache et s'en vint droit à lui.

« Mon bourgeois, dit-il, en essuyant les gouttes de sueur qui coulaient de son front, je suis venu vous parler d'une chose dont qu'il y a longtemps que je voulais vous en parler. Manquablement que je vas vous surprendre, et que vous allez rire de moi ; mais c'est égal, riez tant que vous voudrez, vous serez toujours mon empereur comme auparavant...

— Qu'est-ce que c'est donc ? dit Jean Rivard, dont la curiosité devint un peu excitée par ce préambule.

— Ça me coûte quasiment d'en parler, mon bourgeois, mais puisque je suis venu pour ça, faut que je vous dise que je pense à me bâtir une petite cabane sur mon lot...

— Et à te marier ensuite, je suppose ?

— Eh bien oui, vous l'avez deviné, mon bourgeois ; vous allez peut-être me dire que je fais une folie ?...

— Au contraire, je ne vois rien là que de très naturel. Tu ne me surprends pas autant que tu parais le croire ; je t'avoue même que je soupçonnais un peu depuis quelque temps que tu songeais à cette affaire.

— Tenez, voyez-vous, mon bourgeois, me voilà avec une dizaine d'arpents de terre de défrichés ; je vais me bâtir une cabane qui pourra tenir au moins deux personnes ; avec l'argent qui me restera, je pense que je pourrai aussi me bâtir une grange dans le courant de l'été. Je suis parti pour faire une assez grosse semence ce printemps, et vous comprenez que, si j'avais une femme, ça m'aiderait joliment pour faire le jardinage et engerber, sans compter que ça serait moins ennuyant de travailler à deux en jasant que de chanter tout seul en travaillant, comme je fais depuis que j'ai quitté votre service.

— Oui, oui, Pierre, tu as raison : une femme, c'est joliment désennuyant, sans compter, comme tu dis, que ça a bien son utilité. Si j'en juge d'après moi-même, tu ne te repentiras jamais d'avoir pris ce parti.

— Mais il faut que je vous dise avec qui je veux me marier. Vous serez peut-être surpris tout de bon, cette fois-ci. Vous ne vous êtes peut-être pas aperçu que j'avais une blonde. Madame Rivard en a bien quelque doutance, elle ; les femmes, voyez-vous, ça s'aperçoit de tout.

— Est-ce que ça serait Françoise par hasard ?

— Eh bien, oui, mon bourgeois, vous l'avez encore deviné ; c'est Françoise.

— Je savais bien, d'après ce que m'avait dit ma femme, qu'elle était un peu folle de toi, mais je n'étais pas sûr si tu l'aimais ; je croyais même quelquefois que tu en faisais des badinages.

— Ah ! pour ça, mon bourgeois, je vous avouerai franchement que je ne suis pas fou de Françoise, comme ce pauvre défunt Don Quichotte l'était de sa belle Dulcinée ; mais je l'aime assez comme ça, et si on est marié ensemble, vous verrez qu'elle n'aura jamais de chagrin avec son Pierre. C'est bien vrai que je l'ai fait étriver quelquefois, mais ce n'était pas par manière de mépris ; voyez-vous, il faut bien rire un peu de temps en temps pour se reposer les bras. Si je la faisais enrager, c'est que je savais, voyez-vous, qu'elle n'était pas *rancuneuse*...

— Quant à cela, je pense en effet qu'elle ne t'en a jamais voulu bien longtemps.

— Puis, tenez mon empereur, pour vous dire la vérité, je ne suis pas assez gros bourgeois, moi, pour prétendre à un parti comme mademoiselle Louise Routier ; je veux me marier suivant mon rang. Je serais bien fou d'aller chercher une *criature* au loin, pour me faire *retapper*, tandis que j'en ai une bonne sous la main. Vous comprenez bien que je ne suis pas sans m'être aperçu que Françoise est une grosse travaillante, une femme entendue dans le ménage, et que c'est, à part de ça, un bon caractère, qui ne voudrait pas faire de peine à un poulet. C'est bien vrai qu'elle ne voudra jamais commencer un ouvrage le vendredi, mais ça ne fait rien, elle commencera le jeudi ; et quant aux revenants, j'espère bien qu'une fois mariée, elle n'y pensera plus.

— J'approuve complètement ton choix, mon ami, et je suis sûr que ma femme pensera comme moi, tout en regrettant probablement le départ de Françoise qu'elle ne pourra pas facilement remplacer. Les bonnes filles comme elle ne se rencontrent pas tous les jours.

— Merci, mon bourgeois, et puisque vous m'approuvez, je vous demanderai de me rendre un petit service, ça serait de faire vous même la grande demande à Françoise, et de vous entendre avec elle et avec madame Rivard pour fixer le jour de notre mariage. J'aimerais, si c'est possible, que ça fût avant les récoltes.

— Bien, bien, comme tu voudras, Pierre ; je suis sûr que tout pourra s'arranger pour le mieux. »

Après cette importante confidence, Pierre Gagnon regagna son champ d'abattis.

De retour à sa maison, Jean Rivard fit part à sa femme des intentions de son ancien compagnon de travail. Après avoir commenté cet événement d'une manière plus ou moins sérieuse, ils firent venir Françoise.

« Eh bien ! Françoise, dit Jean Rivard, es-tu toujours disposée à te marier ?

— Moi, me marier ! s'écria Françoise tout ébahie et croyant que son maître voulait se moquer d'elle, oh ! non, jamais ; je suis bien comme ça, j'y reste : et elle retourna de suite à sa cuisine avant qu'on pût s'expliquer davantage.

Cependant une fois seule, elle se mit à penser... et quoiqu'elle fût encore loin de soupçonner ce dont il s'agissait, elle s'avança de nouveau vers ses maîtres :

« Madame Rivard sait bien, dit-elle, qu'il n'y en a qu'*un* avec qui je me marierais, et celui-là ne pense pas à moi. Pour les autres, je n'en donnerais pas une *coppe*.

— Mais si c'était celui-là qui te demanderait en mariage, dit madame Rivard.

— Pierre Gagnon ! s'écria Françoise ; ah ! Jésus Maria ! jamais je ne le croirai !...

— C'est pourtant bien le cas, c'est Pierre Gagnon lui-même.

— Sainte Bénite ! moi, la femme de Pierre Gagnon ? Mais êtes-vous sûrs qu'il ne dit pas cela pour rire ?

— Il y va si sérieusement que tu peux fixer toi-même le jour de votre mariage.

— Bonne sainte Vierge !... me voilà donc exaucée. »

Et Françoise, toute troublée, s'éloigna en se passant les mains sur les cheveux, et se rendit au miroir où elle s'attifa du mieux qu'elle put, croyant à tout instant voir arriver son fiancé.

Ce jour-là, si Louise n'avait pas eu le soin de jeter de temps à autre un coup d'œil au pot-au-feu, le dîner eût été manqué, à coup sûr.

Quand le soir Pierre Gagnon vint à la maison, Françoise était tranquillisée ; elle fut très convenable, plus même qu'elle n'avait coutume de l'être. De son côté, Pierre Gagnon était beaucoup plus sérieux qu'à l'ordinaire. Il parla longtemps à Françoise de ses projets, de l'état de ses travaux et de tout ce qui lui manquait encore pour être riche. Françoise faisait semblant de l'écouter, mais elle ne s'arrêtait pas tout à fait aux mêmes considérations que son prétendu. Elle se représentait déjà au pied de l'autel, jurant fidélité à Pierre Gagnon ; elle songeait combien elle l'aimerait, avec quel soin elle tiendrait la maison, préparerait ses repas, raccommoderait son linge. De temps à autre elle se levait sous prétexte de quelque soin de ménage, mais plutôt pour se donner une contenance et ne pas paraître trop agitée.

En voyant venir Pierre Gagnon, elle avait couru mettre une de ses plus belles robes d'indienne, de sorte qu'elle était proprette et que Pierre Gagnon fut de plus en plus satisfait de son choix.

Le mariage fut d'un commun accord fixé au commencement d'août.

Dans le courant de juillet, Pierre Gagnon, avec l'aide de ses voisins et amis, se construisit une maisonnette fort convenable, qu'il meubla aussi modestement que possible.

Les autres préparatifs du mariage furent bientôt faits.

Pierre Gagnon emprunta pour la circonstance un habit noir à Jean Rivard, qui lui servait de père, et Françoise emprunta aussi quelques-uns des atours de sa maîtresse.

Jean Rivard donna à son ancien compagnon de

travail une petite fête à laquelle furent conviés tous les premiers colons du canton de Bristol. On ne manqua pas de s'y divertir.

Louise avait fait présent à Françoise de divers articles de ménage. Jean Rivard voulut aussi faire son cadeau de noce à Pierre Gagnon.

Au moment où l'heureux couple allait se diriger vers sa modeste habitation :

— Quand penses-tu t'acheter une vache ? dit Jean Rivard à Pierre Gagnon.

— Oh ! pour ça, mon bourgeois, ça sera quand il plaira à Dieu. Si la récolte est bonne l'année qui vient, on aura peut-être les moyens... Mais il faut tant de choses, on ne peut pas tout avoir à la fois. Mais pour une vache, c'est une grande douceur, et si Françoise veut dire comme moi, on travaillera pour en gagner une aussi vite que possible.

— Eh bien ! Pierre, puisque tu tiens tant à avoir une vache, je veux t'en donner une des miennes ; ça compensera pour la mère d'ours, ajouta-t-il en riant.

Pierre Gagnon ne savait trop comment remercier son ancien maître de cette nouvelle marque de bonté ; il ne put que demander en balbutiant :

— Est-ce la Caille ?

— Non, répondit Jean Rivard ; la Caille est une ancienne amie ; ce serait une ingratitude de ma part de la laisser partir. Je veux qu'elle continue à vivre avec moi. Mais tu prendras sa fille aînée, qui est encore meilleure laitière qu'elle. Elle vous donnera en abondance le lait et le beurre nécessaires aux besoins de votre maison. Françoise la connaît bien ; elle t'en dira des nouvelles.

Les deux anciens compagnons se séparèrent le cœur gros, quoiqu'ils dussent continuer à demeurer voisins et se revoir presque chaque jour.

# VII

## La marche du progrès

Environ trois ans après son mariage, Jean Rivard écrivit à son ami Gustave Charmenil :

« Depuis la dernière fois que je t'ai écrit, mon cher Gustave, un nouveau bonheur m'est arrivé : je suis devenu père d'un second enfant. C'est une petite fille, cette fois. J'en ai été fou plusieurs jours durant. Tu comprendras ce que c'est, mon ami, quand tu seras père à ton tour, ce qui, avec tes propensions matrimoniales, ne saurait tarder bien longtemps. Louise se porte à merveille. Tu peux croire si elle est heureuse, elle qui aime tant les enfants, et qui désirait tant avoir une fille !

« Tu me pardonneras, mon cher Gustave, de t'avoir laissé ignorer cela si longtemps. Je suis accablé d'occupations de toutes sortes ; c'est à peine si je puis trouver un moment pour écrire à mes amis. Outre mes travaux de défrichement, qui vont toujours leur train, j'ai à diriger en quelque sorte l'établissement de tout un village. Je suis occupé du matin au soir. Ne sois pas surpris, mon cher Gustave, si tu entends dire un jour que ton ami Jean Rivard est devenu un fondateur de ville. Tu ris, j'en suis sûr. Il est de fait pourtant qu'avant qu'il soit longtemps les environs de ma cabane seront convertis en un village populeux et prospère. À l'heure qu'il est, je viens de terminer la construction d'une église. Tout marche et progresse autour de moi : moulins, boutiques, magasins, tout surgit comme par enchantement. Si j'avais le temps de te donner des détails, tu en serais étonné toi-même. Je commence à croire que je vais devenir riche, beaucoup plus que je ne l'avais rêvé. Ce qui est au moins certain, c'est que je puis être désormais sans inquiétude sur le sort de mes frères : leur avenir est assuré. C'est un grand soulagement d'esprit pour ma mère et pour moi.

« Je t'expliquerai tout cela quand tu viendras me faire visite.

« Il est vrai qu'il nous manque encore beaucoup de choses. Nous n'avons ni école, ni municipalité, ni marché, ni bureau de poste, etc., mais tout cela va venir en son temps. Paris ne s'est pas fait en un jour.

« Je m'attends bien à rencontrer de grandes difficultés par la suite. Nous avons déjà parmi nous des hommes à vues mesquines, à esprit étroit, qui ne cherchent qu'à embarrasser la marche du progrès. Mais il faudra vaincre ou périr. J'ai toujours sous les yeux ma devise : *labor omnia vincit* ; et je suis plein d'espoir dans l'avenir.

« Je t'ai déjà dit que notre ami Doucet venait nous dire la messe une fois par mois ; aussitôt notre église achevée, il a été nommé notre curé, et il réside permanemment au milieu de nous. Il est toujours comme autrefois, aimable et plein de zèle. Nous parlons souvent de toi et de notre beau temps de collège.

« Dans quelques années, si nous continuons à progresser, tu pourras t'établir comme avocat à Rivardville (c'est ainsi qu'on a surnommé la localité où ton ami Jean Rivard a fixé ses pénates), qui sera peut-être alors cheflieu de district. »

En effet Rivardville reçut vers cette époque une étrange impulsion due, suivant les uns, au progrès naturel et insensible des défrichements et de la colonisation, suivant les autres, à la construction de l'église dont nous avons parlé.

Ce qui est certain, c'est que tout sembla marcher à la fois. Deux des frères de Jean Rivard vinrent s'établir à côté de lui ; à l'un, Jean Rivard céda sa fabrique de potasse qu'il convertit en perlasserie et qu'il établit sur une grande échelle ; il retint un intérêt dans l'exploitation, plutôt pour avoir un prétexte d'en surveiller et contrôler les opérations que pour en retirer un bénéfice. Il entra pareillement en société avec l'autre de ses frères pour la construction d'un moulin à scie et d'un moulin à farine, deux établissements dont la nécessité se faisait depuis longtemps sentir à Rivardville.

Ces deux moulins, n'étant destinés qu'à satisfaire aux besoins de la localité, purent être construits assez économiquement. Le nom de Jean Rivard d'ailleurs était déjà connu à dix lieues à la ronde, et son crédit était illimité.

Le fabricant de perlasse, encouragé par les résultats de son industrie, voulut profiter de ses fréquents rapports avec les colons du canton de Bristol et des environs pour établir un trafic général. Il acheta le fonds de commerce du principal marchand du village, et, avec l'aide d'un de ses plus jeunes frères comme commis, il ouvrit un magasin qui fut bientôt considérablement achalandé. N'agissant que d'après les conseils de son frère aîné, et se contentant de profits raisonnables, il trouva dans cette industrie son avantage personnel, tout en faisant le bien de la communauté. La maison « Rivard, frères » étendit peu à peu ses opérations et devint par la suite la plus populaire du comté.

La construction de deux moulins fut aussi un grand événement pour les habitants de Rivardville, obligés jusqu'alors d'aller à une distance de trois lieues pour chercher quelques madriers ou faire moudre un sac de farine.

Après le son de la cloche paroissiale, aucune musique ne pouvait être plus agréable aux oreilles des pauvres colons que le bruit des scies et des moulanges ou celui de la cascade servant de pouvoir hydraulique.

Et cette musique se faisait entendre presque jour et nuit.

On remarquait dans la localité un mouvement, une activité extraordinaires.

Tout le long du jour on voyait arriver aux moulins des voitures chargées, les unes de sacs de blé, les autres de pièces de bois destinées à être converties en planches ou en madriers.

Meunier, scieur, constructeur et colon, tous trouvaient leur profit à cet échange de services, et le progrès de Rivardville s'en ressentait d'une manière sensible.

Plusieurs habitations nouvelles surgirent autour des moulins aussi bien qu'autour de l'église.

Nos lecteurs se souviennent peut-être que, dès la première année de son séjour dans la forêt, Jean Rivard avait retenu dans le voisinage de sa propriété un lot de terre inculte pour chacun de ses frères, en leur disant : qui sait si vous ne deviendrez pas riches sans vous en apercevoir ?

Ce pressentiment de Jean Rivard se vérifia à la lettre.

Toutes les maisons et les bâtiments dont nous avons parlé, moulins, forges, boutiques, magasins furent bâtis sur les propriétés de la famille Rivard.

Jean Rivard, qui était l'administrateur des biens de la famille, ne cédait que quelques arpents de terre aux industriels ou commerçants qui venaient s'établir à Rivard-ville, et réservait le reste pour en disposer plus tard avantageusement.

Cette vaste étendue de terrain, située comme elle l'était au centre d'un canton, dans le voisinage d'une rivière et d'une grande route publique, et devant, selon toute probabilité, devenir plus tard le siège d'une ville ou d'un grand village, prit vite une importance considérable.

Sa valeur s'accrut de jour en jour.

Jean Rivard n'était pas ce qu'on peut appeler un spéculateur ; il ne cherchait pas à s'enrichir en appauvrissant les autres. Mais lorsqu'il songeait à sa vieille mère, à ses neuf frères, à ses deux sœurs, il se sentait justifiable de tirer bon parti des avantages qui s'offraient à lui, et qui après tout étaient dus à son courage et à son industrie.

Il lui semblait aussi voir le doigt de la Providence dans la manière dont les événements avaient tourné. Ma pauvre mère a tant prié, disait-il, que Dieu prend pitié d'elle et lui envoie les moyens de se tirer d'embarras.

Il s'empressait de lui écrire chaque fois qu'il avait une bonne nouvelle à lui annoncer.

Il jouissait d'avance du bonheur qu'elle en ressentirait.

Mais outre les avantages de fortune qu'il devait espérer en voyant les alentours de sa chaumière devenir peu à peu le centre d'un village, il jouissait encore d'un autre privilège que devait apprécier à toute sa valeur un homme de l'intelligence de Jean Rivard ; il allait pouvoir exercer un contrôle absolu sur l'établissement du village.

Il allait devenir peut-être, comme il le dit dans sa lettre, le fondateur d'une ville !

Quels rêves ambitieux cette perspective ne devait-elle pas faire naître en son esprit !

Les devoirs et la responsabilité que lui imposait cette glorieuse entreprise absorbèrent toute son attention pendant plusieurs mois.

Ce n'était plus la carte de son lot de cent acres qu'il déployait le soir sur sa table, c'était celle du futur village. Quoiqu'il ne fût guère au fait de l'art de bâtir des villes, il en avait lui-même tracé le plan ; il avait indiqué les rues, auxquelles il donnait toute la largeur et toute la régularité possibles ; il avait marqué les endroits que devaient occuper plus tard la maison d'école, le bureau de poste, le marché, etc.

Il fit planter des arbres de distance en distance le long des rues projetées, car il ne négligeait rien de ce qui pouvait contribuer à donner à son village une apparence de fraîcheur et de gaieté.

Il allait même jusqu'à stipuler, dans ses concessions d'emplacements, que la maison serait de telle ou telle dimension, qu'elle serait située à telle distance du chemin, qu'elle serait peinte en blanc, et autres conditions qui peuvent sembler puériles mais qui n'en exercent pas moins une influence réelle sur le progrès des localités.

Comme on l'a déjà vu, Jean Rivard n'entreprenait rien d'important sans consulter son ami Doucet.

Louise prenait aussi le plus vif intérêt aux entreprises de son mari.

Pierre Gagnon n'était pas non plus tenu dans l'ignorance des plans de Jean Rivard.

Il va sans dire que celui-ci était l'admirateur enthousiaste de tout ce que faisait son ancien maître.

« Je savais bien, lui disait-il avec sa gaieté accoutumée, que vous en feriez autant que le grand Napoléon.

Maintenant que vous n'avez plus d'ennemis à combattre, vous allez donner un royaume à chacun de vos frères. Il y a une chose pourtant que vous n'imiterez pas, disait-il en riant, et en regardant madame Rivard, c'est que vous ne répudierez pas votre femme.

« Ce n'est pas pour mépriser Napoléon, ajoutait-il, mais je crois que s'il avait fait comme vous au lieu de s'amuser à bouleverser tous les pays et à tuer le monde dru comme mouche, il n'aurait pas fait une fin aussi triste. Tonnerre d'un nom ! j'aurais aimé à lui voir faire de l'abattis ; je crois que la forêt en aurait fait du feu. »

# VIII

## Cinq ans après

*Gustave Charmenil à Jean Rivard*

« Mon cher ami,

    « Je commence à croire que Madame de Staël avait raison quand elle disait que le mariage n'était que de l'égoïsme à deux. Depuis que tu as eu le bonheur de recevoir ce grand sacrement, c'est à peine si tu m'as écrit deux ou trois petites lettres. Je garderais rancune à ta Louise si je pensais que c'est elle qui te fait oublier ainsi tes meilleurs amis. Pourquoi ne m'écris-tu pas de longues lettres, comme autrefois ? Tu sais combien je m'intéresse à ton exploitation ; je voudrais en connaître les plus petits détails ; je voudrais surtout savoir si tu as bien conservé l'ardeur et l'enthousiasme de tes premières années. Chaque fois que je me rencontre avec un de nos amis de collège, tu deviens notre principal sujet de conversation. Tous savent depuis longtemps le parti que tu as embrassé et chacun est dans l'admiration de ton courage et de tes hauts faits. De tous ceux qui ont fait leurs classes en même temps que nous, pas un n'est aussi avancé que toi, pas un n'est marié ; la plupart attendent après une fortune qui ne viendra probablement jamais. Je suis peut-être moi-même au nombre de ces derniers, quoique ma position se soit quelque peu améliorée depuis l'époque où je te faisais le confident de mes nombreuses tribulations. Tu comprends bien que je ne subsiste pas encore des revenus de ma profession ; je t'avouerai même en confidence que j'en retire à peine assez pour payer le loyer de mon bureau ; j'ai beau proclamer en grosses lettres sur la porte et dans les fenêtres de mon étude mon nom et ma qualité d'avocat, la clientèle n'en arrive pas plus vite. Le fait est qu'il y a maintenant, suivant le vieux dicton, plus d'avocats que de causes ; que diable ! nous ne pouvons pas exiger que les voisins se brouillent entre eux pour nous fournir l'occasion de plaider. J'ai donc pris mon parti : j'attends patiemment que les vieux patriciens montent sur le banc des juges ou descendent dans les champs-élysées ; j'attraperai peut-être alors une petite part de leur clientèle. En attendant, je trouve par-ci par-là quelque chose à gagner ; je sais passablement l'anglais, je me suis mis à faire des traductions ; cette besogne ne me déplaît pas trop ; je la préfère au métier de copiste qui n'occupe que les doigts ; j'étudie la sténographie ou plutôt la phonographie, et bientôt je pourrai, en attendant mieux, me faire rapporteur pour les gazettes. Tu vois que je ne perds pas courage et que je sais prendre les choses philosophiquement.

« Nous sommes un assez bon nombre de notre confrérie ; nous nous encourageons mutuellement.

« Nous avons cru découvrir dernièrement un moyen de nous faire connaître, ou comme on dit parmi nous, de nous mettre en évidence : nous sommes à l'affût de toutes les contestations électorales, et s'il s'en présente une, soit dans une ville soit dans un comté, vite nous nous rendons sur les lieux, accompagnés de nos amis. Là, juchés sur un escabeau, sur une chaise, sur une voiture, sur n'importe quoi, à la porte d'une église, au coin d'une rue, dans une salle publique ou dans un cabaret, nous haranguons, de toute la force de nos poumons, les libres et indépendants électeurs. Nous parlons avec force, car dans ces circonstances, il importe plus, comme dit Voltaire, de frapper fort que de frapper juste. Nous passons en revue toutes les affaires du pays, et tu comprends que nous ne ménageons pas nos adversaires ; nous leur mettons sur le dos tous les malheurs publics, depuis le désordre des finances jusqu'aux mauvaises récoltes. Quand nous nous sommes bien *étrillés*, que nous avons épuisé les uns à l'égard des autres les épithètes de chenapans, de traîtres, voleurs, brigands, et mille autres gracieusetés pareilles, et que les électeurs ont paru nous comprendre, nous nous retirons satisfaits. Il est probable qu'entre eux ils sont loin de nous considérer comme des évangélistes, et qu'ils se moquent même un peu de nous, car ces indépendants électeurs ne manquent pas de malice, comme nous pouvons nous en convaincre assez souvent. Ce qu'il y a de désagréable dans le métier, c'est qu'il prend quelquefois envie à ces messieurs de nous empêcher de parler, et qu'ils se mettent à crier, d'une voix qu'aurait enviée le fameux Stentor de la mythologie : « il parlera, non il ne parlera pas, il parlera, non il ne parlera pas », et que nous sommes là plantés en face de cet aimable auditoire, n'apercevant que des bouches ouvertes jusqu'aux oreilles et des bras qui se démènent en tous sens. Nous recommençons la même phrase cinquante fois sans pouvoir la finir : bien heureux encore si, pour ne pas nous faire écharper, nous ne sommes pas obligés de prendre la poudre d'escampette. S'il n'existait que ce moyen pour nous mettre en évidence, m'est avis qu'il vaudrait tout autant se passer de gloire. Qu'en penses-tu, mon ami ? Pour moi, j'en suis venu à trouver, soit dit entre nous, le rôle que nous jouons telle- ment humiliant, et même dans certains cas tellement démoralisateur, que je suis décidé d'abandonner la partie, à la peine de rester inconnu toute ma vie. Toi, mon cher défricheur, je sais bien que tu abhorres tout ce fracas, et que tu n'aimes rien tant que la vie paisible et retirée. Je serais volontiers de ton avis, si j'avais une jolie petite femme comme ta Louise, je consentirais sans peine à vi- vre seul avec elle au fond des bois. Mais cet heureux sort n'est réservé qu'aux mortels privilégiés.

« Je crains bien que mes affaires de cœur n'aient plus le même intérêt pour toi, maintenant que te voilà vieux marié et père de famille. Sais-tu ce qui m'est arrivé depuis que j'ai perdu ma ci-devant belle inconnue ? Eh bien ! mon ami, te le dirai-je ? après m'être désolé secrètement pendant plusieurs mois, après avoir composé diverses élégies toutes plus larmoyantes les unes que les autres, après avoir songé à m'expatrier, j'ai fini par me consoler ; j'ai même honte de te l'avouer, je suis déjà, depuis ce temps-là, devenu successivement admirateur de plusieurs autres jeunes beautés ; de fait, je me sens dis- posé à aimer tout le beau sexe en général. Je suis presque alarmé de mes dispositions à cet égard.

« Que dis-tu de cet étrange changement ?

« Il est vrai que je ne suis pas aveuglé et que je me permets volontiers de juger, de critiquer même les person- nes qui attirent le plus mon attention. L'une est fort jolie, mais n'a pas d'esprit ; l'autre est trop affectée ; celle-ci est trop grande et celle-là trop petite. Tu rirais bien si tu lisais le journal dans lequel je consigne mes impressions. Je vais, pour ton édification, t'en extraire quelques lignes ;

« *20 juin.* — Depuis plus d'un mois, mes vues se portent sur mademoiselle T. S. Elle a une taille charmante, un port de reine, un air grand, noble, une figure douce et distinguée ; elle est très aimable en conversation ; elle ne chante pas, mais elle est parfaite musicienne. J'ignore si elle m'aimerait, mais je me sens invinciblement attiré vers elle. Ce que j'ai entendu dire de ses talents, de son caractère, de ses vertus, me la fait estimer sincèrement.

« Je voudrais la connaître davantage et pouvoir lire dans son cœur.

« *15 octobre.* — J'apprends aujourd'hui que mademoiselle T. S. est sur le point de se marier ; on m'assure même qu'elle était engagée depuis longtemps. Encore une déception ! Heureusement que je ne lui ai jamais fait part de mes sentiments, et qu'elle ignorera toujours que j'ai pensé à elle.

. . . . . . . . . . . . . . . . . . . . . . . . . . . . .

« *10 janvier.* — J'ai rencontré hier soir une jeune personne que j'admirais depuis longtemps, mais à qui je n'avais jamais parlé. Je l'ai rencontrée à une petite soirée dansante, et j'en suis maintenant tout à fait enchanté. Je l'ai trouvée encore mieux que je me l'étais représentée. Elle m'a paru bonne, sensible, intelligente. Elle touche bien le piano, chante bien, et parle, avec une égale facilité, l'anglais et le français.

« Mais on m'assure que M<sup>lle</sup> H. L. a une foule d'admirateurs et qu'elle est même soupçonnée d'être un peu coquette. J'attendrai donc, avant de me déclarer ouvertement amoureux.

« *6 mars.* — Je suis toujours dans les mêmes dispositions à l'égard de M<sup>lle</sup> H. L. Je l'ai vue encore plusieurs fois dans le cours de l'hiver, je lui ai même fait quelques visites particulières, je continue à la trouver charmante, mais c'est à cela que se bornent mes démarches. Chaque fois que je pense à aller plus loin, un spectre se dresse devant moi !... je gagne, en tout, à peine cent louis par année.

« Une chose pourtant me déplaît chez elle... elle n'aime pas les enfants ! Comment une femme peut-elle ne pas aimer les enfants ?...

« Une autre chose m'effraie aussi : elle affiche un luxe de toilette propre à décourager tout autre qu'un Crésus.

« Il est probable que j'aurai bientôt à consigner dans mon journal le mariage de Mlle H. L. avec quelque heureux mortel qui n'aura eu que la peine de naître pour s'établir dans le monde. »

. . . . . . . . . . . . . . . . . . . . . . . . . . . . . .

« À l'heure où je t'écris, mon cher Jean, je ne pense plus à Mlle H. L., qui ne me paraît pas susceptible d'aimer personne, et qui, je crois, mérite un peu le titre de coquette qu'on lui a donné. Mon indifférence vient peut-être aussi de ce que j'ai fait, il y a quinze jours, la connaissance d'une jeune personne dont l'esprit et la beauté ont complètement subjugué mon cœur. Elle sort d'un des couvents de cette ville, où elle a fait de brillantes études. C'est un peu le hasard qui me l'a fait connaître. En sortant du couvent, elle a passé quelques jours avec ses parents dans l'hôtel où je prends ma pension. Elle portait encore son costume d'élève qui lui faisait à ravir. Elle peut avoir de dix-sept à dix-huit ans. C'est une brunette. Ses traits sont réguliers et sa figure a quelque chose de mélancolique qui provoque la sympathie. Sa beauté n'a rien d'éclatant ; mais je n'ai jamais vu de plus beaux yeux que les siens. Elle ne paraissait pas savoir qu'elle était belle. Son maintien, sa voix, ses paroles, rien ne décelait chez elle la moindre affectation. Elle n'était pas même timide, tant elle était simple et candide. En causant avec elle, je m'aperçus qu'elle possédait une intelligence remarquable ; je la fis parler sur les diverses études qu'elle a cultivées au couvent. J'ai été surpris de l'étendue et de la variété des connaissances qu'on inculque aux élèves de ces institutions. Quel charme on éprouve dans la conversation d'une femme instruite, qui n'a pas l'air de le savoir !

« Nous avons parlé ensemble littérature, poésie, histoire, botanique, beaux-arts ; elle parle de tout avec aisance et sans la moindre pédanterie. Elle avait sous la main un volume de Turquety et les *Matinées littéraires* de Mennechet qu'elle paraissait savoir par cœur. L'histoire du Canada, celles de France, d'Italie, de la Terre Sainte et des autres principaux pays du monde, semblent lui être familières ; elle a jusqu'à des notions de physique et d'astronomie. À l'en croire pourtant, elle ne sait que ce que savent la plupart de ses amies de couvent. D'où vient donc, lui disais-je, que parmi les jeunes personnes qui fréquentent la société, on en rencontre si peu qui savent parler autre chose que modes, bals ou soirées ? Il faut croire, répondit-elle naïvement, que les frivolités mondaines leur font oublier ce qu'elles ont appris. Puis elle m'exposait, avec un air de sincérité charmante, la ferme résolution qu'elle avait prise de fuir la vie dissipée, de ne jamais aller au bal, etc. ; je ne pouvais m'empêcher de sourire, en songeant combien peu de temps dureraient ces belles dispositions.

« Elle sait un peu de musique et de chant, dessine et brode à la perfection ; ce qu'elle regrette, c'est de n'avoir pas acquis les connaissances nécessaires à la femme de ménage. Elle m'a signalé les lacunes qui existent à cet égard dans le système d'éducation de nos couvents, et elle raisonne sur ce sujet avec la sagesse et le bon sens d'une femme de quarante ans.

« J'ai passé dans sa compagnie et celle de sa mère quelques-unes des heures les plus délicieuses de ma vie.

« En quittant l'hôtel, ses parents m'ont poliment invité d'aller les voir de temps à autre. Tu peux croire que je n'y manquerai pas. Je te dirai probablement son nom dans une de mes prochaines lettres.

« Je crois que sa famille n'est pas riche : tant mieux, car de nos jours les jeunes filles riches ne veulent avoir que des maris fortunés.

« Tu lèveras les épaules, j'en suis sûr, mon cher défricheur, en lisant ces confidences de jeune homme ? Que veux-tu ? il faut bien que le cœur s'amuse.

« Une fois rendu à ses vingt-quatre ou vingt-cinq ans, il est bien difficile à un jeune homme de ne pas songer au mariage. C'est ma marotte à moi, j'en parle sans cesse à mes amis. Si je suis longtemps célibataire, je crains même que cela ne devienne chez moi une monomanie. C'est singulier pourtant comme les gens diffèrent à ce sujet ! Il y a environ trois mois, un de mes amis, marié depuis six mois, me disait : mon cher Gustave, marie-toi aussitôt que tu pourras ; si tu savais combien l'on est heureux dans la société d'une femme intelligente et bonne ! Je le croyais sans peine. Mais l'autre jour; ce même ami me rencontrant s'écria tout à coup : ah ! mon cher Gustave, ne te marie jamais ; tu ne connais pas tous les embarras, toutes les inquiétudes, toutes les tracasseries du ménage. Depuis un mois, je vais chez le médecin et l'apothicaire plus de dix fois par jour ; ma femme est toujours malade, et je crains que nous ne perdions notre enfant...

« Et la voix lui tremblait en me disant ces mots.

« Aujourd'hui même je parlais de mariage à une autre

de mes connaissances, père de quatre enfants. Il avait l'air abattu et en proie à une profonde mélancolie. Vous n'avez pas d'idée, me dit-il, de ce qu'il en coûte pour élever une famille ; on ne peut suffire aux dépenses, et on voit approcher avec effroi le moment où il faudra établir ses enfants. Avant d'abandonner votre heureux état de célibataire, faites des épargnes, mettez-vous à l'abri de la pauvreté ; vous vous épargnerez de longs tourments pour l'avenir.

« Chaque fois que j'entends faire des réflexions semblables, je me dis : en effet, n'est-ce pas folie à moi de songer au mariage ? Ne ferais-je pas beaucoup mieux d'amasser peu à peu un petit pécule, puis de voyager, faire le tour de notre globe, étudier les mœurs, les institutions des différentes nations, et revenir dans mon pays, me consacrer, libre de soins et d'inquiétudes, à la politique, aux affaires, devenir représentant du peuple et me rendre utile à mes compatriotes ?...

« Mais ce rêve ne dure que ce que durent les rêves. Car le cœur est toujours là qui parle. Tout me dit que sans les plaisirs du cœur il y aura toujours un vide dans mon existence. Toi, mon cher Jean, dis-moi donc ce que tu penses de tout cela. Tu es déjà vieux marié, tu es père de famille, tu dois connaître le pour et le contre de toutes les choses du ménage, tu peux en parler savamment.

« Malgré toutes mes préoccupations amoureuses, je trouve encore le temps cependant de lire et de faire quelques études. Mon ambition a pris une tournure intellectuelle. J'ai une soif inextinguible de connaissances. J'ai le tort de prendre goût à presque toutes les branches des connaissances humaines, ce qui me rendra toujours superficiel. Je trouve heureux celui qui a une spécialité et ne cherche pas à en sortir. L'histoire, la philosophie, les sciences, m'intéressent beaucoup plus qu'autrefois. Je me suis dévoué depuis quelque temps à l'étude de l'économie politique : j'y trouve un charme inexprimable. En étudiant les sources de la richesse nationale, on en vient toujours à la conclusion que l'agriculture en est la plus sûre et la plus féconde. Je lisais l'autre jour un ouvrage sur les causes de la misère et sur les moyens de la faire disparaître ; l'auteur terminait ainsi : "Le problème de la misère ne sera complètement résolu, tant pour le présent que pour l'avenir, que lorsque le gouvernement aura résolu celui de la multiplication de nos produits alimentaires proportionnellement à celle de la population, en améliorant la culture des terres en labour et en *défrichant les terres incultes*." En lisant ces derniers mots je me mis à penser à toi, et je fermai mon livre pour rêver plus librement à la belle destinée que tu t'es faite, destinée que j'appelle glorieuse et que tous tes amis envient.

« Écris-moi longuement, mon cher ami, et surtout n'oublie pas de me parler en détail de ton exploitation ; ne me laisse rien ignorer sur ce sujet. Parle-moi aussi des belles et grandes choses que tu accomplis dans ta petite République. Sais-tu que c'est un grand bonheur pour toi, et encore plus pour Rivardville, d'avoir eu pour curé un prêtre comme notre ami Doucet ? Un homme de son intelligence et de son caractère est un véritable trésor pour une localité. À vous deux, vous allez opérer des merveilles, et faire bientôt de Rivardville le modèle des paroisses. Quelle noble et sainte mission ! Si je ne puis vous imiter, au moins je vous applaudirai de loin. Mes compliments à ton ami. Mes amitiés aussi à ta Louise. Embrassez pour moi vos petits enfants, que vous devez tant aimer ! »

« Tout à toi

« Gustave Charmenil »

« Merci, mon cher Gustave, de ton aimable épître, à laquelle je vais répondre tant bien que mal. Mais je dois avant tout repousser le reproche que tu m'adresses de ne pas t'écrire assez souvent. N'ai-je pas fidèlement répondu à chacune de tes lettres ? D'ailleurs, en admettant que je t'aurais négligé sous ce rapport, n'aurais-je pas d'excellentes excuses à t'apporter ? De ton aveu même, tu as beaucoup plus de loisir que moi ; tu n'es pas un grave père de famille comme moi ; tes doigts ne sont pas roidis par le travail ; écrire est pour toi un amusement. Sois sûr d'une chose cependant : c'est que, malgré ce que tu pourrais appeler mon indifférence, il ne se passe pas de jour que je ne pense à toi ; dans mes entretiens avec notre ami Doucet, ton nom revient sans cesse. Quel bonheur pour nous, mon cher Gustave, si nous pouvions nous rapprocher un jour !

« Quand je prends la plume pour t'écrire, tant de choses se présentent à mon esprit que je ne sais vraiment par où commencer. Le mieux pour moi, je crois, serait de me borner pour le moment à répondre aux questions que tu me poses et à te fournir les renseignements que tu désires sur mon exploitation rurale.

« Quant aux résultats de mes travaux auxquels tu parais prendre un si vif intérêt, il me serait facile de t'en entretenir jusqu'à satiété ; mais je m'attacherai à quelques faits principaux qui te feront aisément deviner le reste.

« J'espère qu'au moins tu ne me trouveras point par trop prolixe ni trop minutieux, si je te résume, en quelques pages, l'histoire de mes opérations agricoles depuis cinq ans.

« Mais je commencerai sans doute par faire naître sur tes lèvres le sourire de l'incrédulité en t'annonçant que les cinquante acres de forêt qui me restaient à déboiser, à l'époque de mon mariage, vont être ensemencés l'année prochaine.

« Cinquante acres en cinq ans ! Quatre-vingt-cinq acres en sept ans ! Ne suis-je pas un terrible défricheur ?

« C'est pourtant bien le cas.

« Cela n'offrirait rien d'extraordinaire toutefois si je n'avais pas eu chaque année à mettre en culture tout le terrain défriché durant les années précédentes, à semer, herser, faucher, récolter, engranger ; si je n'avais pas eu à en clôturer la plus grande partie, à faire les perches et les piquets nécessaires, opérations qui demandent du temps et un surcroît de main-d'œuvre considérables ; si je n'avais pas eu à construire la plus grande partie de mes bâtiments de ferme, étable, écurie, bergerie, porcherie, hangar et remise ; si je n'avais pas eu enfin au milieu de tout cela à m'occuper des affaires publiques, à administrer les biens de ma famille, et à surveiller en quelque sorte l'établissement de tout un village.

« Mais j'ai fait encore une fois de nécessité vertu ; j'ai redoublé d'activité, je me suis multiplié pour faire face à tout à la fois.

« As-tu remarqué cela ? Un travail nous semble d'une exécution impossible ; qu'on soit forcé de l'entreprendre, on s'en acquitte à merveille.

« Je me trouve donc aujourd'hui, cinq ans après mon mariage, et sept ans après mon entrée dans la forêt, propriétaire de quatre-vingt-cinq acres de terre en culture ; une quinzaine d'acres sont déjà dépouillés de leurs souches, et le reste ne peut tarder à subir le même sort.

« Si tu savais avec quel orgueil je porte mes regards sur cette vaste étendue de terre défrichée, devenue par mon travail la base solide de ma future indépendance !

« Je me garderai bien de te donner, année par année, le résultat de mes récoltes, le tableau de mes recettes et de mes dépenses, cela t'ennuierait ; qu'il te suffise de savoir que les défrichements, clôturages, constructions et améliorations de toutes sortes effectués durant cette période l'ont été à même les économies que j'ai pu faire sur les revenus annuels de mon exploitation, et les vingt-cinq louis qui composaient la dot de ma femme.

« À l'heure qu'il est je ne donnerais pas ma propriété pour mille louis, bien qu'il me reste beaucoup à faire pour l'embellir et en accroître la valeur.

« L'amélioration la plus importante que j'ai pu effectuer depuis deux ou trois ans, celle que j'avais désirée avec le plus d'ardeur, ç'a été l'acquisition de quelques animaux des plus belles races connues, vaches, porcs, chevaux, moutons, qui se reproduisent rapidement sur ma ferme, et seront bientôt pour moi, j'espère, une source de bien-être et de richesse.

« Tu sais que j'ai toujours aimé les belles choses ; la vue d'un bel animal me rend fou et je résiste difficilement à la tentation de l'acheter. Je n'assiste jamais à une exposition agricole sans y faire quelque acquisition de ce genre.

« Ces diverses améliorations m'ont fait faire de grandes dépenses, il est vrai, mais tout ne s'est pas fait à la fois ; chaque chose a eu son temps, chaque année sa dépense. De cette manière, j'ai pu voir mon établissement s'accroître peu à peu, s'embellir, prospérer, sans être exposé jamais au plus petit embarras pécuniaire.

« Le seul achat que j'aie eu à me reprocher un peu, c'est celui d'un magnifique cheval dont les formes sveltes, élégantes, la noble tête, la forte et gracieuse encolure m'avaient complètement séduit. Après beaucoup d'hésitation, j'avais fini par l'acheter à un prix relativement considérable. Je m'étais dit, pour justifier mon extravagance, que ce cheval servirait d'étalon reproducteur pour tout le canton de Bristol ; que par ce moyen je me rembourserais en partie de la somme qu'il m'avait coûté, sans compter qu'il contribuerait à renouveler en peu d'années les races de chevaux dégénérés possédés par la plupart des habitants du canton. Mais j'eus le chagrin cette fois de n'être pas approuvé par ma Louise qui prétendit que j'aurais dû attendre quelques années encore avant de faire une acquisition aussi coûteuse. C'était la première fois que Louise me faisait une remarque de ce genre et je m'en souviendrai longtemps. Sans vouloir me justifier tout à fait, je dois dire pourtant que *Lion* (c'est le nom de ce noble quadrupède) n'est pas sans avoir exercé quelque influence sur les destinées du canton. Tu sais combien les cultivateurs canadiens raffolent des chevaux. C'est pour eux un sujet intarissable de conversation. L'arrivée de *Lion* à Rivardville fut un des événements de l'année. Toute la population voulut le voir ; pendant longtemps on ne parla que de *Lion*, et personne n'était plus populaire à dix lieues à la ronde. Tu ne seras pas surpris d'entendre dire dans quelques années que les habitants du canton de Bristol et des environs possèdent une magnifique race de chevaux. Je prends aussi occasion des nombreuses visites qui me sont faites pour inculquer dans l'esprit des cultivateurs quelques notions simples et pratiques sur l'agriculture, sur les meilleures races d'animaux, sur les ustensiles agricoles, et même sur l'importance des améliorations publiques, des institutions municipales et de l'éducation des enfants. Sous ce dernier rapport, nous aurons à accomplir de grandes choses d'ici à quelque temps.

« Quoi qu'il en soit cependant, et malgré tout le

bien que Lion peut avoir fait dans le canton, je serai désormais en garde contre l'achat d'animaux de luxe, et je ne dévierai plus de la règle que je m'étais d'abord imposée de ne faire aucune dépense importante sans le consentement de ma femme.

« Tu me fais dans ta lettre d'intéressants extraits de ton journal. Je pourrais t'en faire d'un tout autre genre, si je voulais ouvrir le cahier où je consigne régulièrement les faits, les observations ou simplement les idées qui peuvent m'être par la suite de quelque utilité.

« Tu y verrais, par exemple, que tel jour j'ai fait l'acquisition d'une superbe vache Ayrshire, la meilleure pour le lait ; — que tel autre jour ma bonne Caille m'a donné un magnifique veau du sexe masculin, produit d'un croisement avec la race Durham ; — qu'à telle époque j'ai commencé à renouveler mes races de porcs et de moutons ; — qu'à telle autre époque, j'ai engagé à mon service une personne au fait de la fabrication du fromage ; enfin mille autres détails plus ou moins importants pour le cultivateur éclairé, mais dont le récit te ferait bâiller, toi, mon cher Gustave.

« Mais je ne veux pas finir ma lettre sans répondre au moins un mot à l'autre question que tu me poses et qui, je soupçonne entre nous, t'intéresse beaucoup plus que celles auxquelles je viens de satisfaire. Tu veux savoir de moi comment je me trouve de l'état du mariage, et si, après l'expérience que j'ai pu acquérir jusqu'ici, je suis prêt à conseiller aux autres d'en faire autant que moi ?

« Tout ce que je puis dire, mon cher, c'est que je ne voudrais, pour rien au monde, retourner à la vie de célibataire. Voilà bientôt cinq ans que j'ai contracté cet engagement irrévocable, et il me semble que ce n'est que d'hier. Si tu savais combien le temps passe vite lorsque l'on fait la route à deux ! On n'est pas toujours aussi gai que le premier jour des noces, mais on est aussi heureux, plus heureux peut-être. La tendresse qu'on éprouve l'un pour l'autre devient de jour en jour plus profonde, et lorsque, après quelques années de ménage, on se voit entouré de deux ou trois enfants, gages d'amour et de bonheur, on sent qu'on ne pourrait se séparer sans perdre une partie de soi-même.

« Je te dirai donc, mon cher Gustave, que, suivant moi, le mariage tend à rendre l'homme meilleur, en développant les bons sentiments de sa nature, et que cela doit suffire pour rendre le bonheur plus complet.

« Le rôle de la femme est peut-être moins facile ; sa nature nerveuse, impressionnable, la rend susceptible d'émotions douloureuses, de craintes exagérées ; la santé de ses enfants surtout la tourmente sans cesse ; mais en revanche elle goûte les joies ineffables de la maternité ; et à tout prendre, la mère de famille ne changerait pas sa position pour celle de la vieille fille ou celle de l'épouse sans enfant. Ainsi, marie-toi, mon cher Gustave, aussitôt que tes moyens te le permettront. Tu as un cœur sympathique, tu aimes la vie paisible, retirée, tu feras, j'en suis sûr, un excellent mari, un bon père de famille.

« Que je te plains de ne pouvoir te marier, lorsque tu n'as que cent louis par année ! il est si facile d'être heureux à moins !

« Quelque chose me dit cependant que cette jeune pensionnaire dont tu me parles avec tant d'admiration saura te captiver plus longtemps que ses devancières. Ne crains pas de m'ennuyer en m'entretenant des progrès de votre liaison. Malgré mes graves occupations, comme tu dis, je désire tant te voir heureux, que tout ce qui te concerne m'intéresse au plus haùt degré.

« Notre ami commun, le bon, l'aimable Octave Doucet fait des vœux pour ton bonheur. Ma femme aussi te salue. »

« Ton ami,

« Jean Rivard »

# IX

## Revers inattendu

Peu de temps après la date de la lettre qu'on vient de lire, un malheur imprévu vint fondre sur la paroisse de Rivardville.

Après quatre semaines d'une chaleur tropicale, sans une seule goutte de pluie pour rafraîchir le sol, un incendie se déclara dans les bois, à environ trois milles du village.

C'était vers sept heures du soir. Une forte odeur de fumée se répandit dans l'atmosphère ; l'air devint suffocant ; on ne respirait qu'avec peine. Au bout d'une heure, on crut apercevoir dans le lointain, à travers les ténèbres, comme la lueur blafarde d'un incendie. En effet, diverses personnes accoururent, tout effrayées, apportant la nouvelle que le feu était dans les bois. L'alarme se répandit, toute la population fut bientôt sur pied. Presque aussitôt, les flammes apparurent au-dessus du faîte des arbres : il y eut parmi la population un frémissement général. En moins de rien, l'incendie avait pris des proportions effrayantes ; tout le firmament était embrasé. On fut alors témoin d'un spectacle saisissant ; les flammes semblaient sortir des entrailles de la terre et s'avancer perpendiculairement sur une largeur de près d'un mille. Qu'on se figure une muraille de feu marchant au pas de course et balayant la forêt sur son passage. Un bruit sourd, profond, continu se faisait entendre, comme le roulement du tonnerre ou le bruit d'une mer en furie. À mesure que le feu se rapprochait, le bruit devenait plus terrible : des craquements sinistres se faisaient entendre. On eût dit que les arbres, ne pouvant échapper aux étreintes du monstre, poussaient des cris de mort.

Les pauvres colons quittaient leurs cabanes et fuyaient devant l'incendie, chassant devant eux leurs animaux. Les figures éplorées des pauvres mères tenant leurs petits enfants serrés sur leur poitrine présentaient un spectacle à fendre le cœur.

En un clin d'œil, toute la population du canton fut rassemblée au village. L'église était remplie de personnes de tout âge, de tout sexe, priant et pleurant, en même temps que le tocsin sonnait son glas lamentable. Hommes, femmes, enfants, vieillards, tous entouraient le prêtre, suppliant d'implorer pour eux la miséricorde de Dieu. Un instant, on craignit pour la sûreté de l'église ; les flammes se portèrent dans cette direction et menaçaient d'incendier l'édifice. Il y eut un cri d'horreur. Ce ne fut qu'en inondant la toiture qu'on parvint à conjurer le danger.

Au milieu de toute cette confusion, Jean Rivard fut peut-être le seul qui ne perdit pas son sang-froid. En observant la marche du feu, il calcula qu'il ne dépasserait pas la petite rivière qui traversait son lot, et dont les bords se trouvaient complètement déboisés. Ses calculs cependant ne se vérifièrent qu'en partie : car les moulins et l'établissement de perlasse, possédés, moitié par lui, moitié par ses frères, et bâtis sur la rivière même, devinrent la proie de l'élément destructeur. Mais là s'arrêta sa fureur. Les flammes, cherchant en vain de tous côtés les aliments nécessaires à leur faim dévorante, s'évanouirent peu à peu et semblèrent rentrer dans la terre d'où elles étaient sorties.

Toutes les maisons bâties au sud de la rivière, au nombre desquelles étaient celles de Jean Rivard et de Pierre Gagnon, furent ainsi épargnées.

Tous ceux qui assistaient à ce spectacle restèrent assez longtemps comme suffoqués par la fumée ; mais le danger était passé. À part les bâtiments dont on vient de parler, plusieurs granges avaient été détruites, ainsi qu'une douzaine de cabanes de défricheurs bâties au bord de la clairière. Mais le plus grand dommage consistait dans la destruction des champs de grains nouvellement ensemencés, dont les tiges encore en herbe étaient brûlées ou séchées sur le sol. Un certain nombre de colons perdirent ainsi leur récolte et se trouvèrent absolument sans ressource.

Jean Rivard, dont les champs étaient aussi à moitié dévastés, recommença vaillamment l'ensemencement de sa terre. Le magasin qu'il possédait en commun avec son frère Antoine n'avait pas été atteint par l'incendie, mais la suspension forcée de son commerce par suite de ce malheur inattendu, la ruine de plusieurs colons qui lui étaient endettés, l'appauvrissement général de la paroisse constituaient pour lui une perte considérable. Du reste, il ne laissa échapper aucune plainte. Après avoir été jusque-là l'enfant gâté de la providence, il était en quelque sorte disposé à remercier Dieu de lui avoir envoyé sa part de revers. Il semblait s'oublier complètement pour ne songer qu'à secourir ses malheureux coparoissiens.

Ce qu'il fit dans cette circonstance, le zèle qu'il montra, l'activité qu'il déploya, personne ne saurait l'oublier. Grâce à ses démarches incessantes, et à l'assistance sympathique des habitants de Lacasseville et des environs, les maisons et les granges consumées par le feu furent bientôt remplacées et toutes les mesures furent prises pour que personne ne souffrît longtemps des suites de cette catastrophe.

Jean Rivard et ses frères poursuivirent activement le rétablissement de leurs fabriques. Prévoyant que l'hiver suivant serait rude à passer et que la misère pourrait se faire sentir plus qu'à l'ordinaire dans un certain nombre de familles, Jean Rivard forma de vastes projets. Il se proposa, par exemple, d'ériger une grande manufacture où se fabriqueraient toute espèce d'articles en bois ; il prétendait que ces objets, manufacturés à peu de frais, puisque la matière première est pour ainsi dire sous la main, pourraient s'exporter avec avantage dans toutes les parties du Canada et même à l'étranger. Il pourrait ainsi procurer du travail aux nécessiteux et répandre l'aisance dans la paroisse.

L'homme élevé au milieu d'une ville régulièrement administrée, pourvue de tous les établissements nécessaires aux opérations du commerce et de l'industrie, marchés, banques, bureaux de poste, assurances, aqueducs, gaz, télégraphes, fabriques de toutes sortes ; l'homme même qui a grandi au milieu d'une campagne depuis longtemps habitée, ayant son gouvernement local, ses institutions municipales et scolaires, son église et tout ce qui en dépend, son village avec tous ses hommes de profession, ses négociants, ses gens de métier ; l'homme, dis-je, qui a grandi au milieu de tout cela, qui a vu de tout temps cet arrangement social fonctionner tranquillement, régulièrement, ne sait pas tout ce qu'il a fallu d'efforts, d'énergie, de travail à ses prédécesseurs pour en asseoir les bases, pour élever l'une après l'autre toutes les diverses parties de ce bel édifice, et établir graduellement l'état de choses dont il est aujourd'hui témoin.

Les fondateurs de paroisses ou de villages au fond de nos forêts canadiennes ressemblent beaucoup aux fondateurs de colonies, excepté qu'ils n'ont pas à leur disposition les ressources pécuniaires et la puissance sociale dont disposent ordinairement ces derniers.

Jean Rivard, par son titre de premier pionnier du canton, par le fait de sa supériorité d'intelligence et d'éducation, et aussi par le fait de son énergie et de sa grande activité mentale et physique, s'était naturellement trouvé le chef, le directeur, l'organisateur de la nouvelle paroisse de Rivardville. Il lui fallait toute l'énergie de la jeunesse, et le sentiment élevé du devoir pour ne pas reculer devant la responsabilité qu'il assumait sur sa tête.

On se demandera sans doute comment il avait pu s'emparer ainsi du gouvernement presque absolu de sa localité sans exciter des murmures, sans faire naître chez ceux qui l'entouraient cette jalousie, hélas ! si commune dans tous les pays, qui s'attaque au mérite, et ne peut souffrir de supériorité en aucun genre. Cette bonne fortune de Jean Rivard s'explique peut-être par le fait qu'il avait commencé, comme les plus humbles colons du canton, par se frayer un chemin dans la forêt et n'avait conquis l'aisance dont il jouissait que par son travail et son industrie. D'ailleurs, ses manières populaires et dépourvues d'affectation, sa politesse, son affabilité constante, la franchise qu'il mettait en toute chose, la libéralité dont il faisait preuve dans ses transactions, sa charité pour les pauvres, son zèle pour tout ce qui concernait le bien d'autrui, un ton de conviction et de sincérité qu'il savait donner à chacune de ses paroles, tout enfin concourait à le faire aimer et estimer de ceux qui l'approchaient. On se sentait involontairement attiré vers lui. À part la petite coterie de Gendreau-le-Plaideux, personne n'avait songé sérieusement à combattre ses propositions.

On ne pouvait non plus l'accuser d'ambition, car, chaque fois qu'il s'agissait de conférer un honneur à quelqu'un, Jean Rivard s'effaçait pour le laisser tomber sur la tête d'un autre. Ce ne fut, par exemple, qu'après des instances réitérées, et à la prière des habitants du canton réunis en assemblée générale qu'il consentit à accepter la charge de major de milice pour la paroisse de Rivardville.

On avait réussi aussi à lui faire accepter la charge de juge de paix, conjointement avec le père Landry : mais il n'avait consenti à être nommé à cette fonction importante qu'après une requête présentée au gouvernement et signée par le notaire, le médecin, le curé et par une grande majorité des habitants du canton.

Personne pourtant ne pouvait remplir cette charge plus que lui. Il était parfaitement au fait des lois et coutumes qui régissent les campagnes, et il montrait chaque jour dans l'accomplissement de ses fonctions de magistrat tout ce que peut faire de bien dans une localité un homme éclairé, animé d'intentions honnêtes, et dont le but principal est d'être utile à ses semblables. Il unissait l'indulgence au respect de la loi. S'il survenait quelque mésintelligence entre les habitants, il était rare qu'il ne parvînt à les réconcilier. Suivant le besoin et les tempéraments, il faisait appel au bon sens, à la douceur, quelquefois même à la crainte. Les querelles entre voisins, malheureusement trop communes dans nos campagnes, et souvent pour des causes frivoles ou ridicules, devenaient de jour en jour moins fréquentes à Rivardville, en dépit des efforts de Gendreau-le-Plaideux.

Il faut dire aussi que Jean Rivard trouvait toujours

un digne émule dans le curé de Rivardville. Monsieur le curé évitait, il est vrai, de se mêler aux affaires extérieures qui ne requéraient pas sa présence ou sa coopération, mais ce qui touchait à la charité, au soulagement de la misère, au maintien de la bonne harmonie entre tous les membres de son troupeau, trouvait en lui un ami actif et plein de zèle. C'est même d'après ses conseils que Jean Rivard se guidait dans la plupart de ses actes de charité ou de philanthropie.

Pendant plusieurs années consécutives, ils eurent occasion de parcourir, en compagnie l'un de l'autre, toute la paroisse de Rivardville. C'était pour la quête de l'Enfant Jésus que tous deux faisaient, l'un en sa qualité de curé, l'autre en sa qualité de marguillier.

Quelle touchante coutume que cette quête de l'Enfant Jésus ! C'est la visite annuelle du pasteur à chacune des familles qui composent son troupeau. Pas une n'est oubliée. La plus humble chaumière, aussi bien que la maison du riche, s'ouvre ce jour-là pour recevoir son curé. L'intérieur du logis brille de propreté ; les enfants ont été peignés et habillés pour l'occasion ; la mère, la grand-mère ont revêtu leur toilette du dimanche ; le grand-père a déposé temporairement sa pipe sur la corniche, et attend assis dans son fauteuil. Tous veulent être là pour marquer leur respect à celui qui leur enseigne les choses du ciel.

Octave Doucet et Jean Rivard profitaient de cette circonstance pour faire le recensement des pauvres et des infirmes de la paroisse, en s'enquérant autant que possible des causes de leur état. De cette manière ils pouvaient constater avec exactitude le nombre des nécessiteux, lequel à cette époque était heureusement fort restreint.

On n'y voyait guère que quelques veuves chargées

d'enfants et une couple de vieillards trop faibles pour travailler. On faisait en leur faveur, aux âmes charitables, un appel qui ne restait jamais sans échos.

Outre les charités secrètes que faisait notre jeune curé dont la main gauche ignorait le plus souvent ce que donnait la main droite, il exerçait encore ce qu'on pourrait appeler la charité du cœur. Il aimait les pauvres, et trouvait moyen de les consoler par des paroles affectueuses. Plein de sympathie pour leurs misères, il savait l'exprimer d'une manière touchante et vivement sentie. Le pauvre était en quelque sorte porté à bénir le malheur qui lui procurait ainsi la visite de son pasteur bien-aimé.

On a déjà vu aussi et on verra plus tard, que le curé de Rivardville prenait une part plus ou moins active à tout ce qui pouvait influer directement ou indirectement sur le bien-être matériel de la paroisse.

# X

## Le citadin

*Gustave Charmenil à Octave Doucet.*

« Mon cher ami,

« Oui, voilà bien neuf ans, n'est-ce pas, que nous ne nous sommes vus ? Mais comment dois-je m'exprimer ? Dois-je dire "tu" ou dois-je dire "vous" ? Je sais bien qu'autrefois nous étions d'intimes camarades ; mais depuis cette époque, Octave Doucet, le bon, le joyeux Octave Doucet est devenu prêtre, et non seulement prêtre, mais missionnaire ; il s'est élevé tellement au-dessus de nous, ses anciens condisciples, qu'à sa vue toute familiarité doit cesser pour faire place au respect, à la vénération. Mais, pardon, mon ami, je te vois déjà froncer le sourcil, je t'entends me demander grâce et me supplier de revenir au bon vieux temps. Revenons-y donc ; que puis-je faire de mieux que de m'élever un instant jusqu'à toi ? Oh ! les amis de collège ! avec quel bonheur on les revoit ! avec quel bonheur on reçoit quelques mots de leurs mains ! Si j'étais encore poète, je dirais que leurs lettres sont pour moi comme la rosée du matin sur une terre aride. Oui, mon cher Octave, malgré les mille et une préoccupations qui m'ont assailli depuis notre séparation, il ne se passe pas de jour que je ne me reporte par la pensée dans la grande salle de récréation de notre beau collège de \*\*\*, au milieu de ces centaines de joyeux camarades qui crient, sautent, gambadent, tout entiers à leur joie, et sans souci du lendemain. Ces heureux souvenirs me reposent l'esprit.

« Mais venons-en à ta lettre. Elle a produit sur moi un mélange de plaisir et de douleur. J'ai frémi d'épouvante à la seule description de l'incendie qui a ravagé votre canton. Quel terrible fléau ! La nouvelle du sinistre m'a d'autant plus affecté que ma correspondance avec le noble et vaillant pionnier de cette région m'avait initié en quelque sorte aux travaux et aux espérances des colons, et m'avait fait prendre à leurs succès un intérêt tout particulier. Quoique je n'aie jamais visité Rivardville, il me semble l'avoir vu naître et se développer. Ce que tu me dis de la conduite de notre ami ne me surprend nullement. Si cette calamité l'a affecté, sois sûr que ce n'est pas à cause de lui ; il a dû tout oublier, à la vue des misères qui s'offraient à ses yeux. Sensible, généreux, désintéressé, tel il a toujours été, tel il est encore. Avec deux hommes comme Jean Rivard et son ami Doucet, le digne curé de Rivardville (soit dit sans vouloir blesser la modestie de ce dernier) je ne doute pas que le canton de Bristol ne répare promptement l'échec qu'il vient d'essuyer.

« Je connais assez l'énergie de Jean Rivard pour être sûr que ce contretemps, loin de l'abattre, ne fera que développer en lui de nouvelles ressources.

« Le voilà déjà, d'après ce que tu me dis, revêtu de toutes les charges d'honneur, et en voie d'exercer la plus grande influence sur ses concitoyens. Quel beau rôle pour un cœur patriote comme le sien !

« Je lui écris aujourd'hui même pour lui exprimer toute ma sympathie.

« Répondons maintenant aux questions que tu me poses, puisque tu veux bien que je t'occupe de ma chétive individualité.

« Tu sembles étonné de me voir exercer la profession d'avocat. J'en suis quelquefois étonné moi-même. Rien n'est aussi incompatible avec mon caractère que les contestations et les chicanes dont l'avocat se fait un moyen d'existence. Si j'étais riche, je ne demanderais pas mieux que d'exercer gratuitement les fonctions de conciliateur ; je sais qu'avec un peu de bonne volonté, on pourrait, dans beaucoup de circonstances, engager les parties contestantes à en venir à un compromis. Ces fonctions me plairaient assez, car j'aime l'étude de la loi. Ce qui m'ennuie souverainement, c'est la routine des affaires, ce sont les mille et une règles établies pour instruire et décider les contestations. Qu'on viole une de ces règles, et la meilleure cause est perdue ; on ruine peut-être son client, quand même on aurait la justice et toutes les raisons du monde de son côté. Cette responsabilité m'effraie souvent. Mais la partie la plus ennuyeuse du métier, c'est sans contredit la nécessité de se faire payer. J'ai toujours eu une répugnance invincible à demander de l'argent à un homme. Cette répugnance est cause que je perds une partie de mes honoraires. Chaque fois que je pense à me faire payer, j'envie le sort du cultivateur qui, lui, ne tourmente personne, mais tire de la terre ses moyens d'existence. C'est bien là, à mon avis, la seule véritable indépendance.

« Si j'avais à choisir, je préférerais certainement la vie rurale à toute autre. Cependant je dois dire que la vie de citadin ne me déplaît pas autant qu'autrefois. J'y trouve même certains charmes à côté des mille choses étranges qui froissent le cœur ou qui blessent le sens commun. Lorsqu'on est enthousiaste comme je le suis pour toutes les choses de l'esprit, pour les luttes de l'intelligence, pour les livres, pour les idées nouvelles et les découvertes dans le domaine des sciences et des arts ; lorsqu'on prend intérêt aux progrès matériels du commerce et de l'industrie, en un mot, à tout ce qui constitue ce qu'on appelle peut-être improprement la civilisation, la vie des grandes cités offre plus d'un attrait. Le contact avec les hommes éminents dans les divers états de la vie initie à une foule de connaissances en tous genres. Les grands travaux exécutés aux frais du public, canaux, chemins de fer, aqueducs, les édifices publics, églises, collèges, douanes, banques, hôtelleries ; les magasins splendides, les grandes manufactures, et même les résidences particulières érigées suivant les règles de l'élégance et du bon goût, tout cela devient peu à peu un sujet de vif intérêt. On éprouve une jouissance involontaire en contemplant les merveilles des arts et de l'industrie. Mais une des choses qui ont le plus contribué à me rendre supportable le séjour de la ville, (tu vas probablement sourire en l'apprenant), c'est l'occasion fréquente que j'ai eu d'y entendre du chant et de la musique. Cela peut te sembler puéril ou excentrique ; mais tu dois te rappeler combien j'étais enthousiaste sous ce rapport. Je suis encore le même. La musique me transporte, et me fait oublier toutes les choses de la terre. Le beau chant produit sur moi le même effet. Et presque chaque jour je trouve l'occasion de satisfaire cette innocente passion. Si j'étais plus riche, je ne manquerais pas un seul concert. Musique vocale ou instrumentale, musique sacrée, musique militaire, musique de concert, tout est bon pour moi. Chant joyeux, comique, patriotique, grave et mélancolique, tout m'impressionne également. En entendant jouer ou chanter quelque artiste célèbre, j'ai souvent peine à retenir mes larmes ou les élans de mon enthousiasme. L'absence complète de musique et de chant serait l'une des plus grandes privations que je pusse endurer.

« La vue des parcs, des jardins, des vergers, des parterres et des villas des environs de la cité forme aussi pour moi un des plus agréables délassements ; c'est généralement vers ces endroits pittoresques que je porte mes pas, lorsque, pour reposer mon esprit, je veux donner de l'exercice au corps.

« C'est là le beau côté de la vie du citadin. Quant au revers de la médaille, j'avoue qu'il ne manque pas de traits saillants. Il y a d'abord le contraste frappant entre l'opulence et la misère. Quand je rencontre sur ma route de magnifiques carrosses traînés par des chevaux superbes, dont l'attelage éblouit les yeux ; quand je vois au fond des carrosses, étendues sur des coussins moelleux, de grandes dames resplendissantes de fraîcheur, vêtues de tout ce que les boutiques offrent de plus riche et de plus élégant, je suis porté à m'écrier : c'est beau, c'est magnifique. Mais lorsqu'à la suite de ces équipages j'aperçois quelque pauvre femme, à moitié vêtue des hardes de son mari, allant vendre par les maisons le lait qu'elle vient de traire et dont le produit doit servir à nourrir ses enfants ; quand je vois sur le trottoir à côté le vieillard au visage ridé, courbé sous le faix des années et de la misère, aller de porte en porte mendier un morceau de pain... oh ! alors, tout plaisir disparaît pour faire place au sentiment de la pitié.

« Ce matin je me suis levé avec le soleil ; la température invitait à sortir ; j'ai été avant mon déjeuner respirer l'air frais du matin.

« Parmi ceux que je rencontrai, les uns en costume d'ouvrier, et chargés de leurs outils, allaient commencer leur rude travail de chaque jour ; parmi ceux-là quelques-uns paraissaient vigoureux, actifs, pleins de courage et de santé, tandis que la tristesse et le découragement se lisaient sur la figure des autres ; une pâleur vide indiquait chez ces derniers quelque longue souffrance physique ou morale. Des femmes, des jeunes filles allaient entendre la basse messe à l'église la plus proche ; d'autres, moins favorisées du sort, venaient de dire adieu à leurs petits enfants pour aller gagner quelque part le pain nécessaire à leur subsistance. À côté de plusieurs de ces pauvres femmes, presque en haillons, au regard inquiet, à l'air défaillant, je vis passer tout à coup deux jeunes demoiselles à cheval, en longue amazone flottante, escortées de deux élégants cavaliers. Ce contraste m'affligea, et je rentrai chez moi tout rêveur et tout triste.

« Et combien d'autres contrastes se présentent encore à la vue ! Combien de fois n'ai-je pas rencontré le prêtre, au maintien grave, à l'œil méditatif, suivi du matelot ivre, jurant, blasphémant et insultant les passants ! la sœur de charité, au regard baissé, allant porter des consolations aux affligés, côtoyée par la fille publique aux yeux lascifs, qui promène par la rue son déshonneur et son luxe insolent !

« Si des grandes rues de la ville je veux descendre dans les faubourgs, de combien de misères ne suis-je pas témoin ! Des familles entières réduites à la dernière abjection par suite de la paresse, de l'intempérance ou de la débauche de leurs chefs, de pauvres enfants élevés au sein de la crapule, n'ayant jamais reçu des auteurs de leurs jours que les plus rudes traitements ou l'exemple de toutes les mauvaises passions ! Oh ! combien je bénis, en voyant ces choses, l'atmosphère épurée où vous avez le bonheur de vivre !

« Le manque d'ouvrage est une source féconde de

privations pour la classe laborieuse. Un grand nombre d'ouvriers aiment et recherchent le travail, et regardent l'oisiveté comme un malheur ; mais, hélas ! au moment où il s'y attendent le moins, des entreprises sont arrêtées, de grands travaux sont suspendus, et des centaines de familles languissent dans la misère.

« Ces contrastes affligeants n'existent pas chez vous. Si les grandes fortunes y sont inconnues, en revanche les grandes misères y sont rares. Le luxe du riche n'y insulte pas au dénuement du pauvre. Le misérable en haillons n'y est pas chaque jour éclaboussé par l'équipage de l'oisif opulent.

« Tu te rappelles sans doute la réponse que fit un jour l'abbé Maury à quelqu'un qui lui demandait s'il n'avait pas une grande idée de lui-même : "Quand je me considère, dit-il, je sens que je ne suis rien, mais quand je me compare, c'est différent." C'est absolument le contraire pour moi. Quand je compare notre vie à la vôtre, je suis accablé sous le poids de notre infériorité. Que sommes-nous, en effet, nous hommes du monde, esclaves de l'égoïsme et de la sensualité, qui passons nos années à courir après la fortune, les honneurs et les autres chimères de cette vie, que sommes-nous à côté de vous, héros de la civilisation, modèles de toutes les vertus, qui ne vivez que pour faire le bien ? Nous sommes des nains et vous êtes des géants.

« Mais qui t'empêche, me diras-tu, de faire comme nous ? Mieux vaut tard que jamais. Oui, je le sais, mon ami ; mais, malgré mon désir de vivre auprès de vous, plusieurs raisons me forcent d'y renoncer pour le présent. D'abord, je ne pense pas, quoi que tu en dises, que votre localité soit assez importante pour y faire vivre un avocat. Et pour ce qui est de me faire défricheur à l'heure qu'il est, ma santé, mes forces musculaires ne me permettent pas d'y songer.

« Entre nous soit dit, l'éducation physique est trop négligée dans nos collèges ; on y cultive avec beaucoup de soin les facultés morales et intellectuelles, mais on laisse le corps se développer comme il peut ; c'est là, à mon avis, une lacune regrettable. On devrait avoir dans chaque collège une salle de gymnastique, donner même des prix aux élèves distingués pour leur force ou leur adresse. Ce qui serait peut-être encore plus désirable, c'est, dans le voisinage du collège, l'établissement d'une petite ferme où les élèves s'exerceraient à la pratique de l'agriculture. Non seulement par là ils acquerraient des connaissances utiles, mais ils développeraient leurs muscles et se mettraient en état de faire plus tard des agriculteurs effectifs. Mais c'est là un sujet trop vaste et trop important pour entreprendre de le traiter convenablement dans une lettre.

« Je vois, en consultant ma montre, que j'ai passé toute ma soirée à t'écrire ; c'est à peine si je me suis aperçu que le temps s'écoulait. Il me semble que j'aurais encore mille choses à te dire. Pourquoi ne continuerions-nous pas à correspondre de temps à autre ? Je m'engage à t'écrire volontiers chaque fois que tu me fourniras ainsi l'occasion de te répondre. En attendant, mon ami, je fais les vœux les plus sincères pour le prompt rétablissement de votre prospérité, et je me souscris

« Ton ami dévoué

« Gustave Charmenil »

# XI

## En avant ! Jean Rivard, maire de Rivardville

> Les institutions communales sont à la li-
> berté ce que les écoles primaires sont à la
> science ; elles la mettent à la portée du
> peuple ; elles lui en font goûter l'usage
> paisible et l'habituent à s'en servir.
>
> TOCQUEVILLE

Rivardville ne se ressentit pas longtemps du désastre qui l'avait frappé. On eût dit même que ce malheur avait donné une nouvelle impulsion au travail et à l'industrie de ses habitants. La paroisse grandissait, grandissait : chaque jour ajoutait à sa richesse, à sa population, au développement de ses ressources intérieures. Les belles et larges rues du village se bordèrent d'habitations ; les campagnes environnantes prirent un aspect d'aisance et de confort ; çà et là des maisons en pierre ou en brique, ou de jolis cottages en bois remplacèrent les huttes rustiques des premiers colons ; l'industrie se développa, le commerce, alimenté par elle et par le travail agricole, prit de jour en jour plus d'importance ; des échanges, des ventes de bien-fonds, des transactions commerciales se faisaient de temps à autre pour l'avantage des particuliers, et le notaire commença bientôt à s'enrichir des honoraires qu'il percevait sur les contrats de diverses sortes qu'il avait à rédiger.

Mais avant d'aller plus loin nous avons deux faveurs à demander au lecteur : la première, c'est de n'être pas trop particulier sur les dates, et de nous permettre de temps à autre quelques anachronismes ; il ne serait guère possible, dans un récit de ce genre, de suivre fidèlement l'ordre des temps, et de mettre chaque événement à sa place. Ce que nous demandons ensuite, c'est qu'on n'exige pas de nous des détails minutieux. L'histoire d'une paroisse, à compter de l'époque de sa fondation, les travaux qu'elle nécessite, les embarras qu'elle rencontre, les revers qu'elle essuie, les institutions qu'elle adopte, les lois qu'elle établit, tout cela forme un sujet si vaste, si fécond, qu'on ne saurait songer à en faire une étude complète. Nous devons nous rappeler aussi ce qu'a dit un poète, que l'art d'ennuyer est l'art de tout dire, et nous borner aux traits les plus saillants de la vie et de l'œuvre de notre héros.

Nous profiterons de suite de la première de ces faveurs pour rapporter un fait qui aurait dû sans doute être mentionné plus tôt : nous voulons parler de l'établissement d'un bureau de poste au village de Rivardville. C'est en partie à cet événement que nous devons les communications plus fréquentes et plus longues échangées entre Jean Rivard et ses amis.

L'établissement d'un bureau de poste était au nombre des améliorations publiques réclamées avec instance par Jean Rivard et ses amis. Durant les trois premières années qui suivirent son mariage, pas moins de quatre requêtes, signées par tous les notables du canton, depuis le curé jusqu'au père Gendreau, avaient été adressées à cet effet au département général des postes. Mais soit oubli, soit indifférence, les requêtes étaient restées sans réponse. Enfin, grâce à l'intervention active du représentant du comté et à celle du conseiller législatif de la division, le gouvernement finit par accorder cette insigne faveur. La malle passa d'abord à Rivardville une fois par semaine, puis l'année suivante deux fois.

Quand la première nouvelle de cet événement parvint à Rivardville, elle y créa presque autant de satisfaction qu'en avait produite autrefois celle de la confection prochaine d'un grand chemin public à travers la forêt du canton de Bristol. Jean Rivard surtout, ainsi que le curé, le notaire et le docteur en étaient transportés d'aise.

La poste ! la poste ! nous allons donc avoir la poste ! Telles étaient les premières paroles échangées entre tous ceux qui se rencontraient.

Mais un autre progrès, pour le moins aussi important, et sur lequel nous demanderons la permission de nous arrêter un instant, ce fut l'établissement d'un gouvernement municipal régulier.

Jean Rivard était trop éclairé pour ne pas comprendre tout ce qu'une localité, formée ainsi en association, pouvait accomplir pour le bien public, avec un peu d'accord et de bonne volonté de la part de ses habitants.

Personne mieux que lui ne connaissait l'importance de bonnes voies de communication, de bons cours d'eau et de bons règlements pour une foule d'autres objets ; et tout cela ne pouvait s'obtenir qu'au moyen d'une organisation municipale.

Il aimait d'ailleurs ces réunions pacifiques où des hommes intelligents avisent ensemble aux moyens d'améliorer leur condition commune. Ce qu'un homme ne pourra faire seul, deux le feront, disait-il souvent pour faire comprendre toute la puissance de l'association.

Il va sans dire que Gendreau-le-Plaideux s'opposa de toutes ses forces à l'établissement d'un conseil municipal.

Ce n'était, suivant lui, qu'une machine à taxer.

Une fois le conseil établi, répétait-il sur tous les tons, on voudra entreprendre toutes sortes de travaux publics, on construira ou on réparera des chemins, des ponts, des fossés ; on fera des estimations, des recensements ; il faudra des secrétaires et d'autres employés salariés ; et c'est le pauvre peuple qui paiera pour tout cela.

Malheureusement le mot de taxe effraie les personnes même les mieux intentionnées. Trop souvent les démagogues s'en sont servis comme d'un épouvantail, ne prévoyant pas qu'ils arrêtaient par là les progrès en tous genres.

Jean Rivard fit comprendre du mieux qu'il put aux électeurs municipaux que le conseil ne serait pas une machine à taxer ; qu'aucune amélioration publique ne serait entreprise si elle n'était avantageuse à la localité ; qu'aucune dépense ne serait faite sans l'approbation des contribuables ; que d'ailleurs, les conseillers étant tous à la nomination du peuple, celui-ci pourrait toujours les remplacer s'il n'en était pas satisfait.

Malgré cela, les idées de Jean Rivard n'étaient pas accueillies avec toute l'unanimité qu'il aurait désirée, et il dut, pour calmer la défiance suscitée par Gendreau-le-Plaideux, déclarer qu'il n'avait aucune objection à voir le père Gendreau lui-même faire partie du conseil municipal.

Cette concession mit fin au débat. Jean Rivard fut élu conseiller municipal, en compagnie du père Landry, de Gendreau-le-Plaideux, et de quatre autres des principaux citoyens de Rivardville.

À l'ouverture de la première séance du conseil, le

père Landry proposa que Jean Rivard, premier pionnier du canton de Bristol, fût déclaré maire de la paroisse de Rivardville.

Le père Landry accompagna sa proposition de paroles si flatteuses pour notre héros que Gendreau-le-Plaideux lui-même comprit que toute opposition serait inutile.

Jean Rivard était loin d'ambitionner cet honneur ; mais il comprenait que sa position de fortune n'exigeant plus de lui désormais un travail incessant, il ne pouvait convenablement refuser de consacrer une part de son temps à l'administration de la chose publique. Se tenir à l'écart eût été de l'égoïsme.

Il était d'ailleurs tellement supérieur à ses collègues, tant sous le rapport de l'instruction générale que sous celui des connaissances locales et administratives, que la voix publique le désignait d'avance à cette charge importante.

Jean Rivard apporta dans l'administration des affaires municipales l'esprit d'ordre et de calcul qu'il mettait dans la gestion de ses affaires privées. S'agissait-il d'ouvrir un chemin, de faire construire un pont, d'en réparer un autre, de creuser une décharge, d'assécher un marécage, ou de toute autre amélioration publique, il pouvait dire, sans se tromper d'un chiffre, ce que coûterait l'entreprise.

Il se gardait bien cependant d'entraîner la municipalité dans des dépenses inutiles ou extravagantes. Avant d'entreprendre une amélioration quelconque, la proposition en était discutée ouvertement ; on en parlait à la porte de l'église ou dans la salle publique, de manière à en faire connaître la nature et les détails ; les avantages en étaient expliqués avec toute la clarté possible ; et s'il devenait bien constaté, à la satisfaction de la plus grande partie des personnes intéressées, que l'entreprise ajouterait à la valeur des propriétés, faciliterait les communications, ou donnerait un nouvel élan au travail et à l'industrie, alors le conseil se mettait à l'œuvre et prélevait la contribution nécessaire.

Ces sortes de contributions sont toujours impopulaires ; aussi Jean Rivard n'y avait-il recours que dans les circonstances extraordinaires, afin de ne pas rendre odieuses au peuple des institutions bonnes en elles-mêmes, et dont l'opération peut produire les plus magnifiques résultats, tant sous le rapport du bien-être matériel que sous celui de la diffusion des connaissances pratiques.

Qu'on n'aille pas croire cependant que tout se fit sans résistance. Non ; Jean Rivard eut à essuyer plus d'une fois des contradictions, comme on le verra plus loin. D'ailleurs Gendreau-le-Plaideux était toujours là, prétendant que toutes les améliorations publiques coûtaient plus qu'elles ne rapportaient ; et chaque fois que Jean Rivard avait une mesure à proposer, fût-elle la plus nécessaire, la plus urgente, il y présentait toute espèce d'objections, excitait l'esprit des gens, et faisait contre son auteur des insinuations calomnieuses.

Jean Rivard, désirant avant tout la prospérité de Rivardville et la bonne harmonie entre ses habitants, avait d'abord tenté auprès de cet adversaire acharné tous les moyens possibles de conciliation ; il lui avait exposé confidentiellement ses vues, ses projets, ses motifs, espérant faire naître chez cet homme qui n'était pas dépourvu d'intelligence des idées d'ordre et le zèle du bien public.

Mais tout cela avait été en vain.

Le brave homme avait continué à faire de l'opposition en tout et partout, à tort et à travers, par des paroles et par des actes, remuant ciel et terre pour s'acquitter du rôle qu'il se croyait appelé à jouer sur la terre.

Un certain nombre de contribuables, surtout parmi les plus âgés, se laissaient guider aveuglément par le père Gendreau ; mais le grand nombre des habitants, pleins de confiance dans Jean Rivard, et assez intelligents d'ailleurs pour apprécier toute l'importance des mesures proposées, les adoptaient le plus souvent avec enthousiasme.

Ainsi appuyé, le jeune maire put effectuer en peu de temps des réformes importantes. Il réussit à faire abolir complètement l'ancien usage des corvées pour l'entretien des routes, clôtures, etc., cause d'une si grande perte de temps dans nos campagnes. Ces travaux furent donnés à l'entreprise.

On fit bientôt la même chose à l'égard de l'entretien des chemins d'hiver.

On fixa l'époque où le feu pourrait être mis dans les bois, afin de prévenir les incendies si désastreux dans les nouveaux établissements.

On fit des règlements sévères à l'égard de la vente des liqueurs enivrantes.

En sa qualité de maire, Jean Rivard donnait une attention particulière à la salubrité publique. Il veillait à ce que les chemins et le voisinage des habitations fussent tenus dans un état de propreté irréprochable, à ce que les dépôts d'ordures fussent convertis en engrais et transportés au loin dans les champs.

Il sut aussi obtenir beaucoup des habitants de Rivardville en excitant leur émulation et en faisant appel à leurs sentiments d'honneur. Il leur citait, par exemple, les améliorations effectuées dans tel et tel canton du voisinage, puis il leur demandait si Rivardville n'en pouvait faire autant. « Sommes-nous en arrière des autres cantons ?

disait-il. Avons-nous moins d'énergie, d'intelligence ou d'esprit d'entreprise ? Voulez-vous que le voyageur qui traversera notre paroisse aille publier partout que nos campagnes ont une apparence misérable, que nos clôtures son délabrées, nos routes mal entretenues ? »

C'est au moyen de considérations de cette nature qu'il réussit à faire naître chez la population agricole du canton un louable esprit de rivalité et certains goûts de propreté et d'ornementation. Plus d'un habitant borda sa terre de jeunes arbres qui, plus tard, contribuèrent à embellir les routes tout en ajoutant à la valeur de la propriété.

Mais combien d'autres améliorations Jean Rivard n'eût pas accomplies avec un peu plus d'expérience et de moyens pécuniaires — et, disons-le aussi, avec un peu plus d'esprit public et de bonne volonté de la part des contribuables !

# XII

## Gustave Charmenil à Jean Rivard

« Mon cher ami,

    « Je viens d'apprendre que tu es maire de Rivardville. J'en ai tressailli de plaisir. Je laisse tout là pour t'écrire et te féliciter. À vrai dire pourtant, ce sont plutôt les électeurs de Rivardville que je devrais féliciter d'avoir eu le bon esprit d'élire un maire comme toi. Personne assurément n'était plus digne de cet honneur ; tu es le fondateur de Rivardville, tu devais en être le premier maire. Cette seule raison suffisait, sans compter toutes les autres.

    « Avec quel bonheur, mon ami, je te vois grandir de toutes manières ! Tes succès dans la vie ont quelque chose de merveilleux. Ne dirait-on pas que tu possèdes un talisman inconnu du vulgaire, que tu as dérobé aux fées leur baguette magique ? Car enfin, combien d'autres sont entrés dans la même carrière que toi, dans les mêmes conditions, avec les mêmes espérances, et n'y ont recueilli qu'embarras et dégoûts ? Combien passent toute leur vie à tourmenter le sol pour n'y moissonner que misère et déceptions ?

    « Il semble qu'un bon génie t'ait pris par la main pour te guider dans un sentier semé de fleurs. Entré dans ta carrière de défricheur avec un capital de cinquante louis, te voilà déjà comparativement riche ; tu le deviendras davantage chaque année. Tu n'as jamais ambitionné les honneurs, et cependant tu vas devenir un homme marquant. Tu es déjà le roi de ta localité. Qui sait si tu ne deviendras pas plus tard membre du parlement ? Oh ! si jamais tu te présentes, mon cher Jean, je veux aller dans ton comté haranguer les électeurs ; tu verras si je m'y entends à faire une élection. En attendant, voici une faveur spéciale que je sollicite de toi : quand tu n'auras rien de mieux à faire, écris-moi donc une longue lettre, comme tu m'en écrivais autrefois, dans laquelle tu me feras connaître minutieusement tous les secrets de ta prospérité. Tu sais que Montesquieu a fait un livre sur les *Causes de la grandeur des Romains* ; eh bien ! je voudrais en faire un, à mon tour, sur les *Causes de la grandeur de Jean Rivard*. Pour cela, il faut que tu mettes toute modestie de côté, et que tu me fasses le confident de tes secrets les plus intimes.

« Ta dernière lettre m'en dit bien quelque chose mais cela ne suffit pas.

« J'ai déjà entendu dire que ton ancienne fille, Françoise, te regardait un peu comme sorcier. J'aimerais à savoir jusqu'à quel point elle a raison. »

. . . . . . . . . . . . . . . . . . . . . . . . . . . . . . .

Il est un autre sujet sur lequel il était difficile à notre jeune avocat de ne pas dire un mot. Aussi profite-t-il de l'occasion pour faire de nouvelles confidences à son ami :

« Il faut que je réponde maintenant à quelques points de ta dernière lettre.

« Tu me fais du mariage une peinture admirable ; je ne pouvais m'attendre à autre chose de ta part. Quand on a le bonheur d'avoir une femme comme la tienne, on est naturellement porté à s'apitoyer sur le sort des célibataires. En me conseillant de me marier, mon cher Jean, ta voix n'est pas la voix qui crie dans le désert ; tu sais déjà que je ne suis pas sourd sur ce chapitre.

« Mais plus je connais le monde, plus j'hésite, plus je suis effrayé. Tu n'as jamais eu l'occasion de faire la comparaison entre la vie rurale et celle de nos cités. Tu n'as pas eu besoin d'être riche, toi, pour te marier ; la personne que tu as épousée, loin d'augmenter le chiffre de ton budget, est devenue pour toi, grâce à son genre d'éducation et à ses habitudes de travail, une associée, une aide, une véritable compagne. Mais dans nos villes c'est bien différent : les jeunes filles que nous appelons des demoiselles bien élevées, c'est-à-dire celles qui ont reçu une éducation de couvent, qui savent toucher le piano, chanter, broder, danser, ne peuvent songer à se marier qu'à un homme possédant plusieurs centaines de louis de revenu annuel. Elles seraient malheureuses sans cela. Il est vrai qu'elles sont pauvres elles-mêmes, puisqu'elles n'ont généralement pour dot que leurs vertus, leurs grâces, leur amabilité ; mais elles ont été élevées dans le luxe et l'oisiveté, et elles veulent continuer à vivre ainsi ; cela est tout naturel. Il faut qu'elles puissent se toiletter, recevoir, fréquenter le monde et les spectacles. Ce n'est pas leur faute s'il en est ainsi, c'est la faute de leur éducation, ou plutôt celle des habitudes et des exigences de la société dont elles font partie. Mais toutes ces exigences occasionnent des dépenses dont le jeune homme à marier s'épouvante avec raison. Ce sont ces mêmes exigences, portées à l'excès, qui font que dans la vieille Europe un si grand nombre de jeunes gens préfèrent vivre dans le célibat et le libertinage que se choisir une compagne pour la vie. Une femme légitime est un objet de luxe, un joyau de prix dont les riches seuls peuvent ambitionner la possession.

« On peut à peine aujourd'hui apercevoir une différence dans le degré de fortune des citoyens. Le jeune commis de bureau, dont le revenu ne dépasse pas deux ou trois cents louis par an veut paraître aussi riche que le fonctionnaire qui en a six cents : sa table est aussi abondamment pourvue ; il a, comme lui, les meilleurs vins, la vaisselle la plus coûteuse ; la toilette de sa femme est tout aussi coûteuse, leurs enfants sont parés avec le même luxe extravagant. Et pourquoi y aurait-il une différence ? Ne voient-ils pas la même société ? Ne sont-ils pas journellement en contact avec les mêmes personnes ? Comment une jeune et jolie femme pourrait-elle se résigner à vivre dans la retraite, lorsqu'elle a déjà eu l'honneur de danser avec l'aimable colonel V***, avec le beau Monsieur T***, de recevoir des compliments de l'élégant et galant M. N*** ? C'est à en faire tourner la tête aux moins étourdies. Aussi le jeune couple ne fera-t-il halte sur cette route périlleuse que lorsque le mari ne pourra plus cacher à sa belle et chère moitié qu'il a trois ou quatre poursuites sur les bras, que leurs meubles vont être saisis et vendus, s'il ne trouve immédiatement cinquante louis à emprunter.

« Je te ferai grâce de ce qui se passe alors assez souvent entre lui et les usuriers.

« Quand les cultivateurs viennent à la ville vendre leurs denrées ou acheter les choses nécessaires à leur vie simple et modeste, ils ne se doutent guère qu'un certain nombre de ceux qu'ils rencontrent, et qui quelquefois les traitent avec arrogance, sont au fond beaucoup moins riches qu'eux. À les voir si prétentieusement vêtus, bottes luisantes, pantalon collant, chapeau de soie, veste et habit de la coupe des premiers tailleurs de la ville, montre et chaîne d'or, épinglette et boutons d'or, ils les prendraient pour de petits Crésus. Ils croiraient à peine celui qui leur dirait que plusieurs de ces milords ne sont pas même propriétaires de ce qu'ils portent sur leur corps, qu'ils doivent leurs hardes à leur tailleur, leurs bottes au cordonnier, leurs bijoux à l'orfèvre, et que jamais probablement ils ne seront en état de les payer. On en a vu sortir ainsi de leur maison le matin, et s'arrêter en passant chez un ami pour emprunter la somme nécessaire à l'achat du dîner.

« Il existe, dans les classes élevées de la société de nos villes, une somme de gêne et d'embarras dont tu n'as pas d'idée. Chez elles, la vanité étouffe le sens commun ; la maxime "vivons bien tandis que nous vivons" l'emporte sur toutes les autres. Des hommes fiers, hautains, aristocrates, ne craignent pas de laisser leurs femmes et leurs enfants à la charge du public, après avoir eux-mêmes vécu dans l'opulence.

« À ce propos, il faut que je te raconte un fait qui m'a vivement impressionné. Tu as peut-être lu dernièrement sur les journaux la mort de M. X***. J'avais eu des rapports assez intimes avec lui depuis quelques années ; il s'était toujours montré fort bienveillant à mon égard, et lorsque j'appris sa maladie je m'empressai de le visiter. Son mal provenait en grande partie de tourments d'esprit, d'inquiétudes causées par de folles spéculations sur les propriétés foncières. Il ne pouvait s'empêcher d'exprimer tout haut des regrets que, dans son état de santé, il eût cachés avec le plus grand soin.

« Voyez, me dit-il, d'une voix qui s'éteignait et me faisait monter les larmes aux yeux, voyez ce que c'est que cette vie du monde ! J'ai vécu dans l'opulence, j'ai eu beaucoup d'amis, j'ai mené grand train, et je vais en mourant laisser mes enfants non seulement sans fortune, mais dans le besoin et les dettes. J'ai joué ce qu'on appelle un rôle important dans le monde, j'ai occupé une position élevée, j'ai gagné des milliers de louis, ma maison, meublée magnifiquement, était ouverte à la jeunesse qui voulait s'amuser, ma femme et mes filles n'épargnaient rien pour paraître et briller... Mais qu'y a-t-il de sérieux dans tout cela ? Quel bien ai-je fait ? La vie d'une créature raisonnable doit-elle avoir un but aussi futile ?

« C'est en exprimant de tels regrets qu'il vit approcher son dernier moment. Le lendemain, il expirait dans mes bras.

« J'étais là, seul, avec la famille. Pas un de ses anciens amis, de ceux qu'il invitait chaque jour à ses fêtes, ne se trouvait à son chevet.

« Et dire, mon cher ami, que cette vie est celle d'un grand nombre dans cette classe qu'on appelle la classe bien élevée ! Tout le produit de leur travail passe en frais de réception, de toilette ou d'ameublement.

« Tu me diras : mais ne sont-ils pas libres d'agir autrement ? Quelle loi les empêche d'employer leur temps et leur argent d'une manière plus rationelle ? Aucune, sans doute ; mais la société exerce sur ses membres une espèce de pression à laquelle ils ne peuvent échapper ; celui qui se conduit autrement que la classe à laquelle il appartient est aussitôt montré du doigt. Chose étrange ! l'homme d'ordre, l'homme de bon sens qui prendra soin d'appliquer une partie de son revenu à des objets utiles, passera souvent pour mesquin, tandis que le bon vivant qui dissipera son revenu et le revenu d'autrui dans la satisfaction égoïste de ses appétits grossiers, sera considéré comme un homme libéral et généreux. Ainsi le veut une société fondée sur l'égoïsme et la vanité.

« Mais il faut dire pourtant que cette conduite extravagante n'est pas générale, et que bon nombre de familles pourraient offrir un agréable contraste avec celles dont je viens de parler. Je pourrais te citer, entre autres, la famille de la jeune pensionnaire dont il a été question dans ma dernière lettre, qui me paraît un modèle de bonne administration. J'y suis devenu presque intime, et j'ai pu admirer le bon ordre qui règne dans la maison, la méthode qui préside à toute chose, et la constante harmonie qui existe entre tous les membres de la famille. Sans être dans l'opulence, on peut dire qu'ils vivent dans l'aisance et le confort, grâce à l'esprit de conduite et d'économie de celle qui dirige la maison. L'intérieur de leur demeure présente un singulier mélange d'élégance et de simplicité. Un goût exquis se fait remarquer dans le choix et la disposition de l'ameublement. Point de faste inutile, point de folle dépense. La maîtresse de la maison connaît la somme dont elle peut disposer, et elle se garde bien de dépasser son budget. Du reste, elle peut, à la fin de l'année, rendre un compte fidèle de son administration. Chaque sou dépensé est indiqué dans un petit registre soigneusement tenu. Elle sait ce qu'ont coûté la nourriture, la toilette, la domesticité, l'éclairage, le chauffage, les souscriptions, charités, etc. De cette manière la dépense n'excède jamais le revenu. On ne s'endette pas. Au contraire, une petite somme est chaque année mise de côté pour les jours de la vieillesse, ou aider à l'établissement des enfants.

« Malgré ta dignité de maire, de juge de paix, de major de milice, de père de famille, etc., il faut pourtant bien que je te dise un mot des progrès de ma dernière liaison. Tu as été mon confident avant de cumuler toutes les charges importantes que tu remplis aujourd'hui, tu ne saurais convenablement te démettre de ce premier emploi. Je sais pourtant que je m'expose à perdre la bonne opinion que tu pouvais avoir de moi ; je vais être à tes yeux un inconstant, un esprit volage, un grand enfant en un mot. Mais, mon cher ami, si tu connaissais bien la vie et la destinée des gens de mon état, tu verrais que ma conduite, après tout, n'a rien de fort étrange. Quand on ne peut se marier avant l'âge de trente ans, l'inconstance devient pour ainsi dire une nécessité de l'existence. La jeune fille qu'on aime à vingt ans ne peut rester jeune indéfiniment ; on ne saurait exiger qu'elle vieillisse dans l'attente que sa beauté se fane, qu'elle nourrisse pendant de longues années un sentiment dont la conséquence peut devenir pour elle un célibat forcé. En supposant qu'elle le voulût, ses parents y mettraient bon ordre. Elle en épouse un autre. Elle remplit fidèlement ses devoirs d'épouse et de mère. Le jeune homme qui l'aima d'abord se sent oublié, se console peu à peu, et porte ses vues ailleurs.

« Avec ce petit exorde, laisse-moi, mon bon ami, t'entretenir un peu de ma jeune pensionnaire. Je suis accueilli dans sa famille avec tous les égards possibles. Ma petite amie, que j'appellerai Antonine, est l'aînée de trois sœurs, dont la dernière est encore au couvent. Elle-même me parut d'abord regretter d'en être sortie ; elle ne parlait qu'avec émotion des bonnes dames directrices et des petites amies qu'elle y avait laissées. Cet ennui cependant s'est dissipé peu à peu, grâce à l'ardeur avec laquelle elle s'est livrée à tous les travaux domestiques qui conviennent à son sexe, et dont la connaissance pratique formait comme le complément de son éducation de couvent. Sa mère, qui me paraît être une femme supérieure, et parfaitement au fait des devoirs de son état, l'instruit de tout ce qui concerne la tenue d'une maison. Elle lui fait faire ce qu'elle appelle l'apprentissage de sa profession. À l'heure qu'il est, Antonine et sa sœur remplissent, chacune à son tour, les devoirs de maîtresse de maison, veillant à la propreté générale et à tous les détails du ménage, surveillant la cuisine, commandant les domestiques, et mettant elles-mêmes la main à l'œuvre lorsqu'il en est besoin. Elles s'acquittent de ces devoirs sans confusion, sans murmure, avec une sorte d'enjouement. Il m'est arrivé d'entrer une fois sans être annoncé et d'apercevoir Antonine vêtue en négligé, occupée à essuyer les meubles du salon. Elle était charmante à voir. Elle rougit légèrement, non de honte d'être surprise faisant un travail domestique — elle a trop d'esprit pour cela — mais sans doute parce qu'elle ne m'attendait pas, et peut-être aussi parce qu'elle lisait dans mes yeux combien je l'aimais dans sa tenue simple et modeste. D'après ce que dit leur mère, qui parle volontiers de ces détails en ma présence, Antonine et sa sœur sont ainsi occupées de travaux de ménage, depuis le matin jusqu'à midi ; elles changent alors de toilette, et leur après-midi se passe dans des travaux de couture, et quelquefois de broderie. Elles ont appris à tailler elles-mêmes leurs vêtements, et elles peuvent façonner de leurs mains tous leurs articles de toilette, depuis la robe jusqu'au chapeau. C'est une espèce de jouissance pour elles, en même temps qu'une grande économie pour la maison. Leur toilette d'ailleurs est remarquable par son extrême simplicité, en même temps que par son élégance, preuve à la fois de bon goût et de bon sens.

« Combien de jeunes filles cherchent à vous éblouir par la richesse et l'éclat de leur toilette, et se croient d'autant plus séduisantes qu'elles affichent plus de luxe ! Elles ne savent pas que ces goûts extravagants épouvantent les jeunes gens et en condamnent un grand nombre au célibat. Passe pour celles qui ne sont pas belles et qui n'ont aucun autre moyen d'attirer l'attention ; mais quel besoin la jolie jeune fille a-t-elle de tant se parer pour être aimable ?

« De temps à autre, mais assez rarement, Antonine et sa sœur sortent avec leur mère dans l'après-midi, soit pour magasiner, soit pour faire quelques visites. Le soir, elles lisent, ou font de la musique dans le salon. Que crois-tu qu'elles lisent ? Tu as peut-être entendu dire que les jeunes filles ne peuvent lire autre chose que des romans ? Détrompe-toi. Antonine n'est pas aussi forte sur les mathématiques que l'était madame du Châtelet, mais elle lit de l'histoire, et même des ouvrages de sciences, de philosophie, de religion, de voyages, etc. Je l'ai surprise un jour absorbée dans le Traité de Fénelon sur l'éducation des filles, un autre jour dans celui de Madame Campan sur le même sujet. Il est vrai qu'elle parcourt peut-être avec encore plus de plaisir les poésies et les petites historiettes dont son père lui permet la lecture. Mais elle juge tous ces ouvrages avec une raison, un goût qu'on rencontre assez rarement parmi nous. Sa conversation m'intéresse et me charme de plus en plus. Quelles que soient les qualités littéraires de son futur mari, elle sera parfaitement en état de le comprendre.

« Je ne lui ai encore rien dit de mes sentiments ; elle n'en sait que ce qu'elle a pu lire dans mes yeux. Mais je songe quelquefois qu'elle réunit en grande partie tout ce que j'ai toujours désiré dans une femme. Que dirais-tu si elle allait devenir la plus belle moitié de moi-même ? Mais, en supposant que je ne lui fusse pas antipathique, pourra-t-elle, ou voudra-t-elle attendre deux ou trois ans ? Car dans le cas même où la fortune me serait favorable, ce ne serait pas avant deux ans qu'il me sera donné d'accomplir cet acte solennel de ma vie.

« Je pense avoir deux rivaux cependant dans deux jeunes gens que je rencontre assez régulièrement dans la famille. L'un est étudiant comme moi, et l'autre employé d'une de nos premières maisons de commerce. Leur fortune est à peu près égale à la mienne c'est-à-dire qu'ils n'ont rien. Ni l'un ni l'autre toutefois n'a l'air de s'en douter. C'est à qui fera les plus riches cadeaux à Antonine et sa sœur. C'est au point que la mère de celles-ci s'est crue obligée d'intervenir, et de s'opposer formellement à cette étrange mode de faire sa cour. Ces jeunes messieurs, disait-elle l'autre jour, feraient beaucoup mieux d'employer l'argent de leurs cadeaux à se créer un fonds d'épargnes. Cette remarque et d'autres que j'entends faire de temps en temps sur le compte de mes rivaux me rassurent, et me font croire que mon système, qui est tout l'opposé du leur, ne déplaît pas trop. Le père d'Antonine surtout ne peut cacher son dédain pour ces jeunes freluquets qui, faute d'autres qualités, cherchent à se faire aimer à prix d'argent.

« L'un d'eux toutefois est, paraît-il, un magnifique danseur, ou si plus tard Antonine prenait du goût pour les bals ou les soirées dansantes, il pourrait bien me faire une redoutable concurrence. Ajoutons que tous deux sont excessivement particuliers sur leur toilette, et qu'ils ne viennent jamais sans être peignés, frisés, pommadés et tirés à quatre épingles ; avantage qui, soit dit en passant, me fait complètement défaut.

« Je ne manquerai pas de te tenir au courant des événements. Mais comme "de soins plus importants je te sais occupé", je te laisse pleine liberté de lire ou de ne pas lire mes confidences amoureuses, et par conséquent de n'y pas répondre.

« J'ai passé ma soirée d'hier avec notre ancien confrère de collège, le Dr. E. T***, lequel, entre parenthèses, est en voie de réussir, grâce à ses talents et à la confiance qu'il inspire ; et après avoir longtemps parlé de toi, nous passâmes en revue toute la liste des jeunes gens qui ont quitté le collège vers la même époque que nous. Nous fûmes nous-mêmes surpris du résultat de notre examen. Calixte B*** est parti pour la Californie, il y a deux ans, et nous n'en avons pas de nouvelles. Joseph T*** s'est fait tuer l'année dernière dans l'armée du Mexique. Tu te souviens de Pascal D***, toujours si fier, si prétentieux ? Il est, paraît-il, garçon d'auberge, quelque part dans l'État de New York. Quant à ce pauvre Alexis M***, autrefois si gai, si aimable, si amusant, tu as sans doute entendu parler de sa malheureuse passion pour la boisson ? De fait, cette fatale tendance chez lui se révélait déjà au collège. Eh bien ! après avoir dans ces derniers temps, grâce à nos remontrances et à nos pressantes sollicitations, cessé tout à fait de boire, il a recommencé comme de plus belle, puis il est tombé malade, et à l'heure où je t'écris, il n'en a pas pour quinze jours à vivre. George R***, qui, par ses talents, ses rapports de société, sa position de fortune, promettait de fournir une carrière si brillante, finira probablement de la même manière. La débauche en mine aussi quelques-uns et les conduira infailliblement aux portes du tombeau. Ce tableau n'est pas réjouissant, n'est-ce pas ? Il est pourtant loin d'être chargé, et je pourrais t'en dire bien davantage si je ne craignais de blesser la charité.

« Tu n'as pas d'idée, mon cher, des ravages que fait l'intempérance parmi la jeunesse instruite de nos villes. Nous étions dix jeunes étudiants, dans la première pension que j'ai habitée ; nous ne sommes plus que trois aujourd'hui. Les sept autres sont morts dans la fleur de l'âge, quelques-uns, avant même d'avoir terminé leur cléricature. Tous ont été victimes de cette maudite boisson qui cause plus de mal dans le monde que tous les autres fléaux réunis. Après avoir d'abord cédé avec répugnance à l'invitation pressante d'un ami, ils sont devenus peu à peu les esclaves de cette fatale habitude. Le jeune qui veut éviter ce danger n'a guère d'autre alternative que de renoncer héroïquement à goûter la liqueur traîtresse. Il se singularisera, il est vrai, mais l'avenir le récompensera amplement du sacrifice qu'il aura fait.

« Avec quel bonheur, mon ami, nous avons détourné nos regards de ce tableau lugubre pour les reporter sur celui que nous offre ta vie pleine d'héroïsme et de succès si bien mérités ! Tu es notre modèle à tous. Tu nous devances dans le chemin des honneurs et de la fortune. Oh ! encore une fois, bénis, bénis ton heureuse étoile qui t'a guidé vers la forêt du canton de Bristol.

« En terminant ma lettre, je dois te rappeler que si d'un côté je te dispense de répondre à mes confidences amoureuses, d'un autre côté je tiens plus que jamais à ce que tu me révèles tous les secrets de ta prospérité. Fais-moi part aussi des mesures que tu te proposes d'introduire en ta qualité de maire. Tout cela m'intéresse au plus haut degré.

« Et maintenant, monsieur le maire, permettez-moi de vous souhaiter tout le succès possible dans vos réformes et dans toutes vos entreprises publiques et privées. Veuillez faire mes amitiés à madame la mairesse, ainsi qu'à l'ami Doucet, et me croire

« Tout à vous,

« Gustave Charmenil »

# XIII

## Réponse de Jean Rivard

« Mon cher Gustave,

« Tu me pardonneras sans doute d'avoir tant tardé à t'écrire, lorsque tu en sauras la cause. J'ai reçu ta dernière lettre dans un moment de grande affliction pour ma femme et pour moi. Notre plus jeune enfant, notre cher petit Victor, était dangereusement malade, et depuis, nous l'avons perdu. Une congestion cérébrale, amenée par sa dentition, nous l'a enlevé à l'âge de huit mois. Ce beau petit ange, qui nous donnait déjà tant de plaisir, qui égayait la maison par ses cris de joie et son jargon enfantin, nous ne le verrons plus, nous ne l'entendrons plus ; il s'est envolé vers ce ciel qu'il nous montrait dans son œil limpide et pur. Il s'est éteint en fixant sur nous un regard d'une indicible mélancolie. Ce que nous ressentîmes alors ne saurait s'exprimer. Oh ! remercie Dieu, mon cher Gustave, d'ignorer ce que c'est que la perte d'un enfant. Mon cœur se brise encore en y pensant.

« J'ai craint pendant quelques jours pour la santé de ma pauvre Louise. Mais, grâce à cette religion dans le sein de laquelle elle s'est réfugiée, elle commence à se consoler, et elle peut maintenant parler de son cher petit sans verser trop de larmes.

« C'était la première peine de cœur que nous éprouvions depuis notre entrée en mariage ; nous nous en souviendrons longtemps.

« J'ai été, en outre, accablé d'occupations de toutes sortes depuis plusieurs mois, ce qui a aussi un peu contribué au délai que j'ai mis à t'écrire.

« Merci, mon cher Gustave, de tes félicitations sur mon élection à la mairie ; mais je ne sais vraiment si tu ne devrais pas plutôt me plaindre. En acceptant cette charge j'ai pris sur mes épaules un lourd fardeau. J'ai déjà fait du mauvais sang, et je n'ai pas fini d'en faire. Toute mon ambition serait de faire de Rivardville une paroisse modèle ; je voudrais la constituer, s'il était possible, en une petite république, pourvue de toutes les institutions nécessaires à la bonne administration de ses affaires, au développement de ses ressources, aux progrès intellectuels, sociaux et politiques de sa population. Mais pour en venir là, des obstacles de toutes sortes se présentent. Il faut le dire, l'esprit de gouvernement n'existe pas encore chez notre population. Cette entente, cette bonne harmonie, ces petits sacrifices personnels nécessaires au bon gouvernement général, on ne les obtient qu'au moyen d'efforts surhumains. Le sentiment qu'on rencontre le plus souvent quand il s'agit d'innovations utiles, d'améliorations publiques, c'est celui d'une opposition sourde, ou même violente, qui paralyse et décourage. Des gens s'obstinent à marcher dans la route qu'ont suivie leurs pères, sans tenir compte des découvertes dans l'ordre moral, politique et social, aussi bien que dans l'ordre industriel et scientifique. Parmi ces hommes arriérés un grand nombre sont honnêtes et de bonne foi ; mais d'autres ne sont guidés que par l'égoïsme, ou par le désir de flatter les préjugés populaires ! À part le père Gendreau, dont je t'ai déjà parlé, lequel ne fait d'opposition que par esprit de contradiction et qui, au fond, est plus digne de pitié que de haine, j'ai depuis quelque temps à faire face à une opposition plus redoutable et plus habile de la part du notaire de notre village. C'est un homme en apparence assez froid, mais qui sous des dehors de modération cache une ambition insatiable. Il ne tente aucune opposition ouverte, mais dans des entretiens privés il se plaît à critiquer mes projets et me nuit ainsi d'autant plus que je n'ai pas l'avantage de pouvoir me défendre. Il a, m'assure-t-on, l'intention de solliciter les suffrages des électeurs aux prochaines élections parlementaires, et tout ce qu'il fait, tout ce qu'il dit, il le fait et le dit dans le but de se rendre populaire.

« Notre médecin, qui est un homme éclairé et qui le plus souvent favorise mes projets, n'ose plus me prêter l'appui de son autorité morale, du moment que le débat prend une tournure sérieuse. Il se contente alors de rester neutre, et cette neutralité m'est plus défavorable qu'utile.

« Je me découragerais parfois si notre bon ami Doucet n'était là pour me réconforter et retremper mon zèle. Il ne veut pas se mêler ouvertement à nos débats, de crainte d'être mal vu de ses ouailles, et je respecte sa délicatesse ; mais en particulier il m'approuve de tout cœur ; cela me suffit.

« Ne va pas croire pourtant, mon ami, qu'en te parlant ainsi des obstacles que je rencontre, je prétende jeter du blâme sur les habitants de nos campagnes ; non, je ne fais que constater un état de choses dû à des circonstances incontrôlables, et dont il est facile de se rendre compte.

« Si d'un côté j'accuse les individus, il me serait facile d'un autre côté de disculper ou justifier complètement le gros de la population.

« Si nous ne possédons pas encore cet esprit public, cet esprit de gouvernement si désirables dans tous les pays libres, cela n'est pas dû à un défaut de bon sens ou d'intelligence naturelle chez la classe agricole, car aucune classe ne lui est supérieure sous ce rapport, mais on doit l'attribuer à deux causes principales dont je vais dire un mot. Convenons d'abord qu'il faut un apprentissage en cela comme en tout le reste. La science du gouvernement ne s'acquiert pas comme par magie ; elle doit s'introduire par dégrés dans les habitudes de la population. Or, nos pères venus de France aux dix-septième et dix-huitième siècles n'ont pas apporté avec eux la pratique ou la connaissance de ce que les Anglais appellent le *self-government* ; et ce n'est pas avec l'ancien régime du Bas-Canada, sous la domination anglaise, que leurs descendants auraient pu en faire l'apprentissage. À peine quelques années se sont-elles écoulées depuis que nous avons été appelés à gérer nos affaires locales ou municipales. Rien donc de surprenant que nous soyons encore novices à cet égard et que nous ne marchions, pour ainsi dire, qu'en trébuchant. Le progrès se fera insensiblement ; nos lois administratives sont encore loin d'être parfaites ; elles s'amélioreront avec le temps et finiront par répondre aux vœux et aux besoins de la population.

« Mais la cause première de cette lacune dans les mœurs de notre population, la cause fondamentale de l'état de choses que nous déplorons et qu'il importe avant tout de faire disparaître, c'est le défaut d'une éducation convenable. Oui, mon ami, de toutes les réformes désirables, c'est là la plus urgente, la plus indispensable : elle doit être la base de toutes les autres. Avant de faire appel à l'esprit, à la raison du peuple, il faut cultiver cet esprit, développer, exercer cette raison. Donner à toutes les idées saines, à toutes les connaissances pratiques la plus grande diffusion possible, tel doit être le but de tout homme qui désire l'avancement social, matériel et politique de ses concitoyens. Cette idée n'est pas nouvelle ; on l'a proclamée mille et mille fois : mais il faut la répéter jusqu'à ce qu'elle soit parfaitement comprise. Sans cela, point de réforme possible.

« En quoi doit consister cette éducation populaire ? C'est là une question trop vaste, trop sérieuse pour que j'entreprenne de la traiter. Mais d'autres l'ont fait avant moi et beaucoup mieux que je ne pourrais faire. D'ailleurs, à cet égard, je me laisse aveuglément guider par notre ami Doucet.

« Tu dis que je suis roi de ma localité : oh ! si j'étais roi, mon ami, avec quel zèle j'emploierais une partie de mon revenu à répandre l'éducation dans mon royaume, en même temps que j'encouragerais par tous les moyens possibles la pratique de l'agriculture et des industries qui s'y rattachent !

« Je considérerais les ressources intellectuelles enfouies dans la multitude de têtes confiées à mes soins comme mille fois plus précieuses que toutes ces ressources minérales, commerciales, industrielles qu'on exploite à tant de frais, et je ferais de l'éducation morale, physique et intellectuelle des enfants du peuple, qui a pour but de cultiver et développer ces ressources, ma constante et principale occupation.

« Dans chaque paroisse de mon royaume, l'école-modèle s'élèverait à côté de la ferme-modèle, et toutes deux recevraient sur le budget de l'État une subvention proportionnée à leur importance. Toute lésinerie à cet égard me paraîtrait un crime de lèse-nation.

« Il va sans dire que dans le choix des instituteurs,

je ne me laisserais pas influencer par des considérations d'économie. Cette classe d'hommes qui exerce une espèce de sacerdoce, et qui, par la nature de ses occupations, devrait être regardée comme une des premières dans tous les pays du monde, a toujours été traitée si injustement, que je ferais tout en moi pour la dédommager de ce dédain. Je lui assurerais un revenu égal à celui des hommes de profession.

« J'appellerais là, s'il était possible, non seulement des hommes réellement et solidement instruits, mais des esprits philosophiques et observateurs, des hommes en état de juger des talents et du caractère des enfants.

« Car un de mes principaux buts, en rendant l'éducation élémentaire universelle, serait de découvrir chez les enfants du peuple les aptitudes particulières de chacun, de distinguer ceux qui, par leurs talents plus qu'ordinaires, promettraient de briller dans les carrières requérant l'exercice continu de l'intelligence, de ceux qui seraient plus particulièrement propres aux arts mécaniques et industriels, au commerce ou à l'agriculture.

« J'adopterais des mesures pour que tout élève brillant fût reçu dans quelque institution supérieure, où son intelligence pourrait recevoir tout le développement dont elle serait susceptible.

« Rien ne m'affligerait autant que d'entendre dire ce qu'on répète si souvent de nos jours : que parmi les habitants de nos campagnes se trouvent, à l'état inculte, des hommes d'État, des jurisconsultes, des orateurs éminents, des mécaniciens ingénieux, des hommes de génie enfin, qui, faute de l'instruction nécessaire, mourront en emportant avec eux les trésors de leur intelligence.

« Si j'étais roi, je fonderais des institutions où le fils du cultivateur acquerrait les connaissances nécessaires au développement de son intelligence, et celles plus spécialement nécessaires à l'exercice de son état, me rappelant ce que dit un auteur célèbre, « que l'éducation est imparfaite si elle ne prépare pas l'homme aux diverses fonctions sociales que sa naissance, ses aptitudes ou ses goûts, sa vocation ou sa fortune l'appelleront à remplir dans la société pendant sa vie sur la terre ». Quant à la connaissance spéciale de son art, c'est-à-dire à la science agricole, je voudrais qu'elle lui fût aussi familière, dans toutes ses parties, que les connaissances légales le sont à l'avocat, celles de la médecine au médecin. Tu me diras que c'est un rêve que je fais là ; quelque chose me dit pourtant que ce n'est pas chose impossible. On peut dire qu'à l'heure qu'il est, la grande moitié des cultivateurs de nos paroisses canadiennes pourraient, s'ils avaient reçu l'instruction préalable nécessaire, consacrer deux, trois, quatre heures par jour à lire, écrire, calculer, étudier. Aucune classe n'a plus de loisirs, surtout durant nos longs hivers. Qui nous empêcherait d'employer ces loisirs à l'acquisition de connaissances utiles ?

« Que d'études importantes, en même temps qu'agréables, n'aurions-nous pas à faire ? Nous sommes naturellement portés à nous occuper des choses de l'esprit ; nous aimons beaucoup, par exemple, à parler politique ; nous aimons à juger les hommes qui nous gouvernent, à blâmer ou approuver leur conduite, à discuter toutes les mesures présentées dans l'intérêt général. Mais n'est-ce pas humiliant pour l'homme sensé, qui n'a pas la moindre notion de la science du gouvernement, qui ne connaît ni l'histoire du pays, ni les ressources commerciales, industrielles, financières dont il dispose, qui n'a pas même assez cultivé sa raison pour bien saisir le sens et la portée des questions politiques, n'est-ce pas humiliant pour lui d'avoir à décider par son vote ces questions souvent graves et compliquées, dont dépendent les destinées du pays ? Je connais un de mes vieux amis qui ne veut jamais voter, sous prétexte qu'il ne comprend pas suffisamment les questions en litige ; c'est cependant un homme fort intelligent. Avec quel bonheur il approfondirait toutes ces questions si son instruction préalable lui avait permis de consacrer quelques heures, chaque jour, au développement et à la culture de ses facultés intellectuelles ?

« Songe donc un instant, mon ami, à l'influence qu'une classe de cultivateurs instruits exercerait sur l'avenir du Canada !

« Mais je m'arrête : cette perspective m'entraînerait trop loin. Pardonne-moi ces longueurs, en faveur d'un sujet qui doit t'intéresser tout autant que moi. Ce qui me reste à te dire, mon cher Gustave, c'est que mes efforts vont être désormais employés à procurer à Rivardville les meilleurs établissements possibles d'éducation. J'y consacrerai, s'il le faut, plusieurs années de ma vie. Si je n'obtiens pas tout le succès désirable, j'aurai au moins la satisfaction d'avoir contribué au bonheur d'un certain nombre de mes concitoyens, et cela seul me sera une compensation suffisante.

« Quant aux secrets de ma prospérité, comme tu veux bien appeler les résultats plus ou moins heureux de mes travaux, je me fais fort de te les révéler un jour ; et tu verras alors que je ne suis pas sorcier. En attendant, mon cher Gustave, continue à me faire le confident de tes progrès en amour. Je m'y intéresse toujours beaucoup, et ma Louise, curieuse à cet égard comme toutes celles de son sexe, n'aura de repos que lorsqu'elle connaîtra la fin de ton histoire.

« Quand même je voudrais continuer, je serais forcé d'en finir, car mes enfants sont là qui me grimpent sur les épaules, après avoir renversé, par deux fois, mon encrier, et leur mère se plaint que je ne réponds que par monosyllabes aux mille et une questions qu'elle m'adresse depuis une heure. Adieu donc.

« Tout à toi,

« Jean Rivard »

# XIV

## Jean Rivard et l'éducation

> Dieu a distingué l'homme de la bête en lui donnant une intelligence capable d'apprendre... Cette intelligence a besoin pour se développer d'être enseignée.
>
> GENÈSE

> C'est par l'éducation qu'on peut réformer la société et la guérir des maux qui la tourmentent.
>
> PLATON

> Celui-là qui est maître de l'éducation peut changer la face du monde.
>
> LEIBNITZ

Nous voici rendus à l'époque la plus critique, la plus périlleuse, en même temps que la plus importante et la plus glorieuse de toute la carrière de Jean Rivard. Nous allons le voir s'élever encore, aux prises avec les difficultés les plus formidables. Après avoir déployé dans la création de sa propre fortune et dans la formation de toute une paroisse une intelligence et une activité remarquables, il va déployer, dans l'établissement des écoles de Rivardville, une force de caractère surprenante et un courage moral à toute épreuve.

Mais cette question de l'éducation du peuple, avant de devenir pour les habitants de Rivardville le sujet de délibérations publiques, avait été pour Octave Doucet et Jean Rivard le sujet de longues et fréquentes discussions. Que de fois l'horloge du presbytère les avait surpris, au coup de minuit, occupés à rechercher les opinions des théologiens et des grands philosophes chrétiens sur cette question vitale. Les sentiments des deux amis ne différaient toutefois que sur des détails d'une importance secondaire ; ils s'accordaient parfaitement sur la base à donner à l'éducation, sur la nécessité de la rendre aussi relevée et aussi générale que possible, de même que sur l'influence toute puissante qu'elle devait exercer sur les destinées du Canada. L'éducation du peuple, éducation religieuse, saine, forte, nationale, développant à la fois toutes les facultés de l'homme, et faisant de nous, Canadiens, une population pleine de vigueur, surtout de vigueur intellectuelle et morale, telle était, aux yeux des deux amis, notre principale planche de salut.

Nous ne saurions mieux faire connaître les principes qui les guidaient, et les conclusions auxquelles ils en étaient arrivés, qu'en reproduisant ici quelques phrases de l'ouvrage de M$^{gr}$ Dupanloup sur l'éducation, ouvrage admirable s'il en fût, et qui devrait se trouver entre les mains de tous ceux qui s'occupent de la chose publique :

« Cultiver, exercer, développer, fortifier, et polir toutes les facultés physiques, intellectuelles, morales et religieuses qui constituent dans l'enfant la nature et la dignité humaine ; donner à ses facultés leur parfaite intégrité ; les établir dans la plénitude de leur puissance et de leur action... telle est l'œuvre, tel est le but de l'Éducation.

. . . . . . . . . . . . . . . . . . . . . . . . . . .

« L'Éducation accepte le fond, la matière que la première création lui confie ; puis elle se charge de la former ; elle y imprime la beauté, l'élévation, la politesse, la grandeur.

. . . . . . . . . . . . . . . . . . . . . . . . . . . .

« L'Éducation doit former l'homme, faire de l'enfant un homme, c'est-à-dire lui donner un corps sain et fort, un esprit pénétrant et exercé, une raison droite et ferme, une imagination féconde, un cœur sensible et pur, et tout cela dans le plus haut degré dont l'enfant qui lui est confié est susceptible.

. . . . . . . . . . . . . . . . . . . . . . . . . . . .

« De là, l'Éducation *intellectuelle* qui consiste à développer en lui toutes les forces, toutes les puissances de l'intelligence.

« De là, l'Éducation *disciplinaire* qui doit développer et affermir en lui les habitudes de l'ordre et de l'obéissance à la règle.

« De là, l'Éducation *religieuse* qui s'appliquera surtout à inspirer, à développer les inclinations pieuses et toutes les vertus chrétiennes.

« De là, l'Éducation *physique* qui consiste particulièrement à développer, à fortifier les facultés corporelles.

« Dans le premier cas, l'Éducation s'adresse spécialement à l'*esprit* qu'elle éclaire par l'instruction.

« Dans le second cas, l'Éducation s'adresse plus spécialement à la volonté et au *caractère* qu'elle affermit par la discipline.

« Dans le troisième cas, l'Éducation s'adresse spécialement au *cœur* et à la *conscience*, qu'elle forme par la connaissance et la pratique des saintes vérités de la religion.

« Dans le quatrième cas, c'est le *corps* que l'Éducation a pour but de rendre sain et fort par les soins physiques et gymnastiques.

« Mais en tout cas, tout est ici nécessaire et doit être employé simultanément. C'est l'homme tout entier qu'il est question d'élever, de former, d'instituer ici-bas. Ce qu'il ne faut donc jamais oublier, c'est que chacun de ces moyens est indispensable, chacune de ces éducations est un besoin impérieux pour l'enfant et un devoir sacré pour vous que la Providence a fait son instituteur.

. . . . . . . . . . . . . . . . . . . . . . . . . . .

« Quel que soit son rang dans la société, quelle que soit sa naissance ou son humble fortune, jamais un homme n'a trop d'intelligence ni une moralité trop élevée ; jamais il n'a trop de cœur ni de caractère ; ce sont là des biens qui n'embarrassent jamais la conscience. Quoi ! me dira-t-on, vous voulez que l'homme du peuple, que l'homme des champs puisse être intelligent comme le négociant, comme le magistrat ? Eh ! sans doute, je le veux, si Dieu l'a voulu et fait ainsi ; et je demande que l'Éducation ne fasse pas défaut à l'œuvre de Dieu ; et, si cet homme, dans sa pauvre condition, est élevé d'ailleurs à l'école de la religion et du respect, je n'y vois que des avantages pour lui et pour tout le monde.

« De quel droit voudrait-on refuser à l'homme du peuple le développement convenable de son esprit ? Sans doute il ne fera pas un jour de ses facultés le même emploi que le négociant ou le magistrat ; non, il les appliquera diversement selon la diversité de ses besoins et de ses devoirs ; et voilà pourquoi l'Éducation doit les exercer, les cultiver diversement aussi ; mais les négliger, jamais ! L'homme du peuple s'applique à d'autres choses ; il étudie d'autres choses que le négociant et le magistrat ; il en étudie, il en sait moins : c'est dans l'ordre ; mais qu'il sache aussi bien, qu'il sache même mieux ce qu'il doit savoir ; qu'il ait autant d'esprit, et quelquefois plus, pourquoi pas ? »

. . . . . . . . . . . . . . . . . . . . . . . . . . . . . .

Deux obstacles sérieux s'opposent à l'établissement d'écoles dans les localités nouvelles : le manque d'argent et le manque de bras. La plupart des défricheurs n'ont que juste ce qu'il faut pour subvenir aux besoins indispensables et, du moment qu'un enfant est en âge d'être utile, on tire profit de son travail.

Durant les premières années de son établissement dans la forêt, Jean Rivard avait bien compris qu'on ne pouvait songer à établir des écoles régulières. Mais son zèle était déjà tel à cette époque que, pendant plus d'une année, il n'employa pas moins d'une heure tous les dimanches à enseigner gratuitement les premiers éléments des lettres aux enfants et même aux jeunes gens qui voulaient assister à ses leçons.

Un bon nombre de ces enfants firent des progrès remarquables. La mémoire est si heureuse à cet âge ! Ils répétaient chez eux, durant la semaine, ce qu'ils avaient appris le dimanche, et n'en étaient que mieux préparés à recevoir la leçon du dimanche suivant. Dans plusieurs familles d'ailleurs, les personnes sachant lire et écrire s'empressaient de continuer les leçons données le dimanche par Jean Rivard.

Bientôt même, sur la recommandation pressante du missionnaire, des écoles du soir, écoles volontaires et gratuites, s'établirent sur différents points du canton.

Mais cet état de choses devait disparaître avec les progrès matériels de la localité.

Peu de temps après l'érection de Rivardville en municipalité régulière, Jean Rivard, en sa qualité de maire, convoqua une assemblée publique où fut discutée la question de l'éducation. Il s'agissait d'abord de nommer des commissaires chargés de faire opérer la loi et d'établir des écoles suivant le besoin, dans les différentes parties de la paroisse.

Ce fut un beau jour pour Gendreau-le-Plaideux. Jamais il n'avait rêvé un plus magnifique sujet d'opposition.

« Qu'avons-nous besoin, s'écria-t-il aussitôt, qu'avons-nous besoin de commissaires d'école ? On s'en est bien passé jusqu'aujourd'hui, ne peut-on pas s'en passer encore ? Défiez-vous, mes amis, répétait-il, du ton le plus pathétique, défiez-vous de toutes ces nouveautés ; cela coûte de l'argent : c'est encore un piège qui vous est tendu à la suggestion du gouvernement. Une fois des commissaires nommés, on vous taxera sans miséricorde, et si vous ne pouvez pas payer, on vendra vos propriétés... »

Ces paroles, prononcées avec force et avec une apparence de conviction, firent sur une partie des auditeurs un effet auquel Jean Rivard ne s'attendait pas.

Pour dissiper cette impression, il dut en appeler au bon sens naturel de l'auditoire, et commencer par faire admettre au père Gendreau lui-même la nécessité incontestable de l'instruction.

« Supposons, dit-il, en conservant tout son sang-froid et en s'exprimant avec toute la clarté possible, supposons que pas un individu parmi nous ne sache lire ni écrire : que ferions-nous ? où en serions-nous ? Vous admettrez sans doute, M. Gendreau, que nous ne pouvons pas nous passer de prêtres ?

— C'est bon, j'admets qu'il en faut, dit le père Gendreau.

— Ni même de magistrats, pour rendre la justice ?

— C'est bon encore.

— Vous admettrez aussi, n'est-ce pas, que les notaires rendent quelquefois service en passant les contrats de mariage, en rédigeant les testaments, etc. ?

— Passe encore pour les notaires.

— Et même, sans être aussi savant qu'un notaire, n'est-ce pas déjà un grand avantage que d'en savoir assez pour lire à l'église les prières de la messe, et voir sur les gazettes ce que font nos membres au parlement, et tout ce qui se passe dans le monde ? Et lorsqu'on ne peut pas soi-même écrire une lettre, n'est-ce pas commode de pouvoir la faire écrire par quelqu'un ? N'est-ce pas commode aussi, lorsque soi-même on ne sait pas lire, de pouvoir faire lire par d'autres les lettres qu'on reçoit de ses amis, de ses frères, de ses enfants ?...

Il se fit un murmure d'approbation dans l'auditoire.

— Oui, c'est vrai, dit encore le père Gendreau, d'une voix sourde.

Il était d'autant moins facile au père Gendreau de répondre négativement à cette question que, lors de son arrivée dans le canton de Bristol, il avait prié Jean Rivard lui-même d'écrire pour lui deux ou trois lettres d'affaires assez importantes.

— Supposons encore, continua Jean Rivard, que vous, M. Gendreau, vous auriez des enfants pleins de talents naturels, annonçant les meilleures dispositions pour l'étude, lesquels, avec une bonne éducation, pourraient devenir des hommes éminents, des juges, des prêtres, des avocats... n'aimeriez-vous pas à pouvoir les envoyer à l'école ?

Jean Rivard prenait le père Gendreau par son faible ; la seule pensée d'avoir un enfant qui pût un jour être avocat suffisait pour lui troubler le cerveau.

Gendreau-le-Plaideux fit malgré lui un signe de tête affirmatif.

— Eh bien ! dit Jean Rivard, mettez-vous un moment à la place des pères de famille, et ne refusez pas aux autres ce que vous voudriez qu'on vous eût fait à vous-même. Qui sait si avec un peu plus d'éducation vous ne seriez pas vous même devenu avocat ?

Toute l'assemblée se mit à rire. Le père Gendreau était désarmé.

— Pour moi, continua Jean Rivard, chaque fois que je rencontre sur mon chemin un de ces beaux enfants au front élevé, à l'œil vif, présentant tous les signes de l'intelligence, je ne m'informe pas quels sont ses parents, s'ils sont riches ou s'ils sont pauvres, mais je me dis que ce serait pécher contre Dieu et contre la société que de laisser cette jeune intelligence sans culture. N'êtes-vous pas de mon avis, M. Gendreau ? »

Il y eut un moment de silence. Jean Rivard attendait une réponse ; mais le père Gendreau, voyant que l'assemblée était contre lui, crut plus prudent de se taire. On peut donc, après quelques conversations particulières, procéder à l'élection des commissaires.

Jean Rivard, le père Landry, Gendreau-le-Plaideux et un autre furent adjoints à monsieur le curé pour l'établissement et l'administration des écoles de Rivardville.

C'était un grand pas de fait ; mais le plus difficile restait encore à faire.

En entrant en fonction, les commissaires durent rechercher les meilleurs moyens de subvenir à l'entretien des écoles ; après de longues délibérations, ils en vinrent à la conclusion que le seul moyen praticable était d'imposer, comme la loi y avait pourvu, une légère contribution sur chacun des propriétaires de la paroisse, suivant la valeur de ses propriétés.

Cette mesure acheva de monter l'esprit de Gendreau-le-Plaideux, d'autant plus irrité que, n'ayant pas lui-même d'enfant, sa propriété se trouvait ainsi imposée pour faire instruire les enfants des autres.

Les séances des commissaires étaient publiques, et elles attiraient presque toujours un grand concours de personnes.

Celle où fut décidée cette question fut une des plus orageuses.

Jean Rivard eut beau représenter que lui et sa famille possédaient plus de propriétés qu'aucun autre des habitants de Rivardville, et qu'ils seraient taxés en conséquence — que les bienfaits de l'éducation étaient assez importants pour mériter un léger sacrifice de la part de chacun — que les enfants pauvres avaient droit à l'éducation comme ceux des riches — et d'autres raisons également solides, Gendreau ne cessait de crier comme un forcené : on veut nous taxer, on veut nous ruiner à tout jamais pour le seul plaisir de faire vivre des maîtres d'écoles : à bas les taxes, à bas les gens qui veulent vivre aux dépens du peuple, à bas les traîtres...

À ces mots, Gendreau-le-Plaideux, qui s'épuisait en gesticulations de toutes sortes, se sentit tout à coup saisir par les épaules comme entre deux étaux ; et une voix de tonnerre lui cria dans les oreilles :

« Ferme ta margoulette, vieux grognard. »

Et se tournant, il aperçut Pierre Gagnon.

« C'est Pierre Gagnon, dit-il, qui vient mettre le désordre dans l'assemblée ?

« Oui, c'est moi, tonnerre d'un nom ! dit Pierre Gagnon, d'un air déterminé, et en regardant le père Gendreau avec des yeux furibonds.

Il y eut un mouvement dans l'assemblée ; les uns riaient, les autres étaient très sérieux.

« J'en veux des écoles, moi, tonnerre d'un nom ! » criait Pierre Gagnon avec force.

Jean Rivard intervint, et s'aperçut que Pierre Gagnon était tout frémissant de colère ; il avait les deux poings fermés, et son attitude était telle que plusieurs des partisans du père Gendreau sortirent de la salle d'eux-mêmes. Jean Rivard craignit même un instant que son ancien serviteur ne se portât à quelque voie de fait.

Cet incident, quoique assez peu grave en lui-même fit cependant une impression fâcheuse, et monsieur le curé, qui ne se mêlait pourtant que le moins possible aux réunions publiques, crut devoir cette fois adresser quelques mots à l'assemblée sur le sujet qui faisait l'objet de ses délibérations. Il parla longuement sur l'importance de l'éducation et s'exprima avec tant de force et d'onction qu'il porta la conviction dans l'esprit de presque tous ceux qui avaient résisté jusque-là.

La mesure fut définitivement emportée et il ne restait plus qu'à mettre les écoles en opération.

On résolut de n'établir, pour la première année, que trois écoles dans la paroisse, et des institutrices furent engagées pour enseigner les premiers éléments de l'instruction, c'est-à-dire la lecture et l'écriture.

Ces écoles ne coûtèrent qu'une bagatelle à chaque contribuable, et les gens commencèrent à soupçonner qu'ils avaient eu peur d'un fantôme.

Dès la seconde année qui suivit la mise en opération des écoles, Rivardville ayant fait un progrès considérable et la population ayant presque doublé, Jean Rivard crut qu'on pouvait, sans trop d'obstacles, opérer une grande amélioration dans l'organisation de l'instruction publique.

Son ambition était d'établir au centre même de Rivardville une espèce d'école-modèle, dont les autres écoles de la paroisse seraient comme les succursales.

Pour cela, il fallait trouver d'abord un instituteur habile ; et avec un peu de zèle et de libéralité la chose lui semblait facile.

La carrière de l'enseignement devrait être au-dessus de toutes les professions libérales ; après le sacerdoce, il n'est pas d'occupation qui mérite d'être entourée de plus de considération.

On sait que ce qui éloigne les hommes de talent de cet emploi, c'est la misérable rétribution qui leur est accordée. L'instituteur le plus instruit, le plus habile est moins payé que le dernier employé de bureau. N'est-il pas tout naturel de supposer que si la carrière de l'enseignement offrait quelques-uns des avantages qu'offrent les professions libérales ou les emplois publics, une partie au moins de ces centaines de jeunes gens qui sortent chaque année de nos collèges, après y avoir fait un cours d'études classiques, s'y jetteraient avec empressement ? En peu d'années le pays en retirerait un bien incalculable.

Jean Rivard forma le projet d'élever les obscures fonctions d'instituteur à la hauteur d'une profession. Il eut toutefois à soutenir de longues discussions contre ces faux économes qui veulent toujours faire le moins de dépenses possible pour l'éducation ; et ce ne fut que par la voix prépondérante du président des commissaires qu'il fut chargé d'engager, pour l'année suivante, aux conditions qu'il jugerait convenables, un instituteur de première classe.

Jean Rivard avait connu à Grandpré un maître d'école d'une haute capacité et d'une respectabilité incontestée. Il avait fait d'excellentes études classiques, mais le manque de moyens l'ayant empêché d'étudier une profession, il s'était dévoué à l'enseignement comme à un pis-aller ; peu à peu cependant il avait pris du goût pour ses modestes mais utiles fonctions, et s'il eût pu trouver à y vivre convenablement avec sa famille (il avait une trentaine d'années et était père de plusieurs enfants), il n'aurait jamais songé à changer d'état. Mais le traitement qu'il recevait équivalait à peine à celui d'un journalier ; et le découragement commençait à s'emparer de son esprit, lorsqu'il reçut la lettre de Jean Rivard lui transmettant les offres de la municipalité scolaire de Rivardville.

Voici les propositions contenues dans cette lettre.

L'école de Rivardville devait porter le nom de « Lycée », et le chef de l'institution celui de « Professeur ».

On devait enseigner dans ce lycée, outre la lecture et l'écriture, la grammaire, l'arithmétique, le dessin linéaire, la composition, les premières notions de l'histoire, de la géographie et des sciences pratiques, comme l'agriculture, la géologie, la botanique, etc.

Le professeur devait agir comme inspecteur des autres écoles de la paroisse, et les visiter de temps à autre, en compagnie d'un ou de plusieurs des commissaires ou visiteurs.

Il s'engageait de plus à faire tous les dimanches et les jours de fête, lorsqu'il n'en serait pas empêché par quelque circonstance imprévue, pendant environ une heure, dans la grande salle de l'école, une lecture ou un discours à la portée des intelligences ordinaires, sur les choses qu'il importe le plus de connaître dans la pratique de la vie.

Il devait remplir aussi gratuitement, au besoin, la charge de bibliothécaire de la bibliothèque paroissiale.

Il devait enfin se garder de prendre part aux querelles du village, et s'abstenir de se prononcer sur les questions politiques ou municipales qui divisent si souvent les diverses classes de la population, même au sein de nos campagnes les plus paisibles, tous ces efforts devant tendre à lui mériter, par une conduite judicieuse, l'approbation générale des habitants de la paroisse, et par son zèle, son activité et son application consciencieuse, celle de tous les pères de famille.

En retour, la paroisse assurait au professeur un traitement de soixante-quinze louis par an, pour les deux premières années, et de cent louis pour chacune des années suivantes, l'engagement pouvant être discontinué à la fin de chaque année par l'une ou l'autre partie, moyennant un avis de trois mois.

Le professeur avait en outre le logement et deux arpents de terre qu'il cultivait à son profit.

Ces conditions lui parurent si libérales, comparées à celles qu'on lui avait imposées jusque-là, qu'il n'hésita pas un moment et s'empressa de se rendre à Rivardville.

L'engagement fut signé de part et d'autre et le nouveau professeur entra tout de suite en fonction.

Mais il va sans dire que Gendreau-le-Plaideux remua ciel et terre pour perdre Jean Rivard dans l'opinion publique et empêcher la réussite de ce projet « monstrueux ».

« Avait-on jamais vu cela ? Payer un instituteur cent louis par année ! N'était-ce pas le comble de l'extravagance ? Du train qu'on y allait, les taxes allaient doubler chaque année jusqu'à ce que toute la paroisse fût complètement ruinée et vendue au plus haut enchérisseur... »

Il allait de maison en maison, répétant les mêmes choses et les exagérant de plus en plus.

Malheureusement, l'homme le plus fourbe, le plus dépourvu de bonne foi, s'il est tenace et persévérant, ne peut manquer de faire des dupes, et il n'est pas longtemps avant de recruter, parmi la foule, des partisans d'autant plus fidèles et plus zélés qu'ils sont plus ignorants.

Le plus petit intérêt personnel suffit souvent, hélas ! pour détourner du droit sentier l'individu d'ailleurs le mieux intentionné.

Gendreau-le-Plaideux, malgré sa mauvaise foi évidente, réussit donc à capter la confiance d'un certain nombre des habitants de la paroisse, qui l'approuvaient en toutes choses, l'accompagnaient partout et ne juraient que par lui.

Chose singulière ! c'étaient les plus âgés qui faisaient ainsi escorte à Gendreau-le-Plaideux.

Suivant eux, Jean Rivard était encore trop jeune pour se mêler de conduire les affaires de la paroisse.

En outre, répétaient-ils après leur coryphée, nos pères ont bien vécu sans cela, pourquoi n'en ferions-nous pas autant ?

Enfin, Gendreau-le-Plaideux fit tant et si bien qu'à l'élection des commissaires, qui fut renouvelée presque aussitôt après l'engagement du professeur, Jean Rivard et le père Landry ne furent pas réélus.

Le croira-t-on ? Jean Rivard, le noble et vaillant défricheur, l'homme de progrès par excellence, l'ami du pauvre, le bienfaiteur de la paroisse, Jean Rivard ne fut pas réélu ! Il était devenu impopulaire !...

Une majorité, faible il est vrai, mais enfin une majorité des contribuables lui préférèrent Gendreau-le-Plaideux !

Il en fut profondément affligé, mais ne s'en plaignit pas.

Il connaissait un peu l'histoire ; il savait que de plus grands hommes que lui avaient subi le même sort ; il se reposait sur l'avenir pour le triomphe de sa cause.

Son bon ami, Octave Doucet, qui se montra aussi très affecté de ce contretemps, le consola du mieux qu'il put, en l'assurant que tôt ou tard les habitants de Rivardville lui demanderaient pardon de ce manque de confiance.

Cet événement mit en émoi toute la population de Rivardville, et bientôt la zizanie régna en souveraine dans la localité.

Est-il rien de plus triste que les dissensions de paroisse ? Vous voyez au sein d'une population naturellement pacifique, sensée, amie de l'ordre et du travail, deux partis se former, s'organiser, se mettre en guerre l'un contre l'autre ; vous les voyez dépenser dans des luttes ridicules une énergie, une activité qui suffiraient pour assurer le succès des meilleures causes. Bienheureux encore, si des haines sourdes, implacables, ne sont pas le résultat de ces discordes dangereuses, si des parents ne s'élèvent pas contre des parents, des frères contre des frères, si le sentiment de la vengeance ne s'empare pas du cœur de ces hommes aveugles !

Hélas ! l'ignorance, l'entêtement, la vanité sont le plus souvent la cause de ce déplorable état de choses.

Heureuse la paroisse où les principaux citoyens ont assez de bon sens pour étouffer dans leur germe les différends qui menacent ainsi de s'introduire ! Heureuse la paroisse où ne se trouve pas de Gendreau-le-Plaideux !

Si Jean Rivard eût été homme à vouloir faire de sa localité le théâtre d'une lutte acharnée, s'il eût voulu ameuter les habitants les uns contre les autres, rien ne lui aurait été plus facile.

Mais il était résolu, au contraire, de faire tout au monde pour éviter pareil malheur.

C'est au bon sens du peuple qu'il voulait en appeler, non à ses passions.

Il eut assez d'influence sur ses partisans pour les engager à modérer leur zèle. Pierre Gagnon lui-même, qui tempêtait tout bas contre le père Gendreau et n'eût rien tant aimé que de lui donner une bonne *raclée*, Pierre Gagnon se tenait tranquille pour faire plaisir à son bourgeois.

Cette modération, de la part de Jean Rivard, eût un excellent effet.

Ajoutons qu'il n'en continua pas moins à travailler avec zèle pour tout ce qui concernait la chose publique.

Voyant du même œil ceux des électeurs qui l'avaient rejeté et ceux qui l'avaient appuyé, il se montrait disposé, comme par le passé, à rendre à tous indistinctement mille petits services, non dans le but de capter leur confiance et en obtenir des faveurs, mais pour donner l'exemple de la modération et du respect aux opinions d'autrui.

Il ne manquait non plus aucune occasion de discuter privément, avec ceux qu'il rencontrait, les mesures d'utilité générale.

Ceux qui conversaient une heure avec lui s'en retournaient convaincus que Jean Rivard était un honnête homme.

Peu à peu même on s'ennuya de ne plus le voir à la tête des affaires. Plusieurs désiraient avoir une occasion de revenir sur leur vote.

Mais une cause agit plus puissamment encore que

toutes les autres pour reconquérir à Jean Rivard la confiance et la faveur publiques : ce fut le résultat même du plan d'éducation dont il avait doté Rivardville, aux dépens de sa popularité.

Mon intention n'est pas de faire ici l'histoire du lycée de Rivardville. Qu'il me suffise de dire que le nouveau professeur se consacra avec zèle à l'éducation de la jeunesse et à la diffusion des connaissances utiles dans toute la paroisse ; et qu'il sut en peu de temps se rendre fort populaire. Ses conférences du dimanche étaient suivies par un grand nombre de personnes de tous les âges. Dans des causeries simples, lucides, il faisait connaître les choses les plus intéressantes, sur le monde, sur les peuples qui l'habitent ; il montrait l'usage des globes et des cartes géographiques ; il faisait connaître les découvertes les plus récentes, surtout celles qui se rattachent à l'agriculture et à l'industrie. Dans le cours de la première année, il put en quelques leçons donner une idée suffisante des principaux événements qui se sont passés en Canada depuis sa découverte, et aussi une idée de l'étendue et des divisions de notre pays, de sa population, de son histoire naturelle, de son industrie, de son commerce et de ses autres ressources. Les jeunes gens ou les hommes mûrs qui assistaient à ces leçons racontaient le soir, dans leurs familles, ce qu'ils en avaient retenu ; les voisins dissertaient entre eux sur ces sujets ; les enfants, les domestiques en retenaient quelque chose, et par ce moyen des connaissances de la plus grande utilité, propres à développer l'intelligence du peuple, se répandaient peu à peu parmi toute la population.

Les autres écoles de la paroisse étaient tenues par des jeunes filles, dont notre professeur, après quelques leçons, avait réussi à faire d'excellentes institutrices.

Mais ce qui porta le dernier coup à l'esprit d'opposition, ce qui servit à réhabiliter complètement Jean Rivard dans l'opinion des contribuables, ce fut l'examen public du lycée qui eut lieu à la fin de la première année scolaire.

Cet examen, préparé par le professeur avec tout le zèle et toute l'habileté dont il était capable, fut une espèce de solennité pour la paroisse. Plusieurs prêtres du voisinage y assistaient ; les hommes de profession et en général tous les amis de l'éducation voulurent témoigner par leur présence de l'intérêt qu'ils prenaient au succès de l'institution. Bien plus, le surintendant de l'éducation lui-même se rendit ce jour-là à Rivardville ; il suivit avec le plus vif intérêt tous les exercices littéraires du lycée ; et à la fin de la séance, s'adressant au nombreux auditoire, il rendit hommage au zèle de la population, à l'habileté et au dévouement du professeur, aux progrès étonnants des élèves ; puis il termina, en adressant à Jean Rivard lui-même et au curé de Rivardville, qu'il appela les bienfaiteurs de leur localité, les éloges que méritait leur noble conduite ! Quelques mots habiles sur les progrès du canton, sur l'énergie des premiers colons, sur l'honneur qu'en recevait la paroisse de Rivardville, achevèrent d'exalter les esprits et la salle éclata en applaudissements.

La plupart des parents des élèves étaient présents ; plusieurs s'en retournèrent tout honteux de s'être opposés d'abord à l'établissement de cette institution.

Ce fut un véritable jour de triomphe pour Jean Rivard.

Grâce à la subvention du gouvernement, il se trouva que chacun des contribuables n'eut à payer qu'une somme comparativement minime, et le cri de « à bas les taxes », jeté d'abord par Gendreau-le-Plaideux, n'eut plus qu'un faible écho qui cessa tout à fait de se faire entendre après les progrès des années suivantes.

Un fait encore plus remarquable, c'est que bientôt, à son tour, Gendreau-le-Plaideux ne put se faire réélire commissaire d'école, et que Jean Rivard devint tout puissant. Après être tombé un instant victime de l'ignorance et des préjugés, il redevint ce qu'il n'aurait jamais dû cesser d'être, l'homme le plus populaire et le plus estimé de sa localité.

# XV

## Jean Rivard, candidat populaire

À quelque temps de là, Jean Rivard, revenant un jour de son champ, aperçut au loin sur la route une longue file de voitures. Un instant après, ces voitures s'arrêtaient devant sa porte. Puis un des deux hommes qui se trouvaient dans la première, se levant, demanda si monsieur Jean Rivard était chez lui.

« C'est moi-même, dit Jean Rivard : entrez, messieurs, s'il vous plaît. »

À l'instant, tous ces hommes, au nombre de trente à quarante, sautèrent de voiture et suivirent Jean Rivard dans sa maison, au grand ébahissement de Louise, qui ne comprenait pas ce que signifiait pareil rassemblement.

« J'espère au moins, dit Jean Rivard en souriant et en présentant des sièges, que vous n'avez pas l'intention de me faire prisonnier ?

— Non, certes, répondit le chef de la bande ; nous ne venons pas vous faire de chicane mal à propos mais nous allons vous dire en deux mots, pour ne pas perdre de temps, que nous sommes délégués auprès de vous pour vous prier de vous laisser porter candidat à la représentation du peuple en Parlement. À plusieurs assemblées particulières, convoquées dans le but de faire choix d'un candidat digne de nous représenter dans le grand conseil de la nation, c'est toujours votre nom qui a obtenu le plus grand nombre de suffrages. Et en effet, monsieur, soit dit sans vous flatter, vous avez tout ce qu'il faut pour faire un digne représentant du peuple, et en particulier de la classe agricole qui a un si grand besoin de bons représentants dans la législature. Vous avez les mêmes intérêts que nous, vous avez assez d'instruction et de connaissance des affaires pour saisir la portée des propositions qui vous seront soumises ; et ce qui vaut mieux que tout le reste, vous êtes connu pour votre droiture, pour votre intégrité, votre honnêteté, et pour tout dire, en un mot, nous avons pleine et entière confiance dans votre patriotisme.

— Messieurs, répondit Jean Rivard, d'une voix un peu émue, votre démarche me flatte assurément beaucoup, et j'étais loin de m'attendre à cet honneur. Cependant je ne dirais pas la vérité si je vous laissais croire que je suis le moins du monde embarrassé sur la réponse que je dois faire. J'ai réfléchi plus d'une fois à la ligne de conduite qu'un homme doit suivre en pareille circonstance, et ma réponse sera brève et claire.

« Si je ne consultais que mon intérêt et mes affections personnelles, je rejetterais loin de moi toute idée d'abandonner un genre de vie que j'aime et qui me convient, pour en adopter un autre qui me semble incompatible avec mes goûts et mes sentiments. Mais je sais que les devoirs d'un homme ne se bornent pas à la vie privée ; je sais que, pour être bon citoyen, il faut encore s'occuper, dans la mesure de ses forces, du bien-être et du bonheur de ses semblables ; et que personne ne peut refuser de prendre sa part des charges que la société impose à quelques-uns de ses membres dans l'intérêt général.

« Les charges publiques ne doivent jamais se demander, mais elles ne doivent pas non plus se refuser sans de graves raisons ; il y aurait dans ce refus égoïsme ou indifférence.

« J'accepte donc la candidature que vous venez me proposer, au nom d'une grande partie des électeurs du comté ; je me chargerai de votre mandat, si vous me le confiez ; mais je ne le sollicite pas. Tout en admettant que l'amour-propre est toujours un peu flatté de ces préférences, je vous dis, sans arrière-pensée, que je serais délivré d'un grand fardeau si votre choix tombait sur un autre que moi. »

Ces paroles furent prononcées d'un ton de sincérité qui indiquait bien qu'elles partaient du cœur. On applaudit beaucoup, et les membres de la députation, après avoir reçu de la famille de Jean Rivard les démonstrations de politesse, ordinaires dans les maisons canadiennes, se disposaient à partir, lorsqu'un d'eux s'adressant de nouveau à Jean Rivard :

— Si toutefois, dit-il, quelqu'un s'avisait de vous susciter un adversaire, comme cela pourrait bien arriver, et qu'il fallût soutenir une lutte, je suppose que vous n'hésiteriez pas à mettre une petite somme au jeu ?

— Monsieur, dit nettement Jean Rivard, j'accepte une charge, je ne l'achète pas. Je me croirais criminel, grandement criminel si je dépensais un sou pour me faire élire.

« Qu'on mette de l'argent ou qu'on n'en mette pas, ce n'est pas une question pour moi. S'il y a dans le comté de Bristol une majorité d'électeurs assez vile pour se vendre au plus offrant, soyez sûr que je ne suis pas l'homme qu'il faut pour les représenter en parlement. Si on veut absolument corrompre le peuple canadien, autrefois d'une moralité à toute épreuve, je n'aurai au moins, Dieu merci ! aucun reproche à me faire à cet égard.

— Hourra ! cria un des hommes de la députation qui s'était tenu jusque là à l'écart. Ah ! je vous reconnais là, monsieur Jean Rivard... Vous êtes toujours l'homme de cœur et d'honneur...

Jean Rivard s'avança pour voir celui qui l'apostrophait ainsi et reconnut son ancien serviteur Lachance, qui, après avoir été s'établir dans un des cantons voisins, y était devenu un des hommes marquants, et avait été nommé membre de la députation.

— Je te reconnais, moi aussi, dit Jean Rivard avec émotion ; et les deux anciens défricheurs se donnèrent une chaleureuse poignée de mains.

— Hourra ! s'écria-t-on de toutes parts, hourra pour Jean Rivard, le candidat des honnêtes gens !

Les délégués s'en retournèrent pleins d'estime et d'admiration pour l'homme de leur choix et décidés à mettre tout en œuvre pour le succès de son élection.

Jean Rivard rencontra cependant un adversaire redoutable dans la personne d'un jeune avocat de la ville, plein d'astuce et d'habileté, qui briguait les suffrages des électeurs, non dans l'intérêt public, mais dans son propre intérêt. Il faisait partie de plusieurs sociétés secrètes, politiques et religieuses, et disposait de divers moyens d'influence auprès des électeurs. L'argent ne lui coûtait guère à donner ; il en distribuait à pleines mains aux conducteurs de voitures, aux aubergistes, etc. ; sous prétexte d'acheter un poulet, un chien, un chat, il donnait un louis, deux louis, trois louis, suivant le besoin. Il avait organisé, pour conduire son élection, un comité composé d'hommes actifs, énergiques, pressants, fourbes, menteurs, pour qui tous les moyens étaient bons. Ils avaient pour mission de pratiquer directement ou indirectement la corruption parmi le peuple. Aux uns ils promettaient de l'argent, aux autres des entreprises lucratives ; à ceux-ci des emplois salariés, à ceux-là des charges purement honorifiques. À les entendre, leur candidat était tout-puissant auprès du gouvernement, et pouvait en obtenir tout ce qu'il désirait. Des barils de whisky étaient déposés dans presque toutes les auberges du comté, et chacun était libre d'aller s'y désaltérer, et même s'y enivrer, privilège dont malheureusement un certain nombre ne manquèrent pas de profiter.

Le jeune candidat lui-même mit de côté, pour l'occasion, les règles de la plus simple délicatesse.

« Ce que nous avons de mieux à faire, dit-il à un de ses amis, c'est de nous assurer l'appui des prêtres.

— Oui, repartit celui-ci ; mais ce n'est pas chose facile ; cela ne s'achète pas.

— Rien n'est plus facile, répondit-il effrontément. Donnons à l'un un ornement, à l'autre une cloche, à celui-ci une croix d'autel, à celui-là un vase sacré...

Et pour montrer qu'il était sérieux, il se rendit tout de suite chez monsieur le curé Doucet, auquel il fit cadeau d'un riche ostensoir pour l'église de Rivardville.

Monsieur le curé ne pouvait refuser cette offrande ; il remercia cordialement le généreux candidat, en l'informant qu'il ne manquerait pas de faire part de cet acte de bienveillance à ses paroissiens. « Mais, ajouta-t-il, comme quelques personnes pourraient croire que vous nous faites cette faveur en vue de l'élection qui doit se faire prochainement, je me garderai bien d'en souffler mot avant que la votation soit terminée : c'est le seul moyen d'éviter des soupçons qui pourraient être injurieux à votre honneur. »

L'avocat se mordit les lèvres et fit bonne contenance ; mais on comprend qu'il ne fut satisfait qu'à demi de cette délicate discrétion de la part de monsieur le curé.

« Diable de discrétion ! murmura-t-il en sortant,

j'aurais dû plutôt lui donner une cloche à celui-là ; une cloche, ça ne se cache pas aussi facilement ; d'ailleurs, le bedeau l'aurait su, et peut-être, lui, aurait-il été moins discret. »

Monsieur le curé Doucet tint parole.

Les électeurs de Rivardville savaient bien de quel côté étaient les sympathies de leur pasteur ; mais ce dernier demeura parfaitement neutre dans la lutte, non à cause du riche ostensoir dont nous venons de parler, mais parce qu'il ne voulait pas qu'un seul de ses pénitents vît en lui un adversaire politique. Il se contenta de prêcher la modération, de mettre les électeurs en garde contre la corruption, contre les fraudes et la violence, de leur rappeler qu'ils étaient tous des frères et devaient s'aimer les uns les autres, suivant les belles paroles de l'Évangile.

Jean Rivard approuva hautement la conduite de son ami, et pas un mot de blâme ne fut proféré contre lui.

Disons ici que, en dehors des élections, monsieur le curé Doucet s'occupait assez volontiers de politique et n'hésitait pas à faire connaître son opinion sur toutes les questions de quelque importance qu'il avait suffisamment étudiées, son ambition étant d'éclairer ses paroissiens chaque fois qu'il pouvait le faire sans exciter leurs passions.

Jean Rivard se contenta d'abord d'aller faire visite aux électeurs des principales localités du comté et de leur exposer, avec autant de clarté que possible, ses opinions sur les questions du jour. Il se proclama indépendant, ne voulant pas s'engager d'avance à voter pour ou contre le gouvernement, sous prétexte qu'il n'était pas assez au fait des raisons qui pouvaient être données de part et d'autre. Tout ce qu'il pouvait promettre, c'était de voter suivant sa conscience.

Notre héros avait donc un grand désavantage sur son adversaire qui, lui, se faisait fort de renverser le gouvernement dès son entrée en chambre, de lui substituer un autre gouvernement plus fort et plus effectif, d'extirper les abus les plus enracinés, d'opérer les réformes les plus importantes, de changer, en un mot, toute la face du pays.

Je ne sais trop ce qui serait advenu de l'élection de Jean Rivard, si, environ une semaine avant les jours de votation, un nouveau personnage n'eût paru sur la scène : c'était Gustave Charmenil. Du moment qu'il avait appris la candidature de Jean Rivard, il avait tout laissé pour venir à son aide. Il se mit à la poursuite de l'adversaire de Jean Rivard, le traqua de canton en canton, de village en village, répondant à chacun de ses discours, relevant chacun de ses mensonges, dévoilant ses ruses, exposant au grand jour ses tentatives de corruption, se moquant de ses forfanteries, et l'écrasant sous le poids du ridicule. Il faut dire aussi qu'en mettant en parallèle les deux antagonistes Gustave Charmenil avait beau jeu. Il triompha partout, et vit s'ouvrir avec joie le premier jour de la votation.

Mais un autre désavantage l'attendait là. Jean Rivard n'avait, pour le représenter aux différents *polls*, que d'honnêtes gens comme lui, qui auraient cru se déshonorer en manquant aux règles de la délicatesse et du savoir-vivre à l'égard des électeurs, tandis que son adversaire avait, pour l'aider, un essaim d'avocats, de clercs avocats et d'autres gens habitués aux cabales électorales, rompus à toutes les ruses du métier, qui, suivant le besoin ou les circonstances, intimidaient les électeurs, exigeaient d'eux d'inutiles serments de qualification, ou retardaient autrement la votation favorable à Jean Rivard.

Malgré cela, les différents rapports du premier jour donnèrent une majorité à Jean Rivard. Ce fut un coup de foudre pour les partisans du jeune avocat, qui ne s'atten- daient à rien moins qu'à remporter l'élection d'emblée. Les nombreux agents du malheureux candidat en furent stupéfaits, le découragement commençait à s'emparer de leur esprit, et quelques-uns même parlaient de résignation, lorsque l'un d'eux, plus hardi ou plus tenace que les autres, proposa de s'emparer le lendemain du *poll* de Rivardville, où les électeurs votaient en masse pour Jean Rivard, et de les empêcher bon gré mal gré d'approcher de l'estrade. C'était le seul expédient dont on pût faire l'essai, et la proposition fut agréée.

On put donc voir, le lendemain, dès neuf heures du matin, une bande de fiers-à-bras, à mine rébarbative, la plupart étrangers au comté, se tenir d'un air menaçant aux environs du *poll* de Rivardville et en fermer complète- ment les avenues. Plusieurs électeurs paisibles, venus pour donner leur vote, craignirent des actes de violence et rebroussèrent chemin. Peu à peu cependant, le nombre des électeurs s'accrut, et un rassemblement considérable se forma devant l'estrade. Tout à coup, un mouvement se fit dans la foule. On entendit des cris, des menaces. Un élec- teur, suivi de plusieurs autres, voulut s'approcher du *poll* ; les fiers-à-bras les repoussèrent ; il insista en menaçant ; on le repoussa de nouveau, en se moquant de lui. Il se fâcha alors, et, d'un coup de poing vigoureusement appli- qué, étendit par terre l'un des fiers-à-bras qui s'opposaient à son passage. Ce fut le signal d'une mêlée générale. Deux ou trois cents hommes en vinrent aux prises et se déchiraient à belles dents. Les candidats eurent beau inter- venir, leurs remontrances se perdirent dans le bruit de la mêlée. Cette lutte ne dura pas moins de dix minutes, et il devenait difficile de dire comment elle se terminerait, lorsqu'on aperçut le chef des fiers-à-bras étrangers tomber tout à coup, renversé par un des partisans de Jean Rivard. L'individu qui l'avait ainsi repoussé continua à frapper de droite et de gauche ; chaque coup de poing qu'il assénait retentissait comme un coup de massue ; en moins de rien, une vingtaine d'hommes étaient étendus par terre, et le reste des fiers-à-bras crut plus prudent de déguerpir. Les électeurs de Rivardville étaient victorieux et restaient maîtres de la place ; mais l'homme au bras de fer, qui avait presque à lui seul terrassé l'ennemi, avait le visage tout ensanglanté, et Jean Rivard lui-même ne l'eût pas reconnu s'il ne l'eût entendu s'écrier en approchant du *poll* :

— Tonnerre d'un nom ! On va voir, à cette heure, si quelqu'un m'empêchera de voter. Je vote pour monsieur Jean Rivard ! et vive l'Empereur ! cria-t-il de toute sa force, et en essuyant le sang qui coulait sur ses joues.

— Hourra pour Pierre Gagnon ! cria-t-on de toutes parts.

Il y eut un cri de triomphe assourdissant ; après quoi les autres électeurs présents, imitant l'exemple de Pierre Gagnon, allèrent tour à tour faire enregistrer leurs votes.

— Qu'as-tu donc, mon ami, dit Jean Rivard à son ami, en lui serrant la main ; tu as l'air de t'être fâché tout rouge ?...

— Oui, mon Empereur, c'est vrai. Je me suis fâché : c'est un oubli ; mais je n'ai pu retenir mon bras. Tonnerre d'un nom ! Quand on a le droit de voter, c'est pour s'en servir. Je sais bien que je vas me faire disputer par Françoise pour m'être battu. Mais quand je lui dirai que c'était pour le bourgeois, elle va me dire : c'est bon, Pierre, c'est comme ça qu'il faut faire.

L'adversaire de Jean Rivard eut l'honneur d'obtenir un vote dans toute la paroisse de Rivardville : ce fut celui de Gendreau-le-Plaideux, qui cette fois ne put entraîner personne avec lui.

Ainsi cet homme, qui s'était vanté qu'avec un peu d'argent et une éponge trempée dans le rhum on pouvait se faire suivre partout par les libres et indépendants électeurs canadiens, obtenait la récompense qu'il méritait. Un certain nombre d'électeurs qui avaient reçu de l'argent pour voter en sa faveur vinrent le remettre le dernier jour et faire inscrire leurs votes pour Jean Rivard. Un plus grand nombre encore ne voulurent pas goûter du breuvage empoisonné qu'on distribuait avec tant de libéralité ; et en dépit des actes de fraude, de corruption et de violence commis dans presque toutes les localités par ses adversaires, Jean Rivard était, à la clôture du *poll*, en grande majorité, et il fut, huit jours après, solennellement et publiquement proclamé membre de l'assemblée législative du Canada pour le comté de Bristol.

# XVI

## Le triomphe

La proclamation eut lieu à Lacasseville, chef-lieu du comté, en présence d'une foule immense.

La déclaration de l'officier-rapporteur fut saluée par des hourras frénétiques partant de tous les points de l'assemblée. L'enthousiasme était à son comble. C'est à peine si Jean Rivard put adresser quelques mots aux électeurs ; on l'enleva de l'estrade, et en un instant il fut transporté sur les épaules du peuple jusqu'à sa voiture qui l'attendait à la porte du magasin de M. Lacasse.

Plusieurs centaines de personnes se réunirent dans le but d'accompagner à Rivardville le candidat vainqueur. Au moment où les voitures se préparaient à partir, M. Lacasse s'avança sur la galerie du second étage de sa maison et, s'adressant à la foule :

— Mes amis, dit-il, j'ai une petite histoire à vous conter. Il y a dix ans, un jeune homme tout frais sorti du collège vint un jour frapper à ma porte. Il venait de l'autre côté du fleuve. Son désir était de s'enfoncer dans la forêt pour s'y créer un établissement. Il n'avait pas l'air très fort, mais je vis à ses premières paroles qu'un cœur vaillant battait dans sa poitrine. (Applaudissements.) Je le vis partir à pied, suivi d'un homme à son service, tous deux portant sur leurs épaules des sacs de provisions et les ustensiles du défricheur. En le voyant partir, je ne pus m'empêcher de m'écrier : il y a du cœur et du nerf chez ce jeune homme ; il réussira, ou je me tromperai fort. (Applaudissements). Eh bien ! mes amis, ce jeune homme, vous le reconnaissez sans doute ? (Oui, oui, hourra pour Jean Rivard !) Au milieu de cette forêt touffue, qu'il traversa à pied, s'élève aujourd'hui la belle et riche paroisse de Rivardville. Électeurs du comté de Bristol, vous dont le travail et l'industrie ont fait de ce comté ce qu'il est aujourd'hui, dites, y a-t-il quelqu'un plus digne de vous représenter en parlement ?

Des cris de non, non, et des hourras répétés suivirent ces paroles de M. Lacasse.

Jean Rivard s'avança alors, et le silence s'étant rétabli :

— Mes amis, dit-il, M. Lacasse, en vous contant sa petite histoire, a oublié une chose importante. Il aurait dû vous dire que si le jeune homme en question a réussi dans les commencements si difficiles de la carrière du défricheur, c'est à lui, M. Lacasse, qu'il en est redevable ; si dans la plupart de ses entreprises le succès a couronné ses efforts, c'est à ses conseils et à son aide qu'il en est redevable ; si enfin il est aujourd'hui membre du parlement, c'est encore à sa protection puissante qu'il est redevable de cet honneur. (Hourra pour M. Lacasse !) Rendons à César ce qui appartient à César. Qu'on me permette aussi de saisir cette occasion pour remercier publiquement tous ceux qui m'ont prêté leur appui dans la lutte que nous venons de soutenir, et en particulier mon ami Gustave Charmenil, qui a fait le voyage de Montréal ici dans le seul but de nous prêter main-forte. (Hourra pour M. Charmenil !) Il y a aussi, messieurs, un autre ancien camarade, un compagnon de travail, qui, dans cette dernière lutte, s'est montré, comme toujours, ardent, dévoué, prêt à me soutenir, aux dépens même de sa vie...

Tous les yeux se portèrent sur Pierre Gagnon, et des tonnerres d'applaudissements obligèrent Jean Rivard à mettre fin à son discours.

Pierre Gagnon se donnait beaucoup de tourment pour tenir son cheval en respect, quoique le noble animal fût de fait moins agité que son maître. Mais le but du brave défricheur, en tournant le dos à la foule, était de ne pas laisser apercevoir une larme qu'il avait au bord de la paupière, et qui s'obstinait à y rester.

Enfin le cortège se mit en route.

La voiture de Jean Rivard était traînée par *Lion,* plus beau, plus magnifique ce jour-là que jamais. On eût dit que l'intelligent animal comprenait la gloire de son maître ; il montrait dans son port, dans ses allures, une fierté, une majesté qui excitait l'admiration générale.

Jean Rivard fit asseoir avec lui M. Lacasse et Gustave Charmenil. Le siège du cocher était occupé par Pierre Gagnon, heureux et fier de mener le plus beau cheval du comté, mais mille fois plus heureux encore de conduire la voiture de son empereur triomphant.

C'était un singulier spectacle que la vue de Pierre Gagnon ce jour-là. Cet homme, si gai, était devenu triste à force d'émotions. On ne l'entendit pas pousser un seul hourra ; c'est à peine s'il pouvait parler.

Le cortège se composait d'environ trois cents voitures, en tête desquelles flottait le drapeau britannique.

Les chevaux étaient ornés de pompons, de fleurs ou de rubans de diverses sortes ; tout ce qu'il y avait dans le comté de belles voitures, de chevaux superbes, de harnais reluisants, faisait partie du cortège. Les électeurs, vêtus de leurs habits du dimanche, portaient des feuilles d'érable à leurs boutonnières. Leurs figures épanouies, leurs cris d'allégresse disaient, encore plus que tout le reste, le bonheur dont ils étaient enivrés.

Le cortège s'avança lentement, solennellement, au son argentin des mille clochettes suspendues au poitrail des chevaux. On accomplit ainsi tout le trajet qui sépare Lacasseville de Rivardville. Cette route de trois lieues semblait être décorée exprès pour l'occasion. La plupart des maisons présentaient à l'extérieur un air de fête et de joyeuseté difficile à décrire. Pas une femme, pas un enfant n'eût voulu se trouver absent au moment où la procession devait passer devant la porte ; tous se tenaient debout sur le perron ou la galerie, les femmes agitant leurs mouchoirs, les hommes poussant des hourras de toute la force de leurs poumons.

Lorsque les voitures défilaient devant la maison de quelqu'un des chauds partisans de Jean Rivard, les électeurs, se levant instantanément, poussaient tous ensemble le cri de « Hourra pour Jean Rivard ! » En passant devant chez le père Landry, qui pour cause de santé n'avait pu se rendre à Lacasseville, le cortège s'arrêta tout court, et Jean Rivard, se retournant, prononça quelques mots qui se transmirent de bouche en bouche. Deux grosses larmes coulèrent sur les joues du père Landry. Tout le trajet ne fut qu'une ovation continuelle. Ajoutons à cela que le temps était magnifique, qu'un soleil brillant illuminait l'atmosphère, et que toute la nature semblait participer à la joie générale.

Qu'on imagine tout ce qui dut passer par la tête de Jean Rivard en parcourant ainsi ces trois lieues de chemin, qu'il avait parcourues dix ans auparavant, son sac de provisions sur le dos, pauvre, inconnu, n'ayant pour tout soutien que son courage, son amour du travail et sa foi dans l'avenir !

Il se plaisait à rappeler à Pierre Gagnon diverses petites anecdotes relatives à leur premier trajet à travers cette forêt, les endroits où ils s'étaient reposés, les perdrix qu'ils avaient tuées... mais à tout cela Pierre Gagnon ne répondait que par monosyllabes.

On arriva enfin à Rivardville, où les cris joyeux redoublèrent. Là, toutes les rues, nettoyées pour la circonstance, étaient pavoisées de drapeaux ou de branches d'érable. Quand le cortège passa devant la maison d'école, les enfants, qui avaient congé ce jour-là, en l'honneur de la circonstance, vinrent en corps, leur professeur en tête, présenter une adresse de félicitation à Jean Rivard, fondateur du lycée de Rivardville. L'heureux candidat fut plus touché de cette marque de reconnaissance que de tous les incidents les plus flatteurs de son triomphe. Il y répondit avec une émotion que trahissait chacune de ses paroles.

En passant devant le presbytère, quelques-uns des électeurs voulurent pousser le cri de triomphe, mais Jean Rivard leur fit signe de se taire, et tous se contentèrent d'ôter leur chapeau et de saluer en silence M. le curé Doucet, qui se promenait nu-tête sur son perron. Le bon curé croyait fumer en se promenant, mais il s'aperçut, quand le cortège fut passé, que sa pipe était froide depuis longtemps.

Enfin, trois hourras encore plus assourdissants que tous les autres annoncèrent l'arrivée des voitures à la maison de Jean Rivard.

Deux grands drapeaux flottaient aux fenêtres : l'un était le drapeau britannique, et l'autre le drapeau national. Sur ce dernier étaient inscrits, en grosses lettres, d'un côté : RELIGION, PATRIE, LIBERTÉ, de l'autre côté : ÉDUCATION, AGRICULTURE, INDUSTRIE.

Ces seuls mots expliquaient toute la politique de Jean Rivard.

Madame Rivard, un peu intimidée à la vue de tant de monde, reçut les électeurs avec son aménité ordinaire, tout en rougissant un peu, habitude dont elle n'avait pu se défaire entièrement. Elle avait son plus jeune enfant dans les bras, et ses trois autres autour d'elle. C'étaient, comme autrefois pour la dame romaine, ses bijoux les plus précieux. Tous ces hommes s'inclinèrent respectueusement devant madame Rivard, et la complimentèrent, en termes simples mais très convenables, sur la victoire remportée par son mari.

Des tables improvisées avaient été dressées sous les arbres aux alentours de la maison. Le repas n'eut rien de somptueux : il n'y avait en fait de comestibles que du pain et du beurre, des gâteaux préparés le jour même par madame Rivard, force tartes aux confitures ; et en fait de rafraîchissements, que du lait, du thé, du café et de la petite bière d'épinette. Cette simplicité frugale ne nuisit en rien à la gaieté du festin. Quand les convives se furent quelque peu restaurés, Jean Rivard, leur adressant la parole :

— Mes amis, dit-il, vous voudrez bien excuser l'extrême frugalité de ce repas. J'étais loin de m'attendre à une démonstration de ce genre ; et je vous avoue que ma femme, en nous voyant arriver tout à l'heure, aurait bien désiré voir se renouveler le miracle des cinq pains et des deux poissons. (On rit.) J'espère que vous me pardonnerez aussi de vous avoir fait jeûner quelque peu pendant le temps de l'élection : j'aurais cru vous insulter en agissant autrement. Mais, en revanche, je vous annonce que je viens de faire remettre à monsieur le curé Doucet une somme de cinquante louis pour être distribuée aux pauvres du comté. Il faut que tout le monde, même ceux qui n'ont pas le droit de voter, prennent part à la joie de notre triomphe.

Des applaudissements universels et des murmures d'approbation accompagnèrent cette déclaration du candidat victorieux*.

Plusieurs des convives demandèrent ensuite à Gustave Charmenil de leur faire un petit discours.

— Je ne demanderais pas mieux, dit-il en se levant, si j'étais sûr de pouvoir m'arrêter. Mais vous savez qu'un avocat qui commence à parler, ne sait jamais quand il finira. (On rit.) J'aurais tant de choses à dire ! D'ailleurs, ce n'est plus le temps de parler, c'est le temps de se réjouir. Pour moi, je suis certain d'une chose : s'il m'arrive par hasard d'être un jour proclamé membre du parlement, je serai loin d'être aussi franchement joyeux que je

---

* Ceci nous rappelle un trait bien digne d'admiration que nous avons noté en parcourant les premiers volumes de *La Gazette de Québec*. Lors des premières élections générales qui eurent lieu en Canada (1792), monsieur J. A. Panet, élu représentant pour la Haute-Ville de Québec, fit aussitôt après son élection « distribuer cent louis d'or aux pauvres sans distinction ». Aux élections générales suivantes (1796), il annonça, après avoir été proclamé élu, qu'il s'était toujours « opposé à ce qu'il fut donné du rhum ou des cocardes » aux électeurs, mais qu'en revanche il s'engageait à donner cent piastres aux deux filles résidentes en la Haute-Ville de Québec qui se marieraient les premières.

C'est le même monsieur Panet qui a été orateur de la Chambre d'assemblée du Bas-Canada, depuis 1792 jusqu'en 1816, et cela sans toucher un sou de la caisse publique.

le suis en ce moment. Dans la victoire que nous venons de remporter, je vois la glorification du travail, la récompense due au mérite réel, le triomphe de l'honneur, de la probité, du véritable patriotisme, sur l'égoïsme, le mensonge et la corruption. (Applaudissements.) Honneur aux défricheurs ! Honneur ! Mille fois honneur aux vaillants pionniers de la forêt ! (Applaudissements.) Ils sont la gloire et la richesse du pays. Qu'ils continuent à porter inscrits sur leur drapeau les mots sacrés : RELIGION, PATRIE, LIBERTÉ, et le Canada pourra se glorifier d'avoir dans son sein une race forte et généreuse, des enfants pleins de vigueur et d'intelligence, qui transmettront intactes, aux générations à venir, la langue et les institutions qu'ils ont reçues de leurs pères. (Applaudissements prolongés.)

Aux discours succédèrent les chansons et, en particulier, les chansons nationales.

Quand ce fut au tour de Gustave Charmenil, il demanda la permission de chanter *La Marseillaise,* en y faisant quelques légères modifications ; puis il entonna d'une voix forte et chaleureuse :

> *Allons enfants de la patrie,*
> *Le jour de gloire est arrivé.*
> *Salut, ô bannière chérie,*
> *Par toi, nous avons triomphé.* (bis)
> *Entendez-vous dans nos campagnes*
> *La voix du progrès retentir ?*
> *Un nouvel âge va s'ouvrir,*
> *Bienheureux vos fils, vos compagnes.*
> *Courage, Canadiens, le sol attend vos bras,*
> *À l'œuvre !* (bis) *et des trésors vont naître sous*
> *[vos pas.*

*Quoi des cohortes étrangères*
*Feraient la loi dans nos foyers !*
*Nous fuirions le sol de nos pères,*
*Nous les fils de nobles guerriers :* (bis)
*Canadiens, pour nous quel outrage !*
*Quels transports il doit exciter !*
*C'est nous qu'on ose méditer*
*De rendre à l'antique esclavage !*
*Courage, Canadiens, le sol attend vos bras,*
*À l'œuvre !* (bis) *et des trésors vont naître sous*
                              *[vos pas.*

*Entrons dans la noble carrière*
*De nos aînés qui ne sont plus :*
*Nous y trouverons leur poussière*
*Et la trace de leurs vertus.* (bis)
*Pauvres, n'ayant pour tout partage*
*Que notre espoir dans l'avenir,*
*Ah ! puisqu'il faut vaincre ou périr !*
*Canadiens, ayons bon courage !*
*Courage, Canadiens, le sol attend vos bras,*
*À l'œuvre !* (bis) *et des trésors vont naître sous*
                              *[vos pas.*

*Amour sacré de la patrie,*
*Ah ! règne à jamais dans nos cœurs ;*
*Liberté, liberté chérie,*
*Nous sommes tous tes défenseurs.* (bis)
*S'il faut, loin de notre chaumière,*
*Chercher un toit, des champs amis,*
*Ne désertons pas le pays,*
*Ne désertons pas la bannière.*
*Courage, Canadiens, le sol attend vos bras,*
*À l'œuvre !* (bis) *et des trésors vont naître sous*
                              *[nos pas.*

C'est en répétant avec enthousiasme ce refrain patriotique que les joyeux convives se séparèrent pour retourner dans leurs foyers.

Ils étaient déjà loin qu'on entendait encore :

HOURRA POUR JEAN RIVARD !

# Dernière partie

# I

## Quinze ans après

Nous ne dirons rien de la carrière parlementaire de Jean Rivard, ni des motifs qui l'engagèrent à l'abandonner pour se consacrer aux affaires de son canton et particulièrement de sa paroisse*. Nous nous bornerons à faire connaître ce qu'étaient devenus, après quinze années de travail et de persévérance, notre humble et pauvre défricheur, et l'épaisse forêt à laquelle il s'était attaqué tout jeune encore avec un courage si héroïque.

Voyons d'abord comment l'auteur fit la connaissance de Jean Rivard.

C'était en 1860. J'avais pris le chemin de fer pour me rendre de Québec à Montréal, en traversant les Cantons de l'Est, lorsqu'au milieu d'une nuit ténébreuse, et par une pluie battante, une des locomotives fut jetée hors des *lisses* et força les voyageurs d'interrompre leur course.

Aucun accident grave n'était survenu, mais la plupart des passagers, éveillés en sursaut, s'élancèrent des *chars* en criant et dans le plus grand désordre. Les habitants du voisinage accoururent avec des fanaux et offrirent obligeamment leurs services.

---

* Ceux qui désireraient en savoir quelque chose n'ont qu'à lire *Le Foyer Canadien* de 1864, pages 209 à 262.

Je demandai où nous étions.

À Rivardville, répondit-on.

Cette réponse me fit souvenir de Jean Rivard, que j'avais connu de vue à l'époque où il siégeait comme membre de l'assemblée législative.

M. Jean Rivard demeure-t-il loin d'ici ? m'écriai-je !

Il est ici, répondirent une dizaine de voix.

En effet, je vis dans la foule un homme s'avancer vers moi, tenant son fanal d'une main et son parapluie de l'autre.

C'était Jean Rivard lui-même.

— Vous êtes tout trempé, me dit-il, vous feriez mal de voyager dans cet état, venez vous faire sécher chez moi ; vous continuerez votre voyage demain.

Je n'étais pas fâché d'avoir une occasion de faire plus intime connaissance avec l'ancien représentant du comté de Bristol et le canton qu'il habitait : j'acceptai, sans trop hésiter, son invitation hospitalière, et nous nous rendîmes à sa maison située à quelques arpents du lieu de l'accident.

Toute la famille dormait à l'exception d'une servante qui, sur l'ordre de Jean Rivard, alluma du feu dans la cheminée et nous fit à chacun une tasse de thé.

Malgré la simplicité de l'ameublement, je vis à l'air d'aisance et à la propreté des appartements que je n'étais pas dans la maison d'un cultivateur ordinaire.

— Je suis heureux, dis-je à mon hôte, qu'un accident m'ait procuré l'avantage de vous revoir... Vous êtes, je crois, un des plus anciens habitants de ce canton ?

— Je suis établi dans ce canton depuis plus de quinze ans, me dit-il, et, quoique encore assez jeune, j'en suis le plus ancien habitant. Quand je suis venu ici, dans l'automne de 1844, je n'avais pas vingt ans, et tout le canton de Bristol n'était qu'une épaisse forêt : on n'y voyait pas la moindre trace de chemin ; je fus forcé de porter mes provisions sur mon dos, et d'employer près d'une journée à faire le dernier trajet de trois lieues que vous venez de parcourir en quelques minutes.

Et Jean Rivard me relata la plus grande partie des faits que le lecteur connaît déjà. J'appris le reste de son ami le curé de Rivardville, avec lequel je me liai bientôt, et, plus tard, de son ancien confident Gustave Charmenil, qui voulut bien me donner communication de toutes les lettres qu'il avait reçues autrefois du jeune et vaillant défricheur.

Il était minuit quand je montai me coucher. J'avais, sans m'en apercevoir, passé plus de deux heures à écouter le récit de mon hôte.

Le lendemain, je me levai avec l'aurore, le corps et l'esprit parfaitement dispos ; et, désirant prendre connaissance de l'endroit où j'avais été jeté la veille, je sortis de la maison.

Quelle délicieuse fraîcheur ! Mes poumons semblaient se gonfler d'aise. Bientôt le soleil se leva dans toute sa splendeur, et j'eus un coup d'œil magnifique. Un nuage d'encens s'élevait de la terre et se mêlait aux rayons du soleil levant. L'atmosphère était calme, on entendait le bruit du moulin et les coups de hache et de marteau des travailleurs qui retentissaient au loin. Les oiseaux faisaient entendre leur ravissant ramage sous le feuillage des arbres. À leurs chants se mêlaient le chant du coq, le caquetage des poules et, de temps en temps, le beuglement d'une vache ou le jappement d'un chien.

L'odeur des roses et de la mignonnette s'élevait du jardin et parfumait l'espace. Il y avait partout une apparence de calme, de sérénité joyeuse qui réjouissait l'âme et l'élevait vers le ciel. Jamais je n'avais tant aimé la campagne que ce jour-là.

Lorsqu'on est condamné par son état à vivre au sein des villes, entouré des outrages des hommes, n'entendant d'autre voix que celle de la vanité et de l'intérêt sordide, ayant pour spectacle habituel l'étourdissante activité des affaires, et qu'on se trouve tout à coup transporté au milieu d'une campagne tranquille, on sent son cœur se dilater et son âme s'épanouir, en quelque sorte, au contact de la nature, cet abîme de grandeurs et de mystères.

Revenu un peu de mon extase, je portai mes regards autour de moi.

La demeure de mon hôte me parut ressembler à une villa des environs de la capitale plutôt qu'à une maison de cultivateur. C'était un vaste logement à deux étages, bâti en briques, avec galerie et perron sur la devanture. Une petite *allonge* à un seul étage, bâtie sur le côté nord, servait de cuisine et de salle à manger pour les gens de la ferme.

Un beau parterre de fleurs et de gazon ornait le devant de la maison, dont chaque pignon était ombragé par un orme magnifique. De l'un des pignons on apercevait le jardin, les arbres fruitiers, les gadeliers, les plates-bandes en fleurs.

Les dépendances consistaient en une laiterie, un hangar, un fournil et une remise pour les voitures.

En arrière, et à environ un arpent de la maison, se trouvaient les autres bâtiments de la ferme, la grange, l'écurie, l'étable, la bergerie et la porcherie.

Tous ces bâtiments, à l'exception de la laiterie, étaient couverts en bardeaux et blanchis à la chaux ; une rangée de beaux arbres, plantés de distance en distance, bordait toute la propriété de Jean Rivard.

Je fus longtemps dans l'admiration de tout ce qui s'offrait à mes regards. J'étais encore plongé dans ma rêverie, lorsque je vis mon hôte arriver à moi d'un air souriant, et, après le bonjour du matin, me demander si je ne serais pas disposé à faire une promenade.

Rien ne pouvait m'être plus agréable. Après un déjeuner frugal, consistant en œufs à la coque, beurre, lait, crème, etc., nous nous disposâmes à sortir.

— Venez d'abord, me dit-il, que je vous fasse voir d'un coup d'œil les environs de ma demeure.

Et nous montâmes sur la galerie du second étage de sa maison, d'où ma vue pouvait s'étendre au loin de tous côtés.

Je vis à ma droite une longue suite d'habitations de cultivateurs, à ma gauche le riche et joli village de Rivardville, qu'on aurait pu sans arrogance décorer du nom de ville.

Il se composait de plus d'une centaine de maisons éparses sur une dizaine de rues d'une régularité parfaite. Un grand nombre d'arbres plantés le long des rues et autour des habitations donnaient à la localité une apparence de fraîcheur et de gaieté. On voyait tout le monde, hommes, femmes, jeunes gens, aller et venir, des voitures chargées se croisaient en tous sens ; il y avait enfin dans toutes les rues un air d'industrie, de travail et d'activité qu'on ne rencontre ordinairement que dans les grandes cités commerciales.

Deux édifices dominaient tout le reste : l'église, superbe bâtiment en pierre, et la maison d'école, assez spacieuse pour mériter le nom de collège ou de couvent. Les toits de fer blanc de ces vastes édifices brillaient aux rayons du soleil. Les moulins de diverses sortes, deux grandes hôtelleries, plusieurs maisons de commerce, les résidences des notaires et des médecins se distinguaient aussi des autres bâtiments. Presque toutes les maisons étaient peintes en blanc et présentaient à l'œil l'image de l'aisance et de la propreté.

Après avoir admiré quelque temps l'aspect du village et des campagnes environnantes, mes yeux s'arrêtèrent involontairement sur la ferme de mon hôte, et j'exprimai tout de suite le désir de la visiter.

# II

## La ferme et le jardin

Déjà ces campagnes si longtemps couvertes de
ronces et d'épines promettent de riches moissons
et des fruits jusqu'alors inconnus. La terre ouvre
son sein au tranchant de la charrue et prépare ses
richesses pour récompenser le laboureur ; l'espérance reluit de tous côtés. On voit dans les vallons
et sur les collines les troupeaux de moutons qui
bondissent sur l'herbe, et les grands troupeaux de
bœufs et de génisses qui font retentir les hautes
montagnes de leurs mugissements.

FÉNELON, *Télémaque*

Pas une souche n'apparaissait dans toute la vaste étendue
de la ferme. Çà et là, des ormes, des plaines, des érables
épandaient vers la terre leurs rameaux touffus. « Ces
arbres, me dit mon hôte, servent à abriter mes animaux
dans les grandes chaleurs de l'été ; sur le haut du jour,
vous pourriez voir les vaches couchées à l'ombre du
feuillage, ruminant nonchalamment jusqu'à ce que la faim
les pousse à redemander une nouvelle pâture à la terre.
Ces mêmes arbres nous offrent encore à nous-mêmes une
ombre protectrice, quand nous nous reposons de notre
travail, dans la chaude saison des récoltes. Vous voyez
qu'ils joignent l'utile à l'agréable, et que je suis ainsi

amplement récompensé des soins qu'ont exigés leur plantation et leur entretien. »

Un chemin conduisait jusqu'à l'extrémité de l'exploitation.

La partie défrichée de la terre formait quatre-vingt-dix arpents, sans compter les six arpents où se trouvaient le jardin, la maison, les moulins et les autres bâtiments. Ces quatre-vingt-dix arpents se divisaient en six champs, d'égale grandeur.

Toutes les diverses récoltes avaient une apparence magnifique. L'orage tombé la veille faisait déjà sentir sa bienfaisante influence ; on semblait voir les tiges des plantes s'élancer du sol qui leur donnait naissance.

Le premier champ surtout avait l'apparence d'un beau jardin de quinze arpents. « Ce champ, me dit Jean Rivard, m'a demandé cette année beaucoup plus de travail et de soin que les autres. Je l'ai fait labourer l'automne dernier à une grande profondeur ; durant l'hiver j'ai fait charroyer sur la surface tout le fumier que j'ai pu recueillir ; au printemps, j'ai fait enfouir ce fumier dans la terre, au moyen d'un nouveau labour. Le sol étant ainsi bien disposé à recevoir la semence, la récolte, comme vous voyez, ne m'a pas fait défaut.

« Ce champ de terre ainsi fumé se trouve assez riche maintenant pour n'avoir plus besoin d'engrais d'ici à six ans. L'année prochaine j'engraisserai le champ suivant et lui ferai subir toutes les façons qu'a déjà subies le premier. Dans deux ans, le troisième aura son tour, et ainsi de suite, jusqu'à ce que mes six champs aient été parfaitement fumés et engraissés. »

— Mais, dis-je, pour engraisser quinze arpents de terre par année, il doit falloir un temps et un travail considérables ?

— Certainement, répondit-il ; mais c'est pour le cultivateur une question de vie ou de mort. Je déplore chaque jour la coupable insouciance d'un certain nombre d'entre nous qui laissent leur fumier se perdre devant leurs granges ou leurs étables. Ils ne comprennent pas que pour le cultivateur, le fumier, c'est de l'or.

« Depuis que j'ai pu constater par mes propres calculs toute la valeur du fumier, ne craignez pas que j'en laisse perdre une parcelle ; au contraire, j'en recueille par tous les moyens possibles. »

Tout en parlant ainsi, nous avions passé le champ de foin d'où s'exhalait une senteur des plus agréables et nous étions arrivés aux pâturages.

On y voyait quinze belles vaches, les unes de la race Ayrshire, d'autres de race canadienne, avec une demi-douzaine de génisses et un superbe taureau. On y voyait aussi quatre chevaux, un poulin et une trentaine de moutons.

« Chacune de ces vaches, me dit Jean Rivard, donne en moyenne trois gallons de lait par jour. J'ai soin qu'elles aient toujours une nourriture abondante, car les vaches rendent à proportion de ce qu'on leur donne. »

Quelques-unes des vaches étaient couchées à l'ombre d'un grand orme, d'autres buvaient à une source qui coulait près de là.

« J'attache une grande importance à mes vaches, me dit Jean Rivard, car elles sont une des principales sources de la richesse du cultivateur. Je n'ai jamais pu m'expliquer l'indifférence d'un grand nombre d'entre nous pour cet utile quadrupède qu'on pourrait, à si juste titre, appeler l'ami de la famille. Le cheval est en quelque sorte l'enfant gâté du cultivateur ; on ne lui ménage ni le foin ni l'avoine, on l'étrille, on le nettoie tous les jours, tandis que la pauvre vache ne reçoit en hiver qu'une maigre ration de mauvaise paille, manque souvent d'eau, ne respire qu'un air empesté, couche le plus souvent dans son fumier, et porte sa même toilette, sale et crottée, d'un bout de l'année à l'autre. Pour ma part, je tiens à ne pas me rendre coupable d'ingratitude envers cet animal bienfaisant. Je lui prodigue tous mes soins. Lorsque mes vaches sont à l'étable, leur litière est renouvelée chaque jour ; je leur donne fréquemment du foin, et des rations de carottes, betteraves, navets et autres légumes qu'elles affectionnent singulièrement. J'en suis récompensé par le lait qu'elles donnent en retour et par leur état constant de santé. Je n'ai jamais eu la douleur de les faire lever à la fin de l'hiver, ce qui ne peut manquer d'être le cas, lorsqu'elles souffrent de faim ou de soif, ou qu'elles respirent l'air corrompu d'une étable mal aérée.

« Quant à mes moutons, qui, comme vous voyez, appartiennent tous à la race South Down, je leur fais brouter les pâturages qu'ont déjà broutés mes autres animaux, car les moutons trouvent leur nourriture partout ; et durant l'hiver, je les enferme dans ma grange. Quoiqu'ils n'y soient pas chaudement, ils ne s'en trouvent pas plus mal ; ils préfèrent le bon air à la chaleur. J'enferme le bélier pendant un certain temps, afin que les agneaux ne viennent au monde que vers les beaux jours du printemps. Il est rare que j'en perde un seul. »

Tout en parlant ainsi, nous marchions toujours et nous arrivions au bord de la forêt.

« Si nous en avions le temps, me dit mon hôte, je vous conduirais à ma sucrerie. J'ai à peu près quinze arpents de forêt, où je trouve tout le bois nécessaire pour le chauffage et les autres besoins de l'exploitation. J'affectionne beaucoup cette partie de ma propriété, et je prends des mesures pour qu'elle n'aille pas se détériorant. Je crois qu'on peut trouver dans ces quinze arpents presque toutes les différentes espèces de bois du Canada.

— Quels arbres magnifiques ! m'écriai-je.

— Oui, dit-il, ce sont les plaines, les érables et les merisiers qui dominent, mais il y a aussi des ormes, des hêtres, des bouleaux. Cette *talle* d'arbres que vous voyez tout à fait au bout, et qui s'élève si haut, ce sont des pins. Je n'ai que cela.

« Je surveille avec beaucoup de soin la coupe de mon bois. On ne fait pas assez d'attention parmi nous à cette partie de l'économie rurale. Le gouvernement devrait aussi s'occuper plus qu'il ne fait de l'aménagement des forêts. Nos bois constituent une des principales parties de la fortune publique, et on ne devrait pas laisser l'exploitation s'en faire sans règles, sans économie, sans nul souci de l'avenir.

« J'ai souvent songé que si notre gouvernement s'intéressait autant au bien-être, à la prospérité des habitants du pays qu'un bon père de famille s'intéresse au sort de ses enfants au lieu de concéder à de pauvres colons des lots qui ne produiront jamais rien malgré tous leurs efforts, il laisserait ces terrains en forêts pour en tirer le meilleur parti possible. Il y a cruauté à laisser le pauvre colon épuiser ainsi son énergie et sa santé pour un sol ingrat. »

Après quelques instants de repos, nous repartîmes pour la maison.

Mon hôte me parla beaucoup des fossés et des rigoles qui sillonnaient sa terre en tous sens, des clôtures qui entouraient ses champs, des dépenses et du travail que tout cela occasionnait et des avantages qu'il en retirait.

Je ne pus m'empêcher, en admirant la richesse et la

beauté des moissons, de remarquer l'absence presque complète de mauvaises herbes. J'appris que cela était dû principalement aux labours profonds pratiqués pour enfouir les engrais.

À notre retour, nous visitâmes successivement tous les bâtiments de la ferme, à commencer par l'étable et l'écurie. Pas le moindre mauvais air ne s'y faisait sentir. Au contraire, comme me l'avait déjà dit mon hôte, ces deux appartements étaient parfaitement aérés, et tenus dans la plus grande propreté. D'après la manière dont le pavé était disposé, aucune parcelle de fumier, aucune goutte d'urine n'y étaient perdues. Cette dernière s'écoulait d'elle-même dans un réservoir pratiqué à cet effet.

Nous passâmes dans la porcherie où se vautraient six beaux cochons de la race Berkshire.

« Il y a longtemps, dit Jean Rivard, que je me suis défait de notre petite race de porcs canadiens qui dépensent plus qu'ils ne valent. Ces cochons que vous voyez donnent deux fois autant de viande et s'engraissent plus facilement. Nous les nourrissons des rebuts de la cuisine et de la laiterie, de son détrempé, de patates, de carottes et autres légumes.

« Quant à ces couples qui caquettent en se promenant autour de nous, ce sont ma femme et mes enfants qui en prennent soin, qui les nourrissent, les surveillent, ramassent les œufs et les vendent aux marchands. Ma femme, qui depuis longtemps sait tenir registre de ses dépenses et de ses recettes, prétend qu'elle fait d'excellentes affaires avec ses poules. Elle a feuilleté tous mes ouvrages d'agriculture pour y lire ce qui concerne les soins de la basse-cour, et elle fait son profit des renseignements qu'elle a recueillis. Elle en sait beaucoup plus long que moi sur ce chapitre. Ce qui est certain, c'est qu'elle trouve moyen de faire pondre ses poules jusqu'en plein cœur d'hiver. Les œufs qu'elle met couver ne manquent jamais d'éclore à temps et les poussins sont forts et vigoureux. Il faut voir avec quelle sollicitude elle leur distribue la nourriture, tant qu'ils sont trop petits pour la chercher eux-mêmes. Elle est d'ailleurs tellement populaire chez toute la gent ailée qu'elle ne peut sortir de la maison sans être entourée d'un certain nombre de ces intéressants bipèdes.

« Il ne nous reste plus qu'à visiter le jardin, me dit Jean Rivard ; et quoique ce ne soit qu'un potager ordinaire, bien inférieur à ceux que vous avez dans le voisinage des villes, je veux vous le faire voir, parce qu'il est presque entièrement l'ouvrage de ma femme. »

En effet, nous aperçûmes madame Rivard, coiffée d'un chapeau de paille à large bord, occupée à sarcler un carré de légumes. Deux ou trois des enfants jouaient dans les allées et couraient après les papillons.

L'un d'eux, en nous voyant, vint m'offrir un joli bouquet.

Je fus présenté à madame Rivard que je n'avais pas encore vue. Elle nous fit avec beaucoup de grâce les honneurs de son petit domaine.

Le jardin pouvait avoir un arpent d'étendue. Il était séparé du chemin par une haie vive et les érables qui bordaient la route. Au fond se trouvait une belle rangée de hauts arbres fruitiers et, au sud, d'autres arbres à tiges moins élevées, tels que senelliers, gadeliers, groseilliers, framboisiers, etc.

Les plates-bandes étaient consacrées aux fleurs : roses, œillets, giroflées, violettes, chèvrefeuilles, pois de senteur, capucines, belles-de-nuit, tulipes, balsamines, etc. Toutes ces fleurs étaient disposées de manière à présenter une grande variété de formes et de couleurs. Le tout offrait un coup d'œil ravissant.

La saison ne permettait pas encore de juger de la richesse du potager ; mais je pus remarquer aisément la propreté des allées et le bon entretien des carrés ensemencés.

Je fus invité à cueillir en passant sur une des plates-bandes quelques fraises que je trouvai d'un goût délicieux.

« Quand je vous ai dit tout à l'heure, remarqua Jean Rivard, que ce jardin était l'œuvre de ma femme, j'aurais dû en excepter pourtant le labourage et le bêchage qui m'échouent en partage. J'aurais dû en excepter aussi la plantation, la taille et la greffe des arbres fruitiers que vous voyez, et qui sont exclusivement mon ouvrage. Je pourrai dire en mourant comme le vieillard de la fable :

*Mes arrière-neveux me devront cet ombrage.*

« Voyez ces deux pommiers qui depuis plusieurs années nous rapportent plus de pommes qu'il ne nous en faut. C'est moi qui, en les taillant, leur ai donné la forme élégante que vous leur voyez. Nos pruniers nous fournissent les meilleurs fruits qui se récoltent en Canada et, si vous passez dans quelque temps, nous vous ferons goûter d'excellentes cerises de France ; nous avons aussi des cerises à grappes. Vous voyez, en outre, des noyers, des pommetiers, des noisetiers, etc. J'ai été obligé d'étudier seul, dans mes livres, les moyens d'entretenir et d'améliorer tous ces différents arbres, et en particulier la greffe et la taille, et je crois que je ne m'en tire pas trop mal, tout en avouant volontiers que je suis loin encore d'être le parfait jardinier. »

Rendus au fond du jardin, je fus surpris d'apercevoir plusieurs ruches d'abeilles.

— Voilà de petites maisons, me dit mon hôte, qui m'ont procuré beaucoup de jouissances. Il y a plusieurs années que je cultive les mouches à miel. Ces charmants petits insectes sont si laborieux, si industrieux, que leur entretien est moins un travail qu'un agrément. Il m'a suffi de semer dans les environs, sur le bord des chemins et des fossés, quelques-unes des plantes qui servent à la composition de leur miel ; elles butinent là tout le jour et sur les fleurs du jardin sans que personne ne les dérange. Je prends souvent plaisir à les voir travailler ; c'est bien avec raison qu'on les propose comme des modèles d'ordre, d'industrie et d'activité. N'est-ce pas admirable de les voir tirer du sein des plantes, qui sans cela seraient inutiles, ce suc délicieux qui sert à la nourriture de l'homme ? Nous recueillons beaucoup de miel depuis quelques années, et nous en sommes très friands, principalement les enfants ; c'est une nourriture agréable, dont nous faisons un grand usage dans les maladies, surtout comme boisson adoucissante et rafraîchissante. Les gâteaux de cire que construisent les abeilles, avec une perfection que l'homme le plus habile ne pourrait égaler, ne nous sont pas non plus inutiles. Mais n'y aurait-il que l'intérêt que je prends à considérer les travaux intelligents de ces petits êtres, à observer leurs mœurs, leur conduite admirable, et tout ce qui se passe dans l'intérieur de leurs demeures, que je me trouverais amplement récompensé du soin qu'elles exigent.

Madame Rivard revint avec nous à la maison, suivie de ses enfants qui gambadaient autour d'elle.

En dépit des objections de sa femme, Jean Rivard me fit entrer dans la laiterie.

C'était un petit bâtiment en pierre assez spacieux, ombragé de toutes parts par le feuillage des arbres et entièrement à couvert des rayons du soleil. L'intérieur était parfaitement frais, quoique suffisamment aéré. Je fus frappé, en y entrant, de l'air de propreté qui y régnait. Le parquet ou plancher de bas, les tablettes sur lesquelles étaient déposées des centaines de terrines remplies d'un lait crémeux, tout, jusqu'à l'extérieur des tinettes pleines de beurre, offrait à l'œil cette teinte jaune du bois sur lequel vient de passer la main de la blanchisseuse. Grâce à la fraîcheur de l'appartement, on n'y voyait ni mouche, ni insecte d'aucune espèce.

# III

## Détails d'intérieur — Bibliothèque
## de Jean Rivard

> Le luxe ne saurait faire envie à celui que sa
> position exempte des dépenses de la vanité,
> qui jouit de l'air, du soleil, de l'espace, et
> de la plénitude de ses forces physiques.

J'étais émerveillé de tout ce que j'avais vu. La ferme de
Jean Rivard, qu'il me serait impossible de décrire dans
tous ses détails, me parut constituer une véritable ferme-
modèle. Quoique sur pied depuis plus de quatre heures, je
ne sentais cependant aucune fatigue, et après quelques
minutes de repos pendant lesquelles mon hôte s'empressa
de donner quelques ordres, nous nous disposions à partir
pour faire le tour du village, et en particulier pour visiter
monsieur le curé Doucet, l'ami intime de Jean Rivard, et
l'un des fondateurs de la localité — lorsque nous entendîmes sonner l'*Angelus*.

Peu de temps après, nous fûmes invités à nous
mettre à table. Quatre des enfants s'approchèrent en
même temps que nous ; les deux aînés pouvaient avoir de
dix à douze ans.

La table était couverte de mets, viandes, légumes,
confitures, crème, sirop, etc. Mais à part le sel et le poivre,

tout provenait de la ferme de Jean Rivard. Le repas fut servi sans le moindre embarras ; madame Rivard veillait à tout avec une intelligence parfaite. Je ne pus m'empêcher d'admirer l'air de décence et de savoir-vivre des enfants qui prenaient part au dîner. La conversation roula principalement sur le genre d'éducation que Jean Rivard se proposait de donner à ses enfants.

Après le dîner, mon hôte me fit passer dans le salon, puis me montra l'un après l'autre tous les appartements de sa maison.

« Dans la construction de ma résidence, me dit-il, j'ai eu principalement en vue la commodité et la salubrité. Je l'ai faite haute et spacieuse, pour que l'air s'y renouvelle facilement et s'y conserve longtemps dans toute sa pureté.

« Quant à notre ameublement de salon, ajouta-t-il, vous voyez que nous n'avons rien que de fort simple. Les fauteuils, les chaises, les sofas ont tous été fabriqués à Rivardville, et, quoiqu'ils ne soient pas tout à fait dépourvus d'élégance ni surtout de solidité, ils ne me coûtent guère plus que la moitié du prix que vous payez en ville pour les mêmes objets. Comme je vous l'ai dit, je tiens au confort, à la commodité, à la propreté et un peu aussi à l'élégance ; mais je suis ennemi du luxe. Je prends le plus grand soin pour ne pas me laisser entraîner sur ce terrain glissant. C'est quelquefois assez difficile. Par exemple, l'acquisition du tapis de laine que vous voyez dans notre salon a été l'objet de longs débats entre ma femme et moi. Nous l'avons acheté quelque temps après mon élection comme membre du parlement, époque où je recevais la visite de quelques-uns de mes collègues. On a beau dire que le luxe est avantageux en ce qu'il stimule le travail et l'industrie, je n'en crois rien : autant vaudrait dire que la vente des boissons enivrantes est avantageuse, parce que cette industrie fait vivre un certain nombre de familles. Dans un jeune pays comme le nôtre, c'est l'utile qu'il faut chercher avant tout, l'utile et le solide, sans exclure toutefois certains goûts de parure et d'embellissement pour lesquels Dieu a mis au cœur de l'homme un attrait irrésistible.

« Je crains toujours de m'éloigner à cet égard des bornes prescrites par le bon sens, et de passer, comme on dit, *à travers* le bonheur.

« Combien, en se laissant entraîner par des goûts de luxe et de dépenses, dépassent ainsi le point où ils auraient pu être heureux !

« Je me rappelle souvent ces vers que j'ai appris par cœur dans ma jeunesse et qui, s'ils n'ont rien de bien remarquable pour la forme, sont au moins très vrais pour le fond :

> *Les hommes la plupart sont étrangement faits,*
> *Dans la juste nature on ne les voit jamais ;*
> *Et la plus belle chose ils la gâtent souvent*
> *Pour la vouloir outrer ou pousser trop avant.* »

La chambre qui contenait la bibliothèque de Jean Rivard était assez grande et donnait sur le jardin ; elle adjoignait immédiatement la salle à dîner.

« Cette chambre, dit-il, me sert à la fois de bureau et de bibliothèque ; c'est ici que je transige mes affaires, que je reçois les personnes qui viennent me consulter, que je tiens mon journal et mes comptes ; c'est encore ici que je garde ma petite collection de livres. »

Et, en disant cela, Jean Rivard ouvrit une grande armoire qui couvrait tout un pan de la muraille et me montra quatre ou cinq cents volumes disposés soigneusement sur les rayons.

J'ai toujours aimé les livres ; et trouver ainsi, loin de la ville, un aussi grand nombre de volumes réunis, fut à la fois pour moi une surprise et un bonheur.

Je ne pus retenir ma curiosité et je m'avançai aussitôt pour faire connaissance avec les auteurs.

En tête se trouvaient une excellente édition de la Bible et quelques ouvrages choisis de théologie et de religion. Puis venaient les principaux classiques grecs, latins et français. Venaient ensuite une trentaine d'ouvrages d'histoire et de politique, et en particulier les histoires de France, d'Angleterre, des États-Unis et du Canada. À côté se trouvaient quelques petits traités élémentaires sur les sciences physiques et naturelles et les arts et métiers. Mais la plus grande partie des volumes concernaient l'agriculture, la branche favorite de Jean Rivard ; on y voyait des ouvrages spéciaux sur toutes les divisions de la science, sur la chimie agricole, les engrais, les dessèchements, l'élevage des animaux, le jardinage, les arbres fruitiers, etc. Sur les rayons inférieurs étaient quelques dictionnaires encyclopédiques et des dictionnaires de langues, puis quelques ouvrages de droit, et les Statuts du Canada que Jean Rivard recevait en sa qualité de juge de paix.

— Mais, savez-vous, lui dis-je, que votre bibliothèque me fait envie ? Dans cette collection de cinq cents volumes, vous avez su réunir tout ce qui est nécessaire non seulement pour l'instruction mais aussi pour l'amusement et l'ornement de l'esprit.

— Eh bien ! telle que vous la voyez, elle ne me coûte guère plus de cinquante louis ; je l'ai formée petit à petit, dans le cours des quinze dernières années ; chaque fois que j'allais à Montréal ou à Québec, je parcourais les librairies pour faire choix de quelque bon ouvrage, que j'ajoutais à ma collection. J'ai souvent eu la velléité d'acheter des livres nouveaux ; mais, réflexion faite, je surmontais la tentation ; on cherche en vain dans la plupart des écrivains modernes ce bon sens, cette justesse d'idées et d'expressions, cette morale pure, cette élévation de pensées qu'on trouve dans les anciens auteurs ; à force de vouloir dire du nouveau, les écrivains du jour nous jettent dans l'absurde, le faux, le fantastique. Ce genre de littérature peut convenir à certaines classes de lecteurs blasés qui ne demandent que des distractions ou des émotions, mais pour ceux qui cherchent avant toute chose le vrai, le juste et l'honnête, pour ceux-là, vivent les grands hommes des siècles passés !

— Mais, dites-moi, comment, au milieu de vos rudes travaux d'exploitation et de défrichement, avez-vous pu trouver le temps de lire tous ces ouvrages ? Vous avez même des traités scientifiques.

— Oh ! pour nous, cultivateurs, il faut, voyez-vous, savoir un peu de tout ; la chimie, la météorologie, la botanique, la géologie, la minéralogie se rattachent étroitement à l'agriculture ; j'aurais donné beaucoup pour connaître ces sciences à fond. Malheureusement je n'ai pu en acquérir que des notions superficielles.Vous me demandez comment j'ai pu trouver le temps de parcourir tous ces volumes ? Il est rare que je passe une journée sans lire une heure ou deux. Dans l'hiver, les soirées sont longues ; en été, j'ai moins de loisir, mais j'emporte toujours au champ un volume avec moi. De cette manière, j'ai pu lire tout ce que vous voyez dans ma bibliothèque ; il est même certains volumes que j'ai relus jusqu'à trois ou quatre fois. »

Et comme nous nous préparions à laisser la précieuse armoire, Jean Rivard attira mon attention sur quatre volumes un peu vieillis et usés qui se trouvaient seuls, à part, dans un coin.

— Vous n'avez pas regardé ces livres-là, me dit-il, et pourtant ce ne sont pas les moins intéressants.

En les ouvrant, je vis que c'était : *Robinson Crusoé*, les *Aventures de Don Quichotte*, la *Vie de Napoléon* et l'*Imitation de Jésus-Christ*.

« Ce sont mes premiers amis, mes premiers compagnons de travail : je les conserve précieusement. Robinson Crusoé m'a enseigné à être industrieux, Don Quichotte m'a fait rire dans mes moments de plus sombre tristesse, l'*Imitation de Jésus-Christ* m'a appris la résignation à la volonté de Dieu.

« C'est dans cet appartement que je passe la plus grande partie de mes heures de loisirs. J'y suis généralement de cinq à sept heures du matin, surtout en hiver. C'est ici que je veille avec ma femme et mes enfants quand nous n'avons pas de visite ou que nous n'avons que des intimes. Nous lisons, nous parlons, nous écrivons en compagnie de ces grands génies dont les œuvres couvrent les rayons de ma bibliothèque. J'ai passé ici bien des moments délicieux.

— Heureux mortel, m'écriai-je ! que pourriez-vous désirer de plus ?

— Je vous avouerai, reprit Jean Rivard, que je ne me plains pas de mon sort. J'ai beaucoup travaillé dans ma jeunesse, mais je jouis maintenant du fruit de mes travaux. Je me considère comme indépendant sous le rapport de la fortune, et je puis consacrer une partie de mon temps à l'administration de la chose publique, ce que je considère comme une obligation. Vous autres, messieurs les citadins, vous ne parlez le plus souvent qu'avec dédain de nos humbles fonctionnaires des campagnes, de nos magistrats, de nos commissaires d'écoles, de nos conseillers municipaux...

— Pardonnez ; personne ne comprend mieux que nous tout le bien que peuvent faire les hommes de votre classe ; vous avez d'autant plus de mérite à nos yeux que vous ne recueillez le plus souvent que tracasseries et ingratitude. Mais ce qui m'étonne un peu, c'est qu'étant devenu, comme vous le dites, indépendant sous le rapport de la fortune, vous n'en continuez pas moins à travailler comme par le passé.

— Je travaille pour ma santé, par habitude, je devrais peut-être dire par philosophie et pour mon plaisir. Le travail est devenu une seconde nature pour moi. Jamais je ne rêve avec plus de jouissance qu'en faisant quelque ouvrage manuel peu fatigant ; lorsqu'après quatre ou cinq heures d'exercice physique en plein air j'entre dans ma bibliothèque, vous ne sauriez croire quel bien-être j'éprouve ! Mes membres sont quelquefois las, mais mon esprit est plus clair, plus dispos que jamais ; je saisis alors les choses les plus abstraites et, soit que je lise ou que j'écrive, ma tête remplit toutes ses affections avec la plus parfaite aisance. Vous, hommes d'études qui ne travaillez jamais des bras, vous ne savez pas toujours les jouissances dont vous êtes privés.

« Je puis me tromper, mais ma conviction est que l'Être suprême, en mettant l'homme sur la terre, et en donnant à tous indistinctement des membres, des bras, des muscles, a voulu que chaque individu, sans exception pour personne, travaillât du corps dans la proportion de ses forces. En disant : « Tu gagneras ton pain à la sueur de ton front », il a prononcé une sentence applicable à tout le genre humain ; et ceux qui refusent de s'y soumettre, ou qui trouvent moyen de l'éluder, sont punis tôt ou tard, soit dans leur esprit, soit dans leur corps. J'ai toujours aimé la lecture, et j'aurais désiré pouvoir y donner plus de temps, la vie active que j'ai menée dans les premières années de ma carrière m'ayant laissé à peine quelques heures à consacrer chaque jour aux choses de l'esprit. Hélas ! la vie de l'homme est rarement distribuée de manière à lui permettre l'exercice régulier de toutes ses facultés physiques et mentales. Les uns se livrent entièrement aux travaux manuels, les autres aux efforts de l'intelligence. Un de mes plus beaux rêves a été de pouvoir établir, un jour, dans mes travaux quotidiens, un parfait équilibre entre les mouvements de ce double mécanisme.

# IV

## Les secrets du succès —
## Révélations importantes

— Vous m'intéressez de plus en plus, dis-je à mon hôte ;
mais, tout en ne doutant nullement de la réalité de ce que
je vois, je suis encore à me demander par quels moyens
étranges, par quels secrets mystérieux vous avez pu accomplir, en si peu d'années et avec aussi peu de ressources, les merveilles dont je suis témoin. Ne trouvez-vous
pas vous-même quelque chose d'extraordinaire dans les
résultats que vous avez obtenus ?

   — Je vois bien, me dit-il en souriant, que je serai
obligé de vous répéter ce que j'ai déjà dit à plusieurs
personnes et entre autres à mon ami Gustave Charmenil
qui, en voyant ma prospérité s'accroître rapidement chaque année, ne savait comment s'expliquer cela. Les lois
du succès, dans la vie du défricheur, et en général dans
celle de l'homme des champs, sont pourtant aussi simples,
aussi sûres, aussi infaillibles que les lois de la physique ou
celles du mécanisme le moins compliqué ; et si vous avez
la patience de m'écouter un peu, ajouta-t-il, en m'approchant un fauteuil et en s'asseyant lui-même dans un autre,
je vous les exposerai catégoriquement et d'une manière si
claire que ce qui vous semble maintenant mystérieux vous
paraîtra la chose la plus naturelle du monde. Loin de

vouloir cacher mes recettes, j'éprouve une certaine jouissance à les communiquer aux autres.

« Je puis, continua-t-il, réunir tous mes secrets sous cinq chefs différents :

« Premier secret : un fond de terre d'une excellente qualité. C'est là une condition de première importance ; et comme je vous le disais ce matin, les agents chargés de la vente des terres publiques ne devraient pas être autorisés à vendre des lots ingrats.

« Deuxième secret : une forte santé dont je rends grâces à Dieu. C'est encore là une condition indispensable du succès ; mais il faut ajouter, aussi, comme je viens de le dire, que rien n'est plus propre à développer les forces physiques que l'exercice en plein air.

« Troisième secret : le travail. Je puis dire que pendant les premières années de ma vie de défricheur, j'ai travaillé presque sans relâche. Je m'étais dit en commençant : je possède un lot de terre fertile, je puis en tirer des richesses, je veux voir ce que pourra produire une industrie persévérante. Je fis de mon exploitation agricole ma grande, ma principale affaire. Depuis le lever de l'aurore jusqu'au coucher du soleil, chaque pas que je faisais avait pour but l'amélioration de ma propriété. Pas un de mes instants n'était perdu. Plus de dix heures par jour, j'étais là debout, tourmentant le sol, abattant les arbres, semant, fauchant, binant, récoltant, construisant, allant et venant deci delà, surveillant tout, dirigeant tout, comme le général qui pousse son armée à travers les obstacles et les dangers, visant sans cesse à la victoire.

« Je ne puis travailler autant maintenant que je faisais autrefois, parce que je suis dérangé par mille autres occupations, mais je puis encore au besoin tenir tête à mes hommes.

« Une des grandes plaies de nos campagnes canadiennes, c'est la perte de temps. Des hommes intelligents, robustes, soi-disant laborieux, passent des heures entières à fumer, causer, se promener d'une maison à l'autre, sous prétexte qu'il n'y a rien qui presse, comme si le cultivateur n'avait pas toujours quelque chose à faire. Vous les verrez, sous le moindre prétexte, aller à la ville ou au village, perdre une journée, deux jours, en cabale d'élection, ou dans une cour de commissaires, ou pour faire l'achat d'une bagatelle ; vous les verrez souvent revenir à la maison, le sang échauffé, l'esprit exalté, et occupé de toute autre chose que de la culture de leur terre. Je ne parle pas des ivrognes. Le colon ivrogne est un être malheureux, dégradé, qui ne peut prétendre à la considération publique, qui ne saurait songer à améliorer sa position, et qui sait bien d'avance qu'il est condamné irrévocablement à vivre dans l'indigence et la crapule. Je ne veux parler que de cette classe d'hommes malheureusement trop nombreux qui, parfaitement sobres, bons, gais, sociables, ont cependant le défaut de ne pas songer assez à l'avenir, de perdre chaque jour un temps précieux qu'ils pourraient consacrer à accroître leur bien-être et celui de leurs enfants. Ils ressemblent un peu à nos sauvages chasseurs ; ils ne songent pas au lendemain. Qu'ils tombent malades, qu'ils soient arrêtés par quelque accident, qu'ils décèdent tout à coup, leur famille tout entière est à la charge du public.

« Un grand avantage que possède l'ouvrier agricole et en particulier le défricheur, sur les autres classes de travailleurs, c'est qu'il ne chôme jamais forcément. S'il ne travaille pas, c'est qu'il ne veut pas. Le cultivateur intelligent, actif, industrieux sait tirer parti de tous ses moments. Point de morte saison pour lui.

« Une chose est certaine, à mon avis : si le cultivateur travaillait avec autant de constance et d'assiduité que le fait l'ouvrier des villes, de six heures du matin à six heures du soir, et cela depuis le premier janvier jusqu'au premier décembre de chaque année, il se trouverait bientôt à jouir de plus d'aisance puisqu'il n'est pas assujetti aux mêmes dépenses, et que les besoins de luxe et de toilette qui tourmentent sans cesse l'habitant des villes lui sont comparativement étrangers.

— Vous considérez donc le travail comme la première cause de votre succès ?

— Je considère le travail comme la grande et principale cause de ma réussite. Mais ce n'est pas tout ; je dois aussi beaucoup, depuis quelques années surtout, à mon système de culture, aux soins incessants que j'ai donnés à ma terre pour lui conserver sa fertilité primitive, — car le sol s'épuise assez vite, même dans les terres nouvellement défrichées, et il faut entretenir sans relâche sa fécondité par des engrais, des travaux d'assainissement ou d'irrigation — ; je dois beaucoup au système de rotation que j'ai suivi, aux instruments perfectionnés que j'ai pu me procurer, quand mes moyens pécuniaires me l'ont permis, à l'attention que j'ai donnée au choix de mes animaux, à leur croisement, à leur nourriture ; enfin, aux soins assidus, à la surveillance continuelle que j'ai apportée à toutes les parties de mon exploitation, aux livres sur l'agriculture, où j'ai souvent puisé d'excellents conseils et des recettes fort utiles, et aux conversations que j'ai eues avec un grand nombre d'agriculteurs canadiens, anglais, écossais, irlandais. Il est rare qu'on s'entretienne d'agriculture avec un homme d'expérience sans acquérir quelque notion utile.

« Mais il est temps que j'en vienne à mon quatrième

secret que je puis définir : surveillance attentive, ordre et économie.

« Je me lève de bon matin, d'un bout à l'autre de l'année. À part la saison des semailles et des récoltes, je puis alors, comme je vous l'ai dit, consacrer quelques moments à lire ou à écrire, après quoi je visite mes étables et autres bâtiments, je soigne moi-même mes animaux et vois à ce que tout soit dans un ordre parfait.

« Il est très rare que je me dispense de cette tâche. En effet, jamais les animaux ne sont aussi bien traités que de la main de leur maître.

« Je trouve dans ces soins une jouissance toujours nouvelle.

« Durant toute la journée, je dirige les travaux de la ferme. Je surveille mes hommes, je m'applique à tirer de leur travail le meilleur parti possible, sans toutefois nuire à leur santé ou les dégoûter du métier. J'ai d'abord pris pour règle de leur donner une nourriture saine et abondante. La viande, le pain, les légumes, le lait ne leur sont pas ménagés. Je veille ensuite à ce qu'ils ne fassent pas d'excès. Les journaliers canadiens ont l'habitude de travailler par *bouffées* ; ils risqueront quelquefois, par émulation ou par pure vanité, de contracter des maladies mortelles. Tout en les faisant travailler régulièrement, méthodiquement, et sans lenteur, je leur fais éviter la précipitation, qui est plutôt nuisible qu'utile.

« J'ai soin aussi que leur travail soit entrecoupé de moments de repos.

« Je tâche enfin qu'ils soient constamment de bonne humeur, qu'ils n'aient rien à se reprocher les uns aux autres, et que l'avenir leur apparaisse sous un aspect riant. Je m'intéresse à leurs petites affaires ; je les engage à faire des épargnes, en leur faisant comprendre tout le bien qu'ils en retireront par la suite. L'espoir d'améliorer graduellement leur position leur donne du courage, et plusieurs de ceux que j'ai eus à mon service sont maintenant, grâce à l'accumulation de leurs épargnes, cultivateurs pour leur propre compte.

« Je fais en sorte d'éviter pour moi-même les embarras pécuniaires et de toujours voir clair dans mes affaires. Depuis longtemps, j'ai l'habitude de ne pas faire de dettes. Cette coutume sauverait de la ruine un grand nombre de colons, qui, vaniteux ou imprévoyants, comme les grands seigneurs de vos villes, achètent chez le marchand tant qu'ils peuvent obtenir à crédit, sans s'inquiéter le moins du monde de la somme qu'ils auront à payer plus tard. Plus le délai se prolonge, plus cette somme augmente, car un grand nombre de marchands ne se font pas scrupule d'exiger un taux excessif d'intérêt. C'est encore là une des plaies de nos cantons, une des plaies les plus difficiles à guérir.

« Une des causes de l'insuccès d'un certain nombre de colons, c'est aussi le désir de s'agrandir, d'acheter de nouvelles propriétés, de posséder de grandes étendues de terrain qu'ils ne peuvent mettre en culture. Cette manie déplorable est la cause que certains défricheurs, d'ailleurs intelligents, passent une grande partie de leur vie dans des embarras pécuniaires, et finissent quelquefois par être forcés de vendre et se ruiner complètement. Le bons sens ne devrait-il pas leur dire que le capital employé à l'acquisition de terrains incultes ou mal cultivés est un capital enfoui dans le sol, qui non seulement ne produit rien, mais assujettit à de nouvelles taxes et nuit à la mise en valeur des terres qu'ils possèdent déjà. Avec un pareil système, plus on possède, plus on est pauvre.

« Quand un cultivateur désire placer une somme

d'argent, je l'engage de toutes mes forces à améliorer sa propriété, à faire l'achat de beaux animaux, à réparer ses bâtiments de ferme, s'ils sont insuffisants ou mal aérés, à se procurer de meilleurs instruments d'agriculture, ou à faire des travaux d'irrigation ou d'assainissement, s'ils sont nécessaires.

« Celui qui emprunte pour acheter, lorsqu'il possède déjà plus qu'il ne peut cultiver, est un imprudent, et on peut, à coup sûr, prédire sa ruine dans un avenir plus ou moins prochain.

« J'évite autant que possible les petites dépenses inutiles qui ne paraissent rien, mais qui au bout de l'année forment une somme assez ronde. Je suis ami de l'ordre et de l'économie, parce que sans cela il n'y a point d'indépendance.

« Je mets aussi en pratique certaines maximes économiques et philosophiques que d'autres ont pratiquées avant moi et dont je me trouve fort bien, comme de ne jamais faire faire par autrui ce que je puis faire moi-même, de ne remettre jamais au lendemain ce que je puis faire le jour même, etc.

« Cinquième secret : l'habitude que j'ai contractée de bonne heure de tenir un journal de mes opérations, et un registre de mes recettes et de mes dépenses.

« Cette habitude de raisonner et de calculer soigneusement toutes mes affaires m'a été du plus grand secours. Je puis dire aujourd'hui, avec la plus parfaite exactitude, ce que me coûte chaque arpent de terre en culture, et ce qu'il me rapporte. Je puis dire quelles espèces de grains ou de légumes conviennent le mieux aux différentes parties de ma propriété et me rapportent le plus de profits : je sais quelles espèces d'animaux je dois élever de préférence ; je puis enfin me rendre compte des plus petits détails de mon exploitation. Je me suis créé ainsi, pour mon propre usage, un système de comptabilité clair, sûr, méthodique, et qui m'offre d'un coup d'œil le résultat de toutes mes opérations.

« Cette pratique, assez fastidieuse d'abord, est devenue pour moi une espèce de jouissance. J'éprouve le plus vif intérêt à comparer le résultat de l'année présente avec ceux des années précédentes. Je suis même parvenu, sans le vouloir, à faire partager cet intérêt à ma Louise qui, comme je vous l'ai dit, s'est mise, elle aussi, à tenir registre de ses dépenses de ménage. À l'heure qu'il est, je ne voudrais pas, pour tout au monde, renoncer à cette coutume ; je croirais marcher vers un précipice, comme l'aveugle qui n'a personne pour le guider. J'y attache tant d'importance que je voudrais la voir suivie par tout cultivateur sachant lire et écrire. Bien plus, je voudrais que les sociétés d'agriculture pussent offrir des prix à ceux qui tiendraient les meilleurs registres de leurs travaux agricoles.

« C'est généralement le soir, après ma journée faite, que je fais mes entrées dans mon journal. Je me demande : qu'ai-je fait aujourd'hui ? Et je consigne ma réponse avec la plus grande précision possible. Je me rends compte à moi-même de l'emploi de ma journée. C'est en quelque sorte un examen de conscience.

« Voilà, en peu de mots, monsieur, tous les secrets de ma réussite. Et tout cela n'empêche pas la franche gaieté de venir de temps à autre s'asseoir à notre foyer. Il nous arrive assez souvent de passer des soirées entières à rire et badiner comme dans nos jours de jeunesse ; mon ami le curé de Rivardville en pleure de plaisir. Mais je serais ingrat envers la Providence si je ne reconnaissais pas hautement ses bienfaits. La voix qui m'avait dit dès mon entrée dans la forêt : "aide-toi, le ciel t'aidera" ne m'a pas trompé. Si ma propriété, primitivement acquise au prix de vingt-cinq louis, en vaut à l'heure qu'il est de quatre à cinq mille, j'en dois remercier avant tout Celui qui a voulu qu'elle devînt en grande partie le site d'un village, que des moulins, des fabriques de diverses sortes fussent érigés sur la rivière qui la traverse, et enfin qu'une immense voie ferrée, passant dans son voisinage, vînt inopinément en doubler la valeur.

« Maintenant, ajouta-t-il en se levant, puisque vous prenez tant d'intérêt à notre prospérité locale, et que vous n'avez rien de mieux à faire, je vous inviterai à faire un tour de voiture en dehors du village. »

J'acceptai volontiers. Mais avant de rendre compte de mes impressions de voyage, je dois me hâter de réparer une omission importante faite par Jean Rivard dans l'énumération des secrets de sa prospérité.

On voit par la conversation qui précède que les progrès étonnants de notre héros étaient dus en grande partie à son intelligence et à son activité, à la bonne organisation de toute sa ferme, à l'excellente direction donnée aux travaux, à l'ordre qui présidait à ses opérations agricoles, enfin au bon emploi de son temps, à la judicieuse distribution de chaque heure de la journée.

Mais il est une autre cause de prospérité que Jean Rivard eût pu compter au nombre de ses plus importants *secrets,* et dont il n'a rien dit par délicatesse sans doute.

Ce secret important, c'était Louise, c'était la femme de Jean Rivard.

Disons d'abord que Louise contribua pour beaucoup à entretenir le courage et à faire le bonheur de son mari par les soins affectueux qu'elle lui prodigua.

Elle l'aimait, comme sait aimer la femme canadienne, de cet amour désintéressé, inquiet, dévoué, qui ne finit qu'avec la vie.

Remplie de bienveillance pour les domestiques, Louise les traitait avec bonté, les soignait dans leurs maladies, et ne manquait jamais de s'attirer leur respect et leur affection. Quoique économe, elle était charitable ; et jamais un bon pauvre ne frappait à sa porte sans être secouru.

Fidèle observatrice de ses devoirs religieux, elle les faisait pratiquer à tous ceux qui dépendaient d'elle. Quelle heureuse influence une femme aimable et vertueuse peut exercer sur les dispositions des personnes qui l'entourent ! Un mot d'elle, un sourire, peut faire quelquefois sur des cœurs endurcis plus que ne feraient les exhortations des plus éloquents prédicateurs.

Mais à toutes ces heureuses qualités du cœur et de l'esprit, Louise joignait encore celles qui constituent la maîtresse de maison, la femme de ménage ; et on peut dire qu'elle contribua pour une large part, par ses talents et son industrie, au succès des travaux de Jean Rivard.

C'est elle qui dirigeait l'intérieur de l'habitation et tout ce qui se rapportait à la nourriture, au linge, à l'ameublement. Elle veillait avec un soin minutieux à l'ordre et à la propreté de la maison.

Aidée d'une servante qui était chargée de la besogne la plus pénible, qui trayait les vaches, faisait le beurre et le fromage, cuisait le pain, fabriquait l'étoffe, lavait le linge et les planchers, elle s'acquittait de sa tâche avec une diligence et une régularité parfaites. Chaque chose se faisait à son heure, et avec un ordre admirable.

Il fallait voir cette petite femme proprette, active, industrieuse, aller et venir, donner des ordres, remettre un meuble à sa place, sans cesse occupée, toujours de bonne humeur.

Si on avait quelque chose à lui reprocher, c'était peut être un excès de propreté. Les planchers étaient toujours si jaunes qu'on n'osait les toucher du pied. Les petits rideaux qui bordaient les fenêtres étaient si blancs que les hommes n'osaient fumer dans la maison de peur de les ternir. Cette propreté s'étendait même jusqu'au dehors ; elle ne pouvait souffrir qu'une paille trainât devant la porte. Son mari la plaisantait quelquefois à ce sujet, mais inutilement. La propreté était devenue chez elle une seconde nature.

Inutile de dire que cette propreté se faisait remarquer d'abord sur sa personne. Quoique ses vêtements fussent en grande partie de manufacture domestique, et du genre le plus simple, cependant il y avait tant de goût dans son ajustement que les plus difficiles en fait de toilette n'y pouvaient trouver à redire.

Jean Rivard trouvait toujours sa Louise aussi charmante que le jour de ses noces. Il n'eût jamais souffert qu'elle s'assujettît aux rudes et pénibles travaux des champs. S'il arrivait quelquefois à celle-ci d'aller dans les belles journées d'été prendre part à la fenaison, c'était autant par amusement que pour donner une aide passagère.

C'était une grande fête pour les travailleurs que la présence de madame Rivard au milieu d'eux.

Mais il y avait deux autres occupations extérieures qu'elle affectionnait particulièrement : c'était le soin de la basse-cour et celui du jardin. Quant à cette dernière occupation, à part le bêchage et la préparation du sol qui se faisaient à bras d'hommes, tout le reste était à sa charge. Dans la belle saison de l'été, on pouvait la voir, presque chaque jour, coiffée de son large chapeau de paille, passer une heure ou deux au milieu de ses carrés de légumes, les arrosant, extirpant les herbes nuisibles, entretenant les rosiers et les fleurs des plates-bandes, sarclant ou nettoyant les allées.

La table de Jean Rivard était, d'un bout de l'année à l'autre, chargée des légumes récoltés par Louise, et ce qu'elle en vendait formait encore un item important de son livre de recettes.

Si on ajoute à tout cela les soins incessants que Louise donnait à ses enfants, dont le nombre s'accroissait tous les deux ans, le temps qu'elle employait à la confection de leur linge et de leurs petits vêtements, ainsi qu'à l'entretien du linge de ménage ; si on se rappelle que c'est elle qui façonnait de ses mains tous ces articles de toilette, on avouera que sa part dans l'exploitation de Jean Rivard n'était pas sans importance et qu'elle pouvait se féliciter (ce qui d'ailleurs devrait être l'ambition de toute femme) d'être, dans sa sphère, aussi utile, aussi accomplie que son mari l'était dans la sienne.

# V

## Une paroisse comme on en voit peu

Je dirai en quelques pages les impressions qui me sont restées de ma rapide mais intéressante excursion à travers la campagne de Rivardville.

Toute la paroisse me sembla un immense jardin. Le chemin du Roi, entretenu comme une route macadamisée, était presque d'un bout à l'autre bordé d'arbres majestueux projetant leurs rameaux jusque sur la tête des voyageurs. Point de poussière, point de soleil brûlant ; mais une douce fraîcheur se répandait partout dans l'atmosphère que nous traversions.

C'était à l'époque où la végétation est dans toute sa force et toute sa beauté. Un épais gazon couvrait le sol ; dans les champs ensemencés, les tiges des grains formaient un riche tapis de verdure ; dans les prairies, le foin s'élevait à plusieurs pieds de hauteur ; dans les jardins et partout autour des maisons les arbres étaient en fleur ou revêtus de feuillage, toute la nature semblait travailler au bien-être et au plaisir de l'homme.

La plus grande propreté se faisait remarquer dans le voisinage de la route et des habitations. On n'y voyait point de ces clôtures délabrées, de ces bâtiments en ruine, de ces monceaux d'ordures qui trop souvent attristent l'œil ou offusquent l'odorat du voyageur. Des troupeaux d'animaux des plus belles races connues paissaient dans les gras pâturages. De distance en distance, à demi cachée par les arbres, apparaissait une jolie maison en brique ou en bois peint. C'est à peine si dans tout le cours de notre trajet, nos yeux s'arrêtèrent sur trois ou quatre chaumières de pauvre apparence. Cet air de prospérité me frappa tellement que je ne pus m'empêcher d'exprimer tout haut ma surprise et mon enthousiasme.

— Cette prospérité, me répondit mon compagnon, n'est pas seulement apparente ; si vous pouviez pénétrer, comme je le fais souvent, dans l'intérieur de ces demeures, vous verriez dans l'attitude et les paroles de presque tous les habitants, l'expression du contentement et du bonheur. Vous n'y verriez pas de faste inutile, mais une propreté exquise, et même une certaine élégance et tout le confort désirable.

— À quoi attribuez-vous cette prospérité ?

— Rappelez-vous tous les secrets dont je vous ai parlé. Ce qui a fait mon succès fait aussi celui d'un grand nombre d'autres. L'exemple est contagieux, voyez-vous ; le voisin imite son voisin, et c'est ainsi que s'introduisent les bonnes habitudes et les réformes utiles. La plupart des cultivateurs dont vous admirez la richesse sont entrés dans la forêt, il y a douze et quinze ans, n'ayant pour toute fortune que leur courage et leur santé. Le travail et l'industrie les ont faits ce qu'ils sont. Quant au bon goût déployé dans l'ornementation des résidences, et aux connaissances agricoles qu'indique l'aspect général des champs ensemencés, l'exemple et les paroles de mon ami le curé de Rivardville, le zèle et les leçons de notre professeur, ont contribué beaucoup à les répandre. Moi-même je ne suis peut-être pas étranger à ce progrès.

« Rien n'est propre à faire aimer la campagne

comme cette apparence de bien-être, d'élégance et de luxe champêtre.

« La dimension, la situation, la propreté des maisons sont aussi pour beaucoup dans la santé physique et morale des habitants. Les chambres qu'habite la famille, et en particulier les chambres à coucher, sont généralement spacieuses et bien aérées. Nous attachons une grande importance à cela. À combien de maladies, de misères, de vices, ne donnent pas lieu les habitations basses, humides, malsaines de vos grandes villes ? »

Çà et là nous apercevions des groupes d'enfants jouant et gambadant sur la pelouse. Quelle différence, me disais-je, entre cette vie des champs et celle de la ville, pour ce qui regarde le développement physique et intellectuel des enfants ! Dans nos grandes cités, l'enfant est presque toute l'année resserré entre quatre murs. Dans la belle saison, il respire l'air vicié et la poussière des rues. Combien il envierait, s'il le savait, le bonheur des enfants de la campagne qui dans tous leurs ébats à travers champs n'aspirent que le parfum des fleurs ou l'odeur des prairies ?

De temps en temps nous entendions la voix gracieuse de quelque jeune fille qui, tout en cousant, filant, ou tricotant, mariait son chant au chant des oiseaux. Vers le soir, mes oreilles furent agréablement frappées par des son de musique que je pris pour ceux de la flûte et du violon.

— Mais, dis-je à mon hôte, vous ne vous contentez pas d'être artistes agricoles ; je vois que vous avez dans votre paroisse des artistes de tous les genres ?

— Non, répondit-il, mais nous avons depuis longtemps du chant et de la musique. L'enseignement du chant fait partie du programme de nos écoles de filles et de garçons ; et quant à la musique, mon ami le curé a formé, pour nos grandes solennités religieuses, un corps d'amateurs dont le nombre s'augmente de jour en jour.

« Dans la plupart de nos familles, la musique vocale et instrumentale forme un des plus agréables délassements. Elle repose le corps et l'esprit des fatigues du travail.

« De fait, ajouta Jean Rivard, notre ambition serait de transporter à la campagne tout ce qu'il y a de bon dans la vie de votre monde citadin, en nous gardant avec soin de tout ce qu'on y trouve de mensonger, d'exagéré, d'immoral. Rien de plus facile que de former les jeunes personnes aux manières polies, au bon ton, aux grâces de ce que vous appelez la bonne société. Tout cela n'a rien d'incompatible avec la modestie, la simplicité et les autres vertus. L'économie dans la toilette n'en exclut pas le bon goût. Personne n'est plus que moi ennemi du faste et de l'ostentation, mais l'extrême rusticité me déplaît également. C'est ma conviction que rien ne contribuera plus à retenir au sein de nos campagnes les centaines de jeunes gens qui cherchent à s'en échapper aujourd'hui que cet aspect d'aisance, ces dehors attrayants, qui ont au moins l'effet d'égayer les regards et de faire croire au bonheur. C'est une idée qui peut être sujette à controverse, mais que je donne pour ce qu'elle vaut. »

— Mais ne connaissez-vous pas quelque autre moyen également efficace d'arrêter l'émigration des campagnes ?

— Oui, j'en connais plusieurs, mais je ne m'arrêterai qu'à un seul qui me paraît moins connu que les autres : je veux parler de l'établissement des manufactures.

« Depuis plusieurs années, nous avons formé à Rivardville une association dans ce but. Bon nombre des habitants de la paroisse en font partie. L'association a déjà bâti six moulins, dont deux à scie, deux à farine, un à carder et l'autre à moudre de l'avoine ; elle a aussi une fabrique d'huile de graine de lin, et une de meubles ; elle aura prochainement une fabrique d'étoffes. Le risque a été de peu de chose pour chacun de nous et les résultats pour la paroisse ont été immenses. J'aurais dû mentionner cela parmi les secrets de notre prospérité ; car toutes les industries se soutiennent l'une par l'autre. Les ouvriers de nos fabriques appartiennent principalement à la classe agricole ; ils donnent à l'association le temps qu'ils ne peuvent employer avantageusement sur leurs terres. Ainsi, en hiver comme en été, les habitants de Rivardville font un utile emploi de leur temps. Nul n'est oisif et personne ne songe à quitter la paroisse.

« Cela ne nuit en rien à l'existence de cette foule de petites industries, filles du travail et de l'intelligence, qui s'exercent au sein des familles et y sont une source d'aisance. »

Jean Rivard continua à m'entretenir longtemps de tous les détails de l'association, de son organisation, des difficultés qu'elle avait rencontrées, des profits qu'elle rapportait, etc.

— Le principal but de notre association, me dit-il, a été de procurer du travail à ceux qui n'en ont pas ; car il existe malheureusement, dans toute localité tant soit peu populeuse, un certain nombre d'individus dépourvus des connaissances, de l'expérience ou de l'énergie nécessaires pour s'en procurer par eux-mêmes ; et il arrive quelquefois que ces individus, rebutés, découragés, se livrent au vol ou à la fainéantise, et finissent par être des êtres nuisibles dans le monde. Il est vrai que le zèle privé, l'esprit philanthropique et charitable des citoyens éclairés, s'ils sont bien pénétrés de ces vérités, peuvent faire plus, comparativement parlant, que ne font les efforts combinés des associations ; mais il faut à ce zèle privé, à cet esprit philanthropique, un stimulant qui le tienne constamment en éveil ; et l'association est un de ces stimulants.

« Quoique les opérations de la nôtre aient été assez restreintes jusqu'aujourd'hui — car nous avons voulu agir avec la plus grande prudence —, cependant les bases en sont très larges, et j'espère qu'avant peu nous en obtiendrons des résultats surprenants.

« Elle s'occupe en général de l'étude des ressources du pays et des moyens de les exploiter ; elle constate les produits de consommation locale, même ceux d'importation qui pourraient être fabriqués ici aussi économiquement que dans les autres localités ; elle favorise l'exportation des produits qui peuvent se vendre avec avantage sur les marchés étrangers ; elle s'efforce de rendre les communications et les débouchés plus faciles, et d'en augmenter le nombre, elle encourage l'agriculture, sans laquelle toutes les autres industries languissent ; enfin elle favorise la diffusion des connaissances usuelles, et l'instruction populaire qui sert d'engin à tout le reste.

« On ne sait pas tout ce qu'on pourrait accomplir au moyen d'associations de ce genre. »

— Des personnes éclairées et bien intentionnées, fis-je remarquer, regardent pourtant d'un mauvais œil l'établissement de manufactures dans le pays.

— Oui, répondit-il, et la question est aussi controversée parmi nous. Nous ne nous cachons pas les inconvénients que présente l'industrie manufacturière exercée sur une trop grande échelle, comme dans les vieux pays de l'Europe, où le bonheur et la vie même des pauvres ouvriers sont à la merci des fabricants, où les jeunes enfants s'étiolent, où les jeunes filles se dépravent, où des êtres humains devenus machines passent leur vie dans l'ignorance et l'abrutissement le plus complet. Mais ne pouvons-nous nous prémunir contre ces dangers ? D'ailleurs l'établissement de fabriques au milieu de nos campagnes — et c'est là qu'elles devraient être — serait loin, il me semble, de présenter les inconvénients qu'on redoute avec tant de raison.

« Le Canada peut être à la fois pays agricole et pays manufacturier.

« Une chose est au moins certaine, c'est que l'établissement de manufactures contribuera puissamment à arrêter l'émigration et l'expatriation de notre belle jeunesse, et à rappeler au milieu de nous ces milliers de travailleurs canadiens dispersés aujourd'hui dans toutes les villes manufacturières de l'Union américaine. »

Tout en parlant ainsi, nous avions fait le tour de la paroisse et nous entrions dans le village par l'extrémité opposée à celle d'où nous étions partis.

Jean Rivard m'apprit que, outre les moulins, fabriques, fonderie, etc., appartenant à l'association industrielle de Rivardville, on comptait encore dans le village une fabrique d'horloges, une fabrique de cribles et de moulins à battre, cinq forges, une tannerie, six boutiques de charpentier, une de ferblantier, deux charrons, un tailleur, un sellier, un potier, quatre cordonniers, etc. On y comptait aussi deux médecins et deux notaires. Il y avait un grand marché fréquenté non seulement par les habitants de la paroisse, mais par ceux des paroisses voisines. Les rues étaient spacieuses et bordées de chaque côté d'un large trottoir en bois*.

--------

* Si quelqu'un était porté à trouver exagéré le progrès

En passant en face du lycée, nous nous arrêtâmes un instant pour admirer les proportions de l'édifice et la propreté des terrains environnants.

— Je vous proposerais bien d'entrer, me dit mon hôte, si nous n'avions pas à nous arrêter ailleurs : vous verriez ce que c'est qu'une école bien tenue. Je vous ferais voir aussi notre bibliothèque paroissiale qui occupe une des chambres du second étage. Nous avons un excellent choix de livres. À part ces petites historiettes d'une morale si pure, qui développent chez les jeunes gens le goût de la lecture en même temps qu'ils éveillent en eux les plus beaux sentiments de la nature, vous verriez des traités sur presque toutes les branches des connaissances humaines ; nous avons, comme de raison, donné la préférence aux ouvrages écrits d'un style simple et à la portée de toutes les intelligences. Des traités élémentaires d'agriculture, des manuels des arts et métiers forment une des plus intéressantes parties de notre collection. Les livres qui nous font connaître l'histoire et les ressources de notre pays ne nous manquent pas non plus. Chaque année nous achetons quelques nouveaux ouvrages, et le nombre des lecteurs augmente à proportion.

« Le professeur du lycée remplit les fonctions de bibliothécaire. C'est le dimanche, après vêpres, qu'il distribue les volumes à ceux qui veulent en emporter. Vous ne sauriez croire tout le bien que font ces petits livres

---

de Rivardville depuis sa fondation, nous lui dirions que le village de L'Industrie, comté de Montcalm, après vingt ans d'existence, possédait tous les établissements dont nous venons de parler, sans compter un collège en pierre à deux étages, deux écoles, deux hôtelleries, etc. La construction du chemin de fer de L'Industrie vint couronner ce progrès en 1847.

répandus ainsi sur tous les points de la paroisse. Notre professeur continue, en outre, chaque dimanche, son cours de notions utiles et de connaissances générales ; il est maintenant fort instruit, et ses leçons deviennent de plus en plus intéressantes. Il est tellement populaire que la paroisse vient d'élever le chiffre de son traitement, sans la moindre sollicitation de sa part. »

— C'est un fait honorable et pour la paroisse et pour le professeur. Mais, ajoutai-je, à part votre bibliothèque paroissiale, vous avez aussi, je suppose, un cabinet de lecture ?

— Non ; mais un grand nombre d'entre nous souscrivent aux gazettes. Nous recevons les principaux journaux de la province ; nous en recevons plusieurs, afin de connaître autant que possible la vérité. Les voisins échangent souvent entre eux, qu'ils soient ministériels ou oppositionnistes ; car en général l'esprit de parti, en dehors des temps d'élection, est beaucoup moins vivace, moins exclusif à la campagne qu'à la ville, et nous lisons volontiers toutes les gazettes, pourvu qu'elles contiennent quelque chose d'instructif. Vous n'ignorez pas — c'est un fait bien connu — que nulle part les gazettes ne sont aussi bien lues qu'à la campagne. Il n'est pas rare de rencontrer parmi nous de ces liseurs avides qui ne s'arrêtent qu'au bas de la quatrième page de chaque numéro, sans même faire grâce aux annonces des charlatans. À part les gazettes politiques, nous recevons des journaux consacrés à l'agriculture, à l'éducation, à l'industrie, et même des recueils purement littéraires. Nous considérons que les connaissances disséminées par ces divers recueils, les idées qu'ils répandent, les sentiments qu'ils produisent, les aliments qu'ils fournissent à l'esprit, sont une ample compensation de la somme minime exigée annuellement de chaque individu. Le goût de la lecture s'est accru graduellement ; je pourrais vous citer des hommes, autrefois d'une parcimonie étrange à l'égard des choses de l'intelligence, des hommes qui n'auraient jamais lu un livre s'ils n'eussent trouvé à l'emprunter pour l'occasion, qui aujourd'hui dépensent littéralement plusieurs louis par année en achat de livres ou en souscriptions à des recueils périodiques. Les uns se privent de tabac, d'autres d'un article de toilette pour pouvoir souscrire à un journal ou acheter quelque livre nouveau.

« Depuis longtemps les entretiens sur la politique, sur le mérite des hommes publics ou les mesures d'utilité générale, sur les nouvelles européennes ou américaines, sur les découvertes récentes en agriculture ou en industrie, ont remplacé parmi nous les conversations futiles sur les chevaux, les médisances et les cancans de voisinage.

— Est-ce que vos discussions politiques sont généralement conduites avec sang-froid et dignité ? Ne dégénèrent-elles pas quelquefois en querelles ridicules, comme cela se voit le plus souvent ?

— Pour dire le vrai, notre petite société politique se ressent un peu de l'esprit des journaux qui composent sa nourriture intellectuelle. Celui qui fait sa lecture ordinaire de ces gazettes, où la passion, l'injure, l'intolérance, les personnalités grossières tiennent lieu de bon sens, se distingue généralement par un esprit hâbleur et des idées outrées. Celui au contraire qui reçoit un journal rédigé avec modération est presque invariablement poli, délicat, réservé dans son langage. L'esprit et le ton qui président à la rédaction d'un journal exercent une influence étonnante sur l'éducation du peuple et la moralité publique. Tel journal, tel abonné. On pourrait, au moyen des journaux, renouveler en peu d'années la face d'un pays.

Je pus voir de mes yeux, durant cette courte promenade, de quelle estime Jean Rivard était entouré. Tous ceux que nous rencontrions le saluaient respectueusement en ôtant leurs chapeaux. Quelques-uns l'arrêtèrent en passant pour lui demander quelque conseil. À la manière dont ils lui parlaient, je voyais qu'ils le considéraient tous comme leur meilleur ami. « Nous sommes rendus, me dit-il, à l'un des points les plus intéressants de notre itinéraire ; nous voici au presbytère, et nous allons entrer un instant faire visite à notre ami monsieur le curé. »

# VI

## Visite à monsieur le curé — Dissertations économiques

M. Doucet était à la sacristie, occupé à faire un baptême. En l'attendant, Jean Rivard m'emmena faire un tour dans le jardin de son ami. Ce jardin s'étendait en arrière à l'ouest du presbytère, lequel semblait être ainsi au milieu des fleurs et des fruits. Le presbytère était une modeste maison en bois, à un seul étage, avec mansardes, mais assez spacieuse, et divisée commodément.

Un large perron s'étendait sur le devant, abrité du soleil et de la pluie par un prolongement de la toiture. Un petit parterre et des plantes grimpantes égayaient les abords de la maison.

Au bout d'un quart d'heure, monsieur le curé arriva et nous accueillit avec la plus affectueuse cordialité. Il nous fit d'abord entrer dans une chambre modestement mais proprement meublée, qui lui servait de salon, puis bientôt nous passâmes dans une chambre plus petite qui lui servait de bibliothèque et de salle ordinaire de réunion. Je trouvai M. Doucet tel que me l'avait dépeint Jean Rivard : bon, poli, simple, aimable, sans prétention, ne paraissant se douter ni de ses vertus, ni du bien qu'il accomplissait autour de lui. Nous fûmes de suite sur le pied de la plus parfaite intimité. On eût dit que nous nous connaissions depuis vingt ans.

Nous parlâmes longtemps de Rivardville, de sa naissance, de ses progrès, de sa prospérité. J'exprimai à monsieur le curé combien j'étais enchanté de mon excursion. Ce qui me surprend, ajoutai-je, c'est que les Cantons de l'Est n'attirent pas encore plus qu'ils ne font l'attention de nos compatriotes. Ils offrent, il faut l'avouer, des avantages de toutes sortes. Le sol y est fertile ; des voies faciles de communication les sillonnent en tous sens. Vous avez les plus beaux pouvoirs hydrauliques qu'il soit possible de désirer : puis voilà maintenant que des mines de diverses sortes s'exploitent en plusieurs endroits, ce qui ne peut manquer d'accroître encore l'industrie, l'activité et la richesse de ces belles et fertiles régions.

— Vous oubliez de mentionner, reprit le curé, un avantage que je considère, moi, comme supérieur à tous les autres, c'est la salubrité du climat. L'air de nos cantons est constamment pur et sain, grâce aux forêts qui couvrent encore une partie du territoire, et à l'absence de grands marécages. Aussi la vie dure-t-elle longtemps, et les vieillards de cent ans ne sont pas rares parmi nous. Les beautés naturelles de nos cantons sont égales sinon supérieures à celles de la Suisse ; nous avons une étonnante variété de lacs et de montagnes...

— Cet air pur de nos montagnes, ajouta Jean Rivard, et la salubrité générale de notre climat expliquent peut-être un fait qui semble d'abord assez étrange, mais qui n'en existe pas moins : c'est que la race canadienne transplantée ici s'améliore graduellement ; les hommes y deviennent plus hauts, plus forts, et les femmes s'y embellissent. Cette idée fait rire monsieur le curé, mais je voudrais que nous puissions vivre tous deux dans l'espace de deux ou trois générations, je serais certain de le convaincre.

— Vous oubliez une chose, dit le curé.

— C'est possible.

— La pêche et la chasse.

— C'est vrai ; mais je pouvais convenablement laisser cela à monsieur le curé qui, je crois, pêche beaucoup plus que moi. Il vous aurait dit que si nous voulons un poisson pour le vendredi, nous n'avons que le soin d'aller jeter une ligne sur le bord de la rivière, ou au milieu d'un des nombreux petits lacs du voisinage ; et que si nous avons fantaisie d'une tourte ou d'une perdrix, nous n'avons qu'à nous acheminer, le fusil sur l'épaule, vers la lisière de la forêt.

Au bout d'une heure, je me levai pour partir, mais monsieur le curé me fit rasseoir et nous fit consentir, de la manière la plus aimable, à prendre le thé avec lui.

Pendant le souper, la conversation prit une tournure tout à fait sérieuse et roula principalement sur ces mille et une questions si importantes, si intéressantes, qui se rattachent aux destinées de la patrie — sur les divers moyens d'accroître le bien-être du peuple, et de le rendre meilleur et plus heureux. Je pus me convaincre aussitôt que ces sujets si graves avaient déjà été plus d'une fois l'objet des délibérations des deux amis. Je ne tardai pas non plus à m'apercevoir que les opinions de monsieur le curé sur la plupart de ces grandes questions coïncidaient parfaitement avec celles de Jean Rivard.

De là à la politique proprement dite, il n'y avait qu'un pas, et je tentai, à diverses reprises, d'amener monsieur le curé sur ce terrain glissant : mais ce fut sans succès. Les questions de personnes ou de parti qui semblent seules avoir l'effet de passionner certaines gens le trouvaient complètement indifférent. Tout ce qu'il déplorait, c'était la coupable insouciance de nos législateurs pour ce qu'il appelait les intérêts fondamentaux du pays, l'éducation, l'agriculture et l'industrie. « On parle sans cesse de réformes politiques, disait-il, sans songer à poser les bases premières de ces réformes. On oublie qu'en construisant un édifice, ce n'est pas par le faîte qu'il le faut commencer. »

Sur ce que je faisais observer à monsieur le curé que l'état de l'agriculture dans la paroisse de Rivardville m'avait paru ne rien laisser à désirer :

« C'est vrai, répondit-il, mais vous ne sauriez croire tout ce qu'il nous a fallu d'efforts pour opérer les progrès que vous avez remarqués. Mon ami le maire de Rivardville, dit-il en regardant Jean Rivard, peut vous en dire quelque chose. Il vous suffirait d'ailleurs de visiter les paroisses voisines pour vous convaincre que ce progrès est loin d'être le même partout.

— Mais quel serait donc, suivant vous, le meilleur moyen de perfectionner l'agriculture ?

— Je ne crois pas qu'on parvienne jamais à lui donner une impulsion puissante sans l'établissement de fermes-modèles. Toute localité importante devrait avoir sa ferme-modèle, placée dans le voisinage de l'église, accessible, en tout temps et à tout le monde, ayant à sa tête une personne en état de fournir tous les renseignements demandés.

— Mais l'établissement d'un si grand nombre de fermes-modèles serait une charge énorme sur le budget de la province.

— Oui, c'est là, je le sais, le grand obstacle, l'obstacle insurmontable. Il est vrai qu'on ne recule pas devant cette grave difficulté lorsqu'il s'agit de chemins de fer, de vaisseaux transatlantiques, d'édifices gigantesques pour les bureaux du gouvernement, et de mille autres choses d'une importance secondaire — on approprie alors, sans y regarder de près, des centaines, des milliers, des millions de piastres sous prétexte d'utilité publique ; — on ne s'effraie ni du gaspillage, ni des spéculations individuelles qui pourront résulter de ces énormes dépenses ; mais lorsqu'il s'agit de l'agriculture, cette mamelle de l'État, comme l'appelait un grand ministre, cette première des industries, comme disait Napoléon, la base, la source première de la richesse d'un pays, on tremble de se montrer généreux. Comment ne comprend-on pas que, dans un jeune pays comme le nôtre, l'agriculture devrait être le principal objet de l'attention du législateur ? En supposant même pour un instant que le gouvernement se laissât aller à ce qui pourrait sembler une extravagance dans l'encouragement donné à l'agriculture et aux industries qui s'y rattachent, qu'en résulterait-il ? Aurions-nous à craindre une banqueroute ? Oh ! non, au contraire une prospérité inouïe se révélerait tout à coup. Des centaines de jeunes gens qui végètent dans les professions ou qui attendent leur vie du commerce, des industries des villes, des emplois publics abandonneraient leurs projets pour se jeter avec courage dans cette carrière honorable. Et soyez sûr d'une chose : du moment que la classe instruite sera attirée vers l'agriculture, la face du pays sera changée.

— Je partage l'opinion de monsieur le curé, dit Jean Rivard ; je désirerais de tout mon cœur voir notre gouvernement commettre quelque énorme extravagance pour l'encouragement de l'agriculture. C'est la seule chose que je serais volontiers disposé à lui pardonner.

— Je sais ce qui vous fait sourire, ajouta monsieur le curé : nos plans vous semblent chimériques. Vous vous représentez un gouvernement possesseur de deux ou trois cents fermes-modèles, et vous vous dites : quel embarras ! quelle dépense ! et comment un ministre, fût-il l'homme le plus actif et le plus habile, pourrait-il suffire à administrer tout cela ?

— J'admets que ce serait une œuvre colossale, et qu'elle exigerait des efforts extraordinaires. Mais les résultats répondraient à la grandeur du sacrifice. D'ailleurs les dépenses encourues pour cet objet ne devraient pas effrayer nos financiers puisqu'elles seraient ce qu'on appelle des dépenses reproductives, et qu'elles ne pourraient que contribuer à l'accroissement de la richesse générale. En outre, si l'on veut que nos immenses voies de transport et de communication remplissent le but pour lequel elles ont été établies, ne faut-il pas encourager la production par tous les moyens possibles ?

« Oui, encourager la production, surtout la production du sol, non par des demi-mesures, mais par des mesures larges, généreuses, puissantes, voilà ce qui stimulera le commerce et l'industrie, et fera du Canada un pays véritablement prospère. »

Il y avait dans le regard, l'accent, la voix de monsieur le curé un air de sincérité, de force et de conviction qui me frappa singulièrement et que je me rappelle encore.

— Mais ne pensez-vous pas, fis-je remarquer, que notre peuple se repose un peu trop sur le gouvernement pour le soin de ses intérêts matériels ?

— Oui, j'admets, répondit-il, qu'un de nos défauts, défaut que nous tenons peut-être de nos ancêtres, c'est de ne pas nous reposer assez sur nous-mêmes ; mais qu'on répande l'instruction parmi les masses, qu'on développe l'intelligence de toutes les classes de la population, et soyez sûr qu'elles marcheront bientôt seules, sans secours étranger.

« Oh ! l'éducation ! l'éducation ! Voilà encore un de ces mots magiques, un de ces mots qui renferment tout un monde d'idées ; mais ce qui frappe, ce qui semble incompréhensible, c'est l'indifférence de presque tous les hommes politiques pour cette cause sublime, pour cette grande réforme, la base de toutes les autres. Comment ne comprend-on pas que pour constituer un peuple fort et vigoureux, ayant toutes les conditions d'une puissante vitalité, il faut avant tout procurer à chaque individu le développement complet de ses facultés naturelles, et en particulier de son intelligence, cette intelligence qui gouverne le monde ? Comment ne comprend-on pas que les hommes éclairés dans tous les états de la vie, négociants, industriels, administrateurs, sont ce qui constitue la force, la richesse et la gloire d'un pays ?

« Ils se trompent étrangement ceux qui croient que le prêtre voit avec indifférence les progrès matériels et les améliorations de la vie physique. Si nous ne désirons pas voir la richesse sociale accumulée entre les mains d'un petit nombre d'individus privilégiés, nous n'en faisons pas moins des vœux pour que l'aisance soit aussi étendue, aussi générale que possible, et pour que toutes nos ressources soient exploitées dans l'intérêt de la fortune publique. Nous comprenons tout ce que la richesse bien administrée, bien appliquée, porte avec elle de force morale. En même temps que nous recommandons le bon emploi des biens que Dieu prodigue à certains de ses enfants, nous nous élevons avec force contre l'oisiveté, cette mère de tous les vices et la grande cause de la misère. Personne n'admire plus volontiers que nous les merveilles du travail et de l'industrie.

— Vous avez tout à l'heure prononcé le mot d'émigration : est-ce que la population de Rivardville se compose exclusivement de Canadiens français ?

— Non ; nous avons aussi plusieurs familles irlandaises. Toutes se distinguent par des habitudes industrieuses et par leur attachement inébranlable au culte catholique. Jusqu'à présent l'accord le plus parfait n'a cessé de régner entre elles et le reste des habitants. Il est vrai que je ne manque pas de leur répéter souvent la maxime de l'apôtre : « aimez-vous les uns les autres ». Car j'ai toujours considéré qu'un des plus beaux devoirs du prêtre c'est de s'efforcer de faire disparaître ces haines de race, ces préjugés nationaux, ces animosités sans fondement qui font tant de mal parmi les chrétiens ; c'est de travailler à faire de toutes ses ouailles une seule et même famille unie par les liens de l'amour et de la charité. Quand je vois arriver parmi nous de pauvres émigrés, venant demander à une terre étrangère le pain et le bonheur en échange de leur travail, je me sens pénétré de compassion, et je m'empresse de leur tendre une main sympathique : soyez les bienvenus, leur dis-je, il y a place pour nous tous sous le soleil ; venez, vous trouverez en nous des amis et des frères. En peu d'années ces familles laborieuses se font une existence aisée. Plusieurs mariages contractés avec leurs voisins d'origine française contribuent encore à cimenter l'union et la bonne harmonie qui n'a jamais cessé d'exister entre les deux nationalités.

« Il y a quelque chose de bon à prendre dans les mœurs et les usages de chaque peuple ; et notre contact avec des populations d'origine et de contrées différentes peut, sans porter atteinte à notre caractère national, introduire dans nos habitudes certaines modifications qui ne seront pas sans influence sur notre avenir, et en particulier sur notre avenir matériel. »

Je fus heureux d'apprendre dans le cours de notre entretien que le système municipal fonctionnait à merveille dans la paroisse de Rivardville.

— Notre gouvernement municipal, dit monsieur le curé, s'il est bien compris et bien administré, peut, tout en développant et exerçant le bon sens politique et l'esprit du gouvernement chez notre population, devenir la sauvegarde de ce que nous avons de plus cher. Chaque paroisse peut former une petite république où non seulement les ressources naturelles et matérielles, mais aussi les ressources morales du pays seront exploitées dans l'intérêt de notre future existence comme peuple. La paroisse sera notre château-fort. Quand même toute autre ressource nous ferait défaut, il me semble que nous trouverions là un rempart inexpugnable contre les agressions du dehors.

« Oh ! prions Dieu, ajouta-t-il d'un ton pénétré, prions Dieu que la gangrène ne s'introduise pas dans notre corps politique. Nous jouissons de toute la liberté désirable ; mais combien il est à craindre que la corruption, la vénalité, la démoralisation ne détruisent les avantages que nous pourrions retirer de notre excellente forme de gouvernement ! Déjà l'on semble oublier que les principes sont tout aussi nécessaires dans la vie publique que dans la vie privée, et l'on sacrifie de gaieté de cœur les intérêts de la morale à ceux de l'esprit de parti. C'est à la presse, c'est aux hommes éclairés qui dirigent l'opinion à opposer sans délai une digue infranchissable à ce torrent dévastateur de l'immoralité qui menace d'engloutir nos libertés politiques. »

La conversation de monsieur le curé m'intéressait

souverainement, et je passai plus de trois heures au presbytère sans m'apercevoir de la fuite du temps.

Nous dûmes cependant le quitter, pour retourner chez Jean Rivard, non toutefois sans avoir visité l'église de Rivardville, qui eût fait honneur à l'une des anciennes paroisses du bord du Saint-Laurent.

Chemin faisant, Jean Rivard me dit :

— Si vous n'aviez pas été si pressé, je vous aurais fait voir les champs de grains et de légumes semés par monsieur le curé ; je vous aurais montré ses animaux, ses volailles, ses lapins. Vous auriez vu s'il entend l'agriculture. En effet, pas un progrès ne se fait dans cette science sans qu'il en prenne connaissance. Après les devoirs de son état, c'est peut-être la chose qu'il entend le mieux. Il trouve dans cette occupation un délassement à ses travaux intellectuels en même temps qu'un moyen d'éclairer le peuple et de contribuer au bien-être général. Un mot de lui sur les meilleures races d'animaux, sur l'importance des engrais, etc. fait souvent plus d'effet que tout ce que pourraient dire les prédicateurs agricoles ou les livres les mieux écrits sur cette branche de connaissances.

« Cela ne l'empêche pas de s'occuper de réformes morales et sociales. Il a réussi à établir dans la paroisse une société de tempérance dont presque tous les hommes font partie. Vous ne sauriez croire quelle influence une association de ce genre exerce sur la conduite et la moralité des jeunes gens. Il fait une guerre incessante au luxe, cette plaie des villes qui peu à peu menace d'envahir les campagnes. Enfin, grâce aux soins qu'il se donne pour procurer du travail aux pauvres, l'oisiveté est inconnue parmi nous. Aussi n'avons-nous pas un seul mendiant dans toute la paroisse de Rivardville. Nous sommes à bon droit fiers de ce résultat. »

En passant devant une des hôtelleries, nous entendîmes un bruit de voix discordantes et, bientôt, nous aperçûmes sur le perron un groupe de personnes au milieu desquelles était un vieillard qui parlait et gesticulait avec violence. Je craignis qu'on n'eût commis quelque voie de fait sur ce pauvre invalide et je proposai à mon compagnon d'intervenir. Mais Jean Rivard se mit à sourire.

— Laissez faire, me dit-il, ce vieillard serait bien fâché de notre intervention. C'est le père Gendreau dont je vous ai déjà parlé. Il est tellement connu dans la paroisse pour son esprit de contradiction que personne ne se soucie plus de discuter avec lui. Il en est réduit à s'attaquer aux étrangers qui séjournent dans nos auberges. En leur engendrant querelle à propos de politique, de chemins de fer, d'améliorations publiques, il peut trouver encore l'occasion de contredire et goûter ainsi quelques moments de bonheur.

« Toutes les maisons que vous voyez, continua Jean Rivard, sont bâties sur les terrains que j'avais retenus pour mes frères et pour moi, lors de mon établissement dans la forêt ; ainsi mes frères sont devenus riches sans s'en apercevoir. Ma bonne mère en est toute rajeunie. Elle vient nous voir de temps à autre ; rien ne me touche autant que son bonheur. Le seul regret qu'elle laisse échapper, c'est que notre pauvre père n'ait pas pu voir tout cela avant de mourir ! »

— Est-ce que vos frères sont tous établis dans le village ?

— Non, je n'en ai encore que deux ; l'un auquel j'ai cédé ma potasserie, qu'il a convertie en perlasserie et qu'il exploite avec beaucoup d'intelligence ; l'autre qui s'est établi comme marchand et qui, grâce à son activité et à une grande réputation de probité, se tire passablement d'affaire. Tous deux sont mariés et sont d'excellents citoyens. Sur les sept autres, l'un est sur le point d'être admis au notariat, un autre exerce à Grandpré la profession de médecin, deux ont pris la soutane et font leurs études de théologie, et les trois autres sont au collège et n'ont pas encore pris de parti. À part les deux ecclésiastiques qui paraissent avoir une vocation bien prononcée pour le sacerdoce, j'aurais voulu voir tous mes autres frères agriculteurs ; mais ils en ont jugé autrement, que Dieu soit béni ! Les prières de ma mère ont été exaucées, elle aura deux prêtres dans sa famille : cela suffit pour la rendre heureuse le reste de ses jours. Je crains bien que l'un des trois écoliers ne cherche à se faire avocat : ce paraît être comme une maladie épidémique parmi la génération actuelle de collégiens.

« Quant au petit Léon, le plus jeune de mes frères, il restera probablement, comme c'est l'usage, sur le bien paternel.

— Et vos deux sœurs, qu'en avez-vous fait ?

— L'une est devenue ma belle-sœur en épousant le frère de ma femme, et l'autre a pris le voile. Toutes deux paraissent également heureuses.

# VII

## Un homme carré

> De tous les hommes, l'homme de bon
> sens, l'homme de foi et l'homme de bien
> sont sans contredit au premier rang.
>
> M<sup>gr</sup> DUPANLOUP

Il était près de neuf heures du soir quand nous fûmes de retour à la maison de mon hôte ; mais les jours sont longs à cette époque de l'année, et la nuit n'était pas encore tout à fait descendue sur la terre. Madame Rivard venait d'abandonner son travail de couture et nous attendait assise sur la galerie en compagnie de sa fille aînée.

La petite Louise était d'une beauté angélique, et je ne pus m'empêcher en la regardant de me rappeler l'observation faite par son père quelques instants auparavant :

— Votre mari, dis-je à madame Rivard, a fait sourire monsieur le curé, en prétendant tout à l'heure que la race canadienne s'améliore sensiblement par le seul fait de la transplantation dans les Cantons de l'Est ; pour ma part, d'après ce que j'ai pu voir durant mon court séjour à Rivardville, je me range sans hésiter à l'opinion de votre mari.

Madame Rivard, peu habituée à nos fades galanteries, ne put s'empêcher de rougir comme dans son beau temps de jeune fille. Quant à la petite Louise, elle se contenta de regarder sa mère ; elle ne savait pas encore rougir.

Cependant l'heure de mon départ approchait ; et ce ne fut pas sans regret que je songeai à me séparer de mes hôtes. Je n'avais passé qu'un seul jour sous ce toit hospitalier ; mais ce seul jour valait pour moi toute une longue suite d'années. J'avais découvert un monde nouveau. J'étais pour ainsi dire affaissé sous le poids de mes pensées.

Cette famille, me disais-je, n'offre-t-elle pas l'image parfaite du bonheur et de la vertu, s'il est vrai, comme disent les philosophes, que la vertu tienne le milieu entre les deux extrêmes ? Cet homme, en apparence si modeste et si humble, ne réunit-il pas dans sa personne toutes les qualités du sage et de l'homme de bien ? L'intelligence qu'il a reçue du Créateur, il la cultive par l'étude et l'observation ; sa force musculaire, il la développe par le travail et l'exercice ; ses bons sentiments naturels, il les met en activité en se rendant utile à ses semblables ; doué d'un cœur affectueux, il répand sa tendresse sur une famille chérie ; il exerce enfin dans une juste mesure toutes les facultés morales, intellectuelles et physiques dont le ciel l'a doué : vivant d'ailleurs également éloigné de l'opulence et de la pauvreté, de la rusticité et de l'élégance raffinée, de la rudesse grossière et de la grâce prétentieuse, sans vanité, sans ambition, ayant dans toutes les actions de sa vie un but sérieux et honorable...

Quel contraste entre cette vie paisible et l'existence inquiète, agitée, tourmentée de la plupart des hommes de notre classe, qui ne parviennent à la science qu'en ruinant leur santé, qui ne parviennent à la richesse qu'en appauvrissant leurs semblables, qui dans tous leurs actes et leurs travaux n'ont en vue que la satisfaction de leurs désirs égoïstes et frivoles ou celle d'une ambition insatiable !

J'étais absorbé dans ces réflexions lorsque tout à coup le sifflet de la locomotive se fit entendre à la gare voisine de celle de Rivardville. Je n'avais plus qu'un quart d'heure à moi. Je fis donc mes adieux à madame Rivard et à ses enfants, puis serrant la main de mon hôte :

— En me séparant de vous, lui dis-je d'une voix émue, permettez-moi de me dire votre ami à la vie et à la mort. Jamais je n'oublierai la journée si bien remplie que j'ai passée dans votre société ; les sentiments d'estime que vous m'avez inspirés, je les conserverai précieusement au fond de mon cœur. Estime n'est pas assez, je devrais dire admiration, car, soit dit sans vous flatter, monsieur (mon ton doit vous dire assez que je suis sincère), vous resterez pour moi tout à la fois le type de l'homme de bien et celui de l'homme de cœur.

— Je vous remercie beaucoup, monsieur, dit Jean Rivard, de vos paroles flatteuses. Je serais porté peut-être à m'en enorgueillir si je n'avais eu l'occasion de connaître par moi-même d'autres hommes d'un courage, d'une force de caractère et d'une persévérance bien supérieurs à tout ce que vous savez de moi. Et pour ne pas aller plus loin, je vous dirai que mon voisin et compagnon de travail, Pierre Gagnon, dont je vous ai parlé plus d'une fois, a, comme défricheur, beaucoup plus de mérite que je puis m'en attribuer ; si l'un de nous méritait le titre de héros, c'est à lui, à coup sûr, et non à moi que reviendrait cet honneur.

« En effet, remarquez, monsieur, qu'en me faisant défricheur, je n'étais pas tout à fait sans appui. J'appartenais à une famille connue, j'avais reçu une certaine instruction qui ne m'a pas été inutile ; puis j'étais possesseur d'un patrimoine de cinquante louis. Cela semble une bagatelle, mais cette somme suffisait pour m'obtenir les services d'un aide, ce qui n'était pas peu de chose dans les circonstances où je me trouvais. Rien de tout cela n'existait pour Pierre Gagnon.

« Orphelin de l'enfance, il avait travaillé toute sa vie pour se procurer le pain de chaque jour. Il ne connaissait pas la dure loi du travail. Ceux qui l'employaient ne le faisaient pas pour le protéger, mais parce qu'ils y trouvaient leur compte. C'est bien de lui qu'on peut dire avec raison qu'il a été l'enfant de ses œuvres.

« Jusqu'à l'âge de dix-huit ans, Pierre Gagnon n'avait reçu, pour prix de ses sueurs, que le logement, la nourriture et l'entretien. Durant les années subséquentes, grâce à ses habitudes économiques, il put mettre quelques piastres de côté et, lorsque je le pris à mon service, il avait une vingtaine de louis d'épargne.

« Je vous ai dit comment il avait travaillé pour moi, avec quelle patience, quelle gaieté philosophique il avait attendu après la fortune, jusqu'à ce que ses gains journaliers, le prix bien justement acquis de longues années de travail, lui eussent permis de devenir acquéreur d'un lot de terre inculte qu'il exploita pour son propre compte. Ceux-là seuls qui l'ont suivi de près peuvent dire ce qu'il a fallu chez cet homme d'heureuses dispositions et de force de caractère pour supporter sans murmurer les rudes fatigues de la première période de sa vie.

« Aujourd'hui il se trouve amplement récompensé. Propriétaire de la terre que vous avez vue, et qui est une des plus belles de la paroisse, il cultive avec beaucoup d'intelligence, il a de fort beaux animaux, il est bien logé de maison et de bâtiments : il est enfin ce qu'on peut appeler un cultivateur à l'aise. Ses enfants commencent à fréquenter l'école et font preuve de talents ; il soupire après le jour où ils pourront lire l'*Imitation de Jésus-Christ* et les histoires de Napoléon, de Don Quichotte et de Robinson Crusoé. Sa femme, Françoise, les élève bien et travaille autant que son mari ; c'est un ménage modèle.

« Où peut-on trouver plus de mérite réel que chez cet homme ?... »

Nous en étions là de notre conversation quand Pierre Gagnon lui-même, suivi de l'aîné de ses enfants, passa devant la porte pour se rendre à la gare du chemin de fer. Jean Rivard l'appela et nous présenta l'un à l'autre.

Tout en marchant ensemble vers les chars, j'adressai plusieurs fois la parole à Pierre Gagnon, et je fis quelque allusion à la conversation que nous venions d'avoir à son sujet.

— Ah ! il est toujours comme ça, le bourgeois, dit Pierre Gagnon, il croit les autres plus *futés* que lui ; mais ce n'est pas à moi qu'il en fera accroire. Je voudrais que vous puissiez le connaître à fond. Il est aussi savant que monsieur le curé, il sait la loi aussi bien qu'un avocat, ce qui n'empêche pas qu'il laboure *une beauté* mieux que moi. Il mène toute la paroisse comme il veut, et s'il n'est pas resté membre de la chambre, c'est parce qu'il n'a pas voulu, ou peut-être parce qu'il a eu peur de se gâter, parce qu'on dit que parmi les membres il y en a qui ne sont pas trop comme il faut. Enfin, monsieur, puisque vous êtes avocat, je suppose que vous avez lu l'histoire de Napoléon, et que vous savez ce qu'il disait : si je n'étais pas Empereur, je voudrais être juge de paix dans un village. Ah ! notre bourgeois n'a pas manqué cela, lui ; il est juge de paix depuis longtemps, et il le sera tant qu'il vivra. Vous savez aussi que les hommes que Bonaparte

aimait le mieux c'était les hommes carrés. Eh bien ! tonnerre d'un nom ! notre bourgeois est encore justement
comme ça, c'est un homme carré ; il est aussi capable des
bras que de la tête et il peut faire n'importe quoi —
demandez-le à tout le monde...

— Je ne doute pas, répondis-je en riant, que votre
bourgeois ne soit pas un homme carré ; ce qui est encore
plus certain, c'est que les hommes comme lui et vous ne
sont pas communs de nos jours, et je remercierai longtemps le ciel de m'avoir procuré l'occasion de vous connaître. Ne soyez pas surpris si je me permets d'écrire un
jour votre histoire, au risque de faire des incrédules.

En me disant « au revoir », Jean Rivard me pria de
prendre quelques renseignements sur son ami Gustave
Charmenil, dont il n'avait pas eu de nouvelles depuis
longtemps.

Je serrai une dernière fois la main de mes amis et
repris tout rêveur le chemin de la ville.


FIN

# Table des matières

*Présentation*                                           7

Avant-propos                                            15

### JEAN RIVARD, LE DÉFRICHEUR

| I    |                                              | 17  |
|------|----------------------------------------------|-----|
| II   | Choix d'un état                              | 19  |
| III  | Noble résolution de Jean Rivard              | 31  |
| IV   | Jean Rivard, propriétaire                    | 37  |
| V    | Une prédiction                               | 41  |
| VI   | Mademoiselle Louise Routier                  | 45  |
| VII  | Le départ — Pierre Gagnon                    | 51  |
| VIII | Les défrichements                            | 57  |
| IX   | Les heures de loisir et les heures d'ennui   | 67  |
| X    | La sucrerie                                  | 75  |
| XI   | Première visite à Grandpré                   | 83  |
| XII  | Retour à Louiseville — Le brûlage            | 97  |
| XIII | Les semailles                                | 105 |
| XIV  | La belle saison dans les bois                | 113 |
| XV   | Progrès du canton                            | 119 |

| XVI | Une aventure | 123 |
| XVII | La récolte | 131 |
| XVIII | Une voix de la cité | 139 |
| XIX | Une seconde visite à Grandpré | 153 |
| XX | Les voies de communication | 165 |
| XXI | Encore un hiver dans les bois | 173 |
| XXII | La grande nouvelle | 191 |
| XXIII | La corvée | 199 |
| XXIV | Un chapitre scabreux | 207 |
| XXV | Le mariage et la noce | 217 |

## JEAN RIVARD, ÉCONOMISTE

| I | La lune de miel | 229 |
| II | L'exploitation | 235 |
| III | Rivardville | 239 |
| IV | Le missionnaire – L'église – La paroisse | 247 |
| V | Pierre Gagnon | 261 |
| VI | Où l'on verra qui avait raison | 269 |
| VII | La marche du progrès | 277 |
| VIII | Cinq ans après | 285 |
| IX | Revers inattendu | 303 |
| X | Le citadin | 311 |
| XI | En avant ! Jean Rivard, maire de Rivardville | 319 |
| XII | Gustave Charmenil à Jean Rivard | 327 |
| XIII | Réponse de Jean Rivard | 341 |

XIV   Jean Rivard et l'éducation                         351

XV    Jean Rivard, candidat populaire                    371

XVI   Le triomphe                                        381


## DERNIÈRE PARTIE

I     Quinze ans après                                   393

II    La ferme et le jardin                              399

III   Détails d'intérieur –
      Bibliothèque de Jean Rivard                        409

IV    Les secrets du succès –
      Révélations importantes                            417

V     Une paroisse comme on en voit peu                  429

VI    Visite à monsieur le curé –
      Dissertations économiques                          441

VII   Un homme carré                                     453

## Les auteurs publiés dans la collection

ALEXIS, André
APRIL, Jean-Pierre
AQUIN, Hubert
ASSINIWI, Bernard
AUBERT DE GASPÉ, Philippe
AUBERT DE GASPÉ, Philippe (fils)
AUDET, Noël
BARBE, Jean
BARCELO, François
BEAUCHEMIN, Yves
BEAUGRAND, Honoré
BERNARD, Marie-Christine
BESSETTE, Arsène
BLAIS, Marie-Claire
BLAIS, Martin
BOSCO, Monique
BRÉBEUF, Jean de
BROSSARD, Jacques
BROSSARD, Nicole
BRULOTTE, Gaëtan
BUIES, Arthur
CARON, Pierre
CARPENTIER, André
CHABOT, Denys
CHAPUT, Marcel
CHARBONNEAU, Robert
CHOQUETTE, Adrienne
CHOQUETTE, Robert
COHEN, Matt
CONAN, Laure
CRÉMAZIE, Octave

CUSSON, Maurice
DELISLE, Jeanne-Mance
DELISLE, Michael
DEROY-PINEAU, Françoise
DESJARDINS, Louise
DESJARDINS, Martine
DESROCHERS, Alfred
DESROSIERS, Léo-Paul
DESRUISSEAUX, Pierre
DESSAULLES, Henriette
DOR, Georges
DUBÉ, Marcel
DUMONT, Fernand
DUPRÉ, Louise
ÉLIE, Robert
FAUCHER DE SAINT-MAURICE
FERGUSON, Trevor
FERRON, Jacques
FERRON, Madeleine
FINDLEY, Timothy
FOLCH-RIBAS, Jacques
FOURNIER, Jules
FRÉCHETTE, Louis
FRÉGAULT, Guy
GAGNON, Daniel
GARNEAU, François-Xavier
GARNEAU, Hector de Saint-Denys
GARNEAU, Jacques
GATTI, Maurizio
GAUMONT, Isabelle

GAUTHIER, Louis  
GÉRIN-LAJOIE, Antoine  
GILMOUR, David  
GIRARD, Rodolphe  
GIROUX, André  
GODIN, Jean Cléo  
GRANDBOIS, Alain  
GRAVEL, François  
GRAVELINE, Pierre  
GRISÉ, Yolande  
GROULX, Lionel  
HAEFFELY, Claude  
HARVEY, Pauline  
HÉBERT, Anne  
HÉMON, Louis  
HOUDE, Nicole  
JACOB, Suzanne  
JASMIN, Claude  
KATTAN, Naïm  
LACOMBE, Patrice  
LACOMBE, Rina  
LATIF-GHATTAS, Mona  
LEBLANC, Bertrand B.  
LECLERC, Félix  
LE MAY, Pamphile  
LORANGER, Jean-Aubert  
LORD, Michel  
MACLENNAN, Hugh  
MAILHOT, Laurent  
MAILLET, Antonine  
MARCEL, Jean  
MARCOTTE, Gilles  
MARIE-VICTORIN, Frère  
MARTIN, Claire  
MASSOUTRE, Guylaine  
McLUHAN, Marshall  
MIRON, Gaston  

MONTPETIT, Édouard  
NELLIGAN, Émile  
NEVERS, Edmond de  
NOËL, Francine  
OUELLETTE, Fernand  
OUELLETTE-MICHALSKA, M.  
PÉAN, Stanley  
PETITJEAN, Léon  
PHELPS, Anthony  
POLIQUIN, Daniel  
PORTAL, Louise  
POULIN, Jacques  
POUPART, Jean-Marie  
PROVOST, Marie  
RICHARD, Jean-Jules  
RICHLER, Mordecai  
ROLLIN, Henri  
ROYER, Jean  
SAGARD, Gabriel  
SAINT-MARTIN, Fernande  
SAVARD, Félix-Antoine  
SCOTT, Frank  
SHEPPARD, Gordon  
SHIELDS, Carol  
T., Jacques  
TARDIVEL, Jules-Paul  
THÉRIAULT, Yves  
TREMBLAY, Lise  
TREMBLAY, Michel  
TRUDEL, Marcel  
TURCOTTE, Élise  
TURGEON, Pierre  
VADEBONCŒUR, Pierre  
VIGNEAULT, Gilles  
WRIGHT, Ronald  
WYCZYNSKI, Paul  
YANACOPOULO, Andrée

Achevé d'imprimer en janvier 2013
sur les presses de Marquis imprimeur

ÉD. 01 / IMP. 2X